江苏省交通运输厅运输管理局项目基金资助出版

JIDONGCHE JIASHI PEIXUN XUEXIAO
GUANLI LILUN YU SHIJIAN

机动车驾驶培训学校管理理论与实践

刘　建　张新平　等　著

人民交通出版社股份有限公司
China Communications Press Co.,Ltd.

内 容 提 要

本书基于当前机动车驾驶培训学校所处的时代背景，充分考虑驾校所面临的机遇与挑战，在实地调研的基础上，总结我国机动车驾驶培训机构存在的诸多问题，认真分析机动车驾驶培训学校的管理规律与特征，遴选了能够反映机动车驾驶培训机构最本质特征与人们最为关切的内容进行研究，力图通过研究成果来转变当下机动车驾驶培训行业的经营与办学理念，提升机动车驾驶培训行业的现代管理与服务意识。

本书可作为我国机动车驾驶培训机构及驾校经营与办学指导性读物学习使用。

图书在版编目(CIP)数据

机动车驾驶培训学校管理理论与实践 / 刘建等著
.— 北京：人民交通出版社股份有限公司，2018.4
ISBN 978-7-114-13161-5

Ⅰ.①机… Ⅱ.①刘… Ⅲ.①汽车驾驶员—培训—学校管理—中国 Ⅳ.①U471.3

中国版本图书馆 CIP 数据核字(2018)第 047349 号

书　　名：机动车驾驶培训学校管理理论与实践
著 作 者：刘　建　张新平　等
责任编辑：姚　旭
责任校对：孙国靖
责任印制：张　凯
出版发行：人民交通出版社股份有限公司
地　　址：(100011)北京市朝阳区安定门外外馆斜街 3 号
网　　址：http://www.ccpress.com.cn
销售电话：(010)59757973
总 经 销：人民交通出版社股份有限公司发行部
经　　销：各地新华书店
印　　刷：北京凯鑫彩色印刷有限公司
开　　本：787×1092　1/16
印　　张：10
字　　数：230 千
版　　次：2018 年 4 月　第 1 版
印　　次：2018 年 4 月　第 1 次印刷
书　　号：ISBN 978-7-114-13161-5
定　　价：30.00 元

随着我国经济社会的快速发展，人民群众的生活质量不断提高，汽车业已走入人们的日常生活。汽车的使用改变了人们的生活与工作方式，提高了人们的生活质量与幸福指数。但是，随着我国汽车的保有量越来越多，道路交通量急剧增加，交通拥挤堵塞、交通环境污染加剧、交通事故增多、道路交通状况持续恶化等问题越来越严重。因此，改善道路交通状况，保障交通畅通，是当前人们日益增长的美好生活的重要需求。

驾驶人的综合素质是影响交通状况的重要因素。近年来，我国驾培行业发展迅猛，驾校数量猛增，驾培行业的快速发展，满足了人们学习驾驶的殷切希望，培养了大量合格的驾驶人员。然而，由于种种原因，我国机动车驾培行业还存在许多问题，例如，驾培服务不规范、教练员队伍整体素质不高、教学大纲落实不到位，培训学时不能有效保证，教学质量把关不严，应试教育现象突出等问题日益严峻。因此，规范驾校管理，提高驾校的办学水平与服务能力在当前形势下就显得尤为迫切和重要。

基于此，江苏省交通运输厅运输管理局和南京师范大学教育领导与管理研究所进行合作，共同开展机动车驾驶培训学校管理理论与实践专题研究。力图通过这项研究来转变当下机动车驾驶培训行业的经营与办学理念，提升机动车驾驶培训行业的现代管理与服务意识。推进机动车驾驶培训学校坚持以人为本，实施民主管理，全面贯彻素质教育思想。使机动车驾驶培训学校管理走向科学化、规范化、标准化、民主化与集约化，促进机动车驾驶培训学校跨越式发展、可持续发展。

《机动车驾驶培训学校管理理论与实践》基于当下机动车驾驶培训学校所处的时代背景，充分考虑所面临的机遇与挑战，在实地调研的基础上总结机动车驾驶培训存在的诸多问题，认真分析机动车驾驶培训学校的管理规律与特征。精心遴选了能够反映机动车驾驶培训机构最本质特征与人们最为关切的专题进行研究。这些专题主要包括以下几个方面：第一，机动车驾驶培训学校管理现状及分析；第二，新时期机动车驾驶培训学校的性质与功能分析；第三，机动车驾驶培训学校组织机构的反思与重构；第四，机动车驾驶培训学校教学方法研究；第五，机动车驾驶技能的形成及其规律；第六，机动车驾驶培训学校集约化经营探析；第七，机动车驾驶培训学校的规范化管理研究；第八，各地机动车驾驶人培训法律规章的经验分析；第九，机动车驾驶教学质量评估指标体系构建研究。

本书是集体智慧的结晶，由南京师范大学教育领导与管理研究所相关研究人员共同完成。南京师范大学教育领导与管理研究所所长、博士生导师张新平教授就本书编写的指导思想、研究内容、体系结构，研究方法、进度安排等提出总体构架与具体要求，李姗姗、刘建撰写了第一章，郑小明、张新平撰写了第二章，陈志利撰写了第三章，刘建、李姗姗撰写了第四章,李国伟、张新平撰写了第五章,姚继军撰写了第六章,陈学军、张新平撰写了第七章,金惠、刘建撰写了第八章,喻小琴撰写了第九章。刘建负责全书的内容统筹、结构体例安排与研究工作协调。李姗姗、郑小明、李国伟在整个研究期间做了大量的组织与服务工作,金惠、李姗姗、张文、田文娟、张颖深入江苏各地驾校进行了长达两个月的前期调研,为本研究的顺利开展做了大量的基础性工作。研究生王捷做了大量的文字、结构的整理与校对工作。

本书是江苏省交通运输厅运输管理局与南京师范大学教育领导与管理研究所的合作成果。在此,我们衷心感谢江苏省交通运输厅运输管理局殷国祥副局长、顾敏副调研员等领导的关心与指导。我们也要感谢江苏省35所驾校的校长及相关人员对于调研工作的配合与支持。我们还要感谢人民交通出版社股份有限公司的编辑何亮、王金霞、姚旭等老师,在本课题的研究过程中,他们给予许多很有价值的意见与建议,使我们受益颇多。

正如我们在本书中所说的那样,无论是从广度还是从深度上来说,机动车驾驶培训学校管理理论与实践的研究在我国还有待进一步深入与拓展。如果我们的研究能够起到抛砖引玉的作用,这才是我们这项研究的最大价值所在。

刘　建　张新平

2017年12月于南京

目 录
CONTENTS

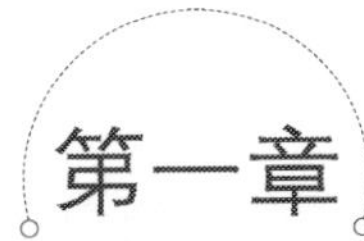

机动车驾驶培训学校管理现状及分析

随着社会发展,汽车业已走入寻常家庭。据公安部交管局统计,截至2017年3月底,全国机动车保有量首次突破3亿辆,全国汽车保有量首次超过2亿辆,达200192782辆,占机动车总量的66.67%,机动车驾驶人超3.64亿人,其中汽车驾驶人3.2亿人。学习汽车驾驶技术已经成为人们现代生活中必备的技能选择之一,考证人数不断增多,驾校数量也随之增加,那么如何在竞争激烈的市场中谋求更好的发展,已成为驾校管理者思考的主要问题。本章主要从研究的视角剖析当下我国机动车驾驶培训学校管理总体状况,通过全面梳理机动车驾驶培训学校管理的相关研究,对机动车驾驶培训学校管理研究进行评述,以此为基础,尝试对当下我国机动车驾驶培训学校的管理提出若干建议与对策。

第一节　国外机动车驾驶培训学校管理总体状况

国外关于机动车驾驶培训学校管理的研究内容相对丰富。就笔者视野所及,目前国外对驾校管理的研究主要强调驾校管理的科学性与规范性,非常重视交通法规、安全规则等的学习,尤其强调安全意识的养成、理论知识的习得和技能的实际训练。同时十分重视管理学、心理学、社会学、道德哲学等对驾校管理、驾驶行为与驾驶技能形成的研究。譬如重视心理学在驾校培训学习中的重要性,注重学员的个别差异,性格特征,注意因材施教。在德国,驾校并没有规定学员必须要学会哪些技能,也没有规定学员必须要学多少课时,而是主要对驾校的教练员进行培训,何时可以考试完全由教练说了算。考试的项目也并不复杂,主要有理论以及倒车、小路等实际驾驶两部分。而且,学员考试时,教练必须在旁边。学员拿到驾照之后有两年的实习期,在实习期间,一旦出现违规,就会回驾校重新学习和考试,严重者吊销驾照1年。另外在日本,相关部门及人员十分强调心理学在驾驶中的作用。他们十分重视学员的心理特征,强调应根据学员的性格及其他们的心理认知能力来探讨教学过程。当学员进入驾校之后,首先要通过的是性格诊断和驾驶适应性检查,这是根据日本心理学研究的成果而设立的一项专门检查,为的是让驾校教练能够把握每个学员的特点而因材施教。又如美国的机动车驾驶培训工作就十分关注管理科学对培训机构的作用,强调通过科学管理提高驾校的管理效率,通过学员驾驶过程中操作分析来研究驾驶员技能形成的规律,注意交通规则的学习,以及注重将交通规则融入人们日常生活之中。

第二节　我国机动车驾驶培训学校管理总体状况

我国机动车驾驶培训学校是随着国家经济和汽车工业的飞速发展逐步壮大的。自1949年新中国成立后,机动车驾驶员培训考试均由交通部门管理,驾驶员培训方式多采取以师带徒或者在技工学校学习驾驶操作和维修技术的方式,培训期限一般为2年左右,并实行机动车驾驶员技术等级分级制标准。在当时的特定条件下,“驾驶”作为单独的职业技能只限于少数人,因而驾驶员培训、考试与管理人员相对较少,专门的驾驶人员培训学校也颇为少见。1989年,《机动车驾驶员培训学校(班)管理办法》(公安部令第1号)以及《启用机动车新驾驶证的规定》颁发后,当时的机动车驾驶培训学校法定由公安机关车辆管理部门负责,对其教学计划及其培训质量进行检查、监督,并对机动车驾驶培训学校的场地、教练车及教练员等做了相关规定。随着改革开放的不断深入,我国机动车数量持续增加,人员流动加快,就职多样化发展迅速,学习驾车的人员已经扩展到社会各个层面,尤其是随着私家车规模的不断扩大,私家车驾驶员队伍的飞速增员,这对机动车驾驶培训机构的管理也提出了新的要求。为了避免公安交通管理部门既当“教练员”又当“裁判员”,国务院于1994年重新规定了驾驶培训管理职责,将机动车驾驶员培训学校(班)的管理划归交通部门,规定各级公安机关不得举办或者参与举办驾校。交通部于1995年3月发布的《汽车驾驶员培训行业管理办法》(交公路发〔1995〕246号),明确规定汽车驾驶员培训实行社会化,并将培训分为职业驾驶员培训和非职业驾驶员培训。特别是2004年5月1日起施行的《中华人民共和国道路交通安全法》(中华人民共和国主席令第8号,现已根据中华人民共和国主席令第47号作出修改)及《中华人民共和国道路交通安全法实施条例》(国务院令第49号,现已根据国务院令第687号作出修改),又对此进行明确的规定。随着2004年4月30日公安部发布《机动车驾驶证申领和使用规定》(公安部令第71号,已根据2016年颁布的公安部第139号令作出修改)以及公安部、国家发展和改革委员会、交通部等5部委联合发文《关于印发〈预防道路交通事故“五整顿”“三加强”实施意见〉的通知》(公通字〔2004〕33号)等法律文件的颁布,我国机动车驾驶员培训社会化的帷幕就此拉开。至此,中国机动车驾驶员培训历经初期拜师学艺、职业驾驶员培训、驾驶培训市场萌芽、驾驶培训市场动荡以及当下驾驶培训市场社会化等阶段,走过了近60年的历程。目前,随着我国经济的飞速发展以及人民生活水平的显著提高,国内汽车行业发展迅猛,私家车倍增及其个体学驾(一家2人持照甚至全家持照)持续增多,这无疑给我国的机动车驾驶培训学校市场带来了繁荣的契机。规模大小不一,质量参差不齐的各色机动车驾驶培训学校如雨后春笋般涌现,它们在提供驾驶培训服务、满足人们的需要的同时,也暴露出诸多问题,为机动车驾驶培训学校的生存和发展带来了巨大的挑战。虽然说不少机动车驾驶培训学校按规定实行了科学化、系统化、职业化和规范化管理,对机动车驾驶培训学校行业经营和发展起着至关重要的作用,但总的来看,我国目前机动车驾驶培训学校的经营管理仅停留在文件化管理层面,缺乏科学系统化管理体系,部分机动车驾驶培训学校经营粗放、服务意识淡薄、教学方法不科学、教学设施设备不健全,培训过程不规范,利益大于责任等现象普遍存在。这些问题无不制约着我国机动车驾驶培训行业的健康发展,同时也预示着我国机动车驾驶培训学校管理进入到了一个新的改革与发展的关键时期。有鉴于此,本课题首先对机动车驾驶培训学校管理的理论与实践等相关研究进行综述,广泛收集相关研究成果,从研究的视角指出其中种种弊端,尝试提出一套现代的管理观念与方法,以改善我国驾驶员培训机制和构建科学规范的管理模式。

第三节　机动车驾驶培训学校管理的相关研究

关于机动车驾驶培训学校管理的研究内容相对丰富。就笔者视野所及,目前国外对驾校管理的研究主要强调驾校管理的科学性与规范性,非常重视交通法规、安全规则等的学习,尤其强调安全意识的养成、理论知识的习得和技能的实际训练。同时十分重视管理学、心理学、社会学、道德哲学等对驾校管理、驾驶行为与驾驶技能形成的研究。譬如重视心理学在驾校学习中的影响,注重学员的个别差异,性格特征,注意因材施教。例如,美国的机动车培训工作就十分关注管理科学对培训机构的作用,强调通过科学管理提高驾校的管理效率,通过学员驾驶过程中操作分析来研究驾驶员技能形成的规律,注意交通规则的学习,以及注重将交通规则融入人们日常生活之中。从国内机动车驾驶培训学校管理的研究情况来看,有影响的学术性研究成果较少,主要以国家各级交通部门制定的机动车驾驶培训学校的相关管理法规制度以及各级部门统编的用于地方机动车驾驶培训的教材为主。从所搜集到的论文来看,较多的是散见在一些期刊论文中关于驾校教练员、驾校现代管理系统、驾校收费现象等某个方面零星的研究,还没有建立起自己的理论体系,没有比较权威的专著出版。从研究现状的总体来看,我们还能发现一个趋势,就是随着驾培行业的快速发展,越来越多的学者关注机动车驾驶培训学校的研究,机动车驾驶培训学校研究成为驾培行业中的一个重要领域,对机动车驾驶培训学校管理的研究成为备受人们关注的课题。

1. 机动车驾驶培训学校外部管理研究

从行业管理来看,机动车驾驶培训学校管理研究主要是从宏观角度来看驾校管理的问题。目前国内研究主要集中于探讨行业部门监管的问题,具体如驾校准入机制混乱、收费项目不规范等研究:

一是从驾校乱收费来看,国内研究者强调行业部门要加强监督与整顿。因为驾校作为驾驶员培训机构其主要任务是培养合格的驾驶员。同样,作为盈利机构,机动车驾驶培训学校的主要目标又要追求利润最大化,如何解决两者的矛盾,收费管理在其中起着重要作用。很多小驾校为了生存,恶意降价,以至造成社会上同行间的无序竞争。有些机动车驾驶培训学校在网站上公开宣传收费低廉,甚至可以减免部分学费等优惠政策。一旦降价开始,各驾校纷纷跟随,竞相降低收费,为保证驾校正常运行,降低收费的同时,驾校会减少培训投入,最终影响培训质量。造成了无序竞争的混乱局面,这种现象亟须行业部门的重视。田玉宝在一篇题为《驾校培训收费的调查与思考》的文章中就指出,目前市场上很多驾校收费项目不规范,虽然部分驾校向学员公示了驾校各项收费项目与标准,但各驾校在实际收费中,向学员出具的收据中统一为学费或培训费,没有规范地注明各分项收费,使学员产生误解[1]。研究者还提出恶性竞争除了会扰乱市场外,还会带来不安定因素,也为“马路杀手”的出现埋下了伏笔。这是因为一些小驾校把价格压得过低,就会影响培训的投入成本,驾校为了压缩成本,往往会聘请非专业教练、减少学车时间,再加上场地面积小,缩小了学员开车的空间,无形中就影响了教学质量。因此行业监督部门要针对当前驾校培训收费存在的问题,采取多种措施,宣传有关收费政策,严格按照收费标准执行,适时启动检查程序,严肃处理部分驾校违反相关规定收取不合理费用的问题。

二是从市场准入机制来看,许多研究者注意到了目前国内市场上"小、乱、差"问题,因此他们强调为进一步完善驾培市场,加快驾校科学化管理的进程,要提高驾校的准入门槛,构建严格的驾校市场准入机制。譬如,殷宝存在《对驾培市场特点、问题和对策的思考》中提出对新许可的驾校按照法定资质条件严格审核,尤其在土地使用等关键环节上,应严格按照交通运输部的规定执行。如土地属租赁使用的,其土地出租方必须提供相关土地使用证明,并且在租赁合同中明确租赁期限不得少于3年的条款[2]。因为驾校的办学条件是否达标,管理机构是否健全,服务是否到位,内部监督考核评价机制是否科学等,都直接或间接影响到培训质量和培训效果。因此行政部门要严格按照业内规定,对申报单位做出公正的许可。另外,面对市场快速扩张,行业管理部门应严格审查驾校的经营资质,积极引导经营资质低的驾校通过联合、股份合作等形式进行多种重组。完善驾校培训条件,促进市场的有效整合,实现从数量扩张到质量提高的转变。程晋玉在《机动车驾驶员培训行业管理对策研究》中提出,行业管理部门要努力做好积极的引导工作,严厉打击非法培训。这是因为一些驾校在经营中采取不正当的竞争手段,如缩短学习培训时间,学员不参加学习就可获得证书等现象。他认为要坚决杜绝这种现象,为此行业管理部门要严格执法,使驾驶员培训市场向有序方向发展。

2.机动车驾驶培训学校内部管理的研究

从驾校内部管理来看驾校管理的现状与问题,研究者主要从微观层面探讨机动车驾驶培训学校管理的问题。这些问题集中在增强学员意识、提高教练员素质、确保教练车安全、规范培训模式、实施文化管理等几个方面的研究。

一是教练员管理问题。教练员的管理不到位,既有内因也有外因。随着学驾人员的不断增多,驾校教练供不应求,甚至成为稀有资源,因此,驾校自身和政府部门对教练员管理不到位的现象大有所在,在管理的过程中往往存在"睁一只眼闭一只眼"的现象。首先驾校内部和管理部门针对教练的处罚制度就不完善。这样长此以往,教练的权力就过于集中,如何教学,何时教学都由教练来决定。其次对教练的管理缺乏监督和制约,个别驾校只顾眼前的利益,对教练缺乏引导和规划,忽视了教练的教学质量和服务水平。第三是社会舆论的导向,有的学员驾考心态不正确,希望通过一些小聪明来应付考试,认为教练传授的不重要,从而降低了教练员的存在价值。因此我们只有形成重视安全驾驶意识,意识到驾校培训的重要性,才能真正意识到教练员的重要性。孙庆仁在《谈如何做合格的驾校汽车教练员》一文中,指出要提高教练员素养,一是应提高文化素养,具体表现为提高教练员的学历层次。二是要加强专业知识修养,具体表现为不仅懂得汽车基本构造和原理,而且熟悉各种车辆性能指标,使驾驶技术、教练技术和汽车技术同步提高。另外,还要加强交通法规的学习。三是研究教学艺术[3]。关于如何认真对待学员,如何与学员建立良好的师生关系也得到了很多研究者的注意。他们认为,在培训过程中要坚持以人为本的思想,教练作为一名称职的服务者是符合驾校利益的,驾校最大的核心问题就是生存和发展。驾校生存的前提就是要有学员到驾校来学习,没有生源就没有一切。不是因为仅仅有了教练才成为驾校的,还要有一定数量的学员才成其为驾校。那么,怎么吸引学员来驾校学车呢?要靠驾校提供优质的教学服务,要留住学员,吸引学员,最重要的是让学员感到教练和驾校对他们的服务和关心,这样驾校就会有充足的生源,就可以实现更好的发展。

二是学员管理问题。驾校发展的首要问题是招收学员,没有学员就没有驾校,驾校的主体是学员,所以驾校的内部管理要以学员利益为基本出发点。但是目前的驾校市场却存在诸多无视学员的利益,无视学员的需求现象,只一味追求利润,内部管理水平较低。对此,国内许多研究者主要从驾校教学管理层面来判断驾校对学员利益的重视程度。首先是对学员教学的管理,研究者注意到部分驾校为了追求自己的利益,教学管理不规范,教学大纲落实不到位的现象普遍存在。许多驾校不按照规定要求设置学习法规、建设制度、岗位职责等,填报的有关文件不真实,管理岗位人员配备不到位。教学日志、培训记录填写不规范、不完整亦是普遍现象,至于结业证书发放以及台账均为补填,甚至为蒙骗驾培管理机构,在学员不到位的情况下,由校方管理人员代签名。一般来说,学员在校档案是待查的重要文件,但是大部分驾校的学员学籍档案存在填写不规范、不完整等。甚至有部分驾校没有按照《机动车驾驶员培训教学大纲》要求培训,私自压缩教学内容和学时。许多研究者注意到了驾校内部对学员管理存在此类问题,林素清在《机遇与挑战并存——驾校市场竞争力的提高策略探析》一文中指出,驾校在理论教学环节,教学内容缺乏全面性、系统性和有效性,与实践严重脱节,在教学方法和课时安排上表现不太合理,不利于初学者理论知识的掌握和提高,更有甚者,部分学校完全忽视课堂理论教学,只依靠学员的自学,效果较差[4]。另外,有些学员安全驾驶意识淡薄,本身的态度就不端正。程晋玉在《机动车驾驶员培训行业管理对策研究》中就指出,很多学员只是单纯地为了拿到驾照而学,并没有认真地学习安全法规知识和安全驾驶知识,更没有踏实地练好驾驶基本功。因此,在学车之前,有的驾校会开动员大会,这是很有必要的。研究者在探讨中不仅分析了关于学员管理中存在的这些普遍现象,同时提出了自己的对策。他们认为学员要有维权意识,学员有权利要求驾校保质保量地完成教学任务,从而能够使自己认真地学到扎实的驾驶技术。规范驾校对学员的管理,关键还是在于行业部门的监督力度,驾校不仅要靠自身的自觉监督,还应该与行业部门结合起来,为此,监管部门要定期对驾校的培训内容和培训课时等各个环节进行监督审查,当驾校不积极配合时应给予惩罚,彻底改善对学员的管理模式。

三是培训过程管理。关于培训过程,我国一些研究者主要是通过各驾校对《机动车驾驶培训教学与考试大纲》(以下简称《教学与考试大纲》)的遵守程度展开的。我国许多驾校把《教学与考试大纲》当作摆设,仅是为了应付检查和对外宣传,使《教学与考试大纲》形同虚设。从目前情况看,我国驾校 4 个科目训练时间安排并不合理,没有按照规定学时训练,多数学员 4 个科目的训练时间比约为 1:6:2:1,两边低,中间高。科目一和科目四理论考试极简单,驾校和学员不需要花多少时间进行培训练习便可轻松过关。直接发光盘和教材,学员回家自学。安全驾驶知识理论教学环节往往局限于应考,而没有开展真正的理论教学工作,过多的时间用于应付科目二的考试,导致理论基础的缺失和交通法规意识的淡漠。理论教学在实际教育中丧失作用,尤其是安全意识的教育。造成了学员只背题库,安全意识教育一片空白。关于科目二,一般应花费大量时间去培训练习才能通过考试,所以很多驾校的大部分时间都花在科目二的培训上。科目三培训是实际道路驾驶训练的内容,在培训当中算是重中之重,可是由于科目二占用的时间过多,所以在道路实操驾驶训练的时间就会少之又少。付昂然在《驾校的运营管理策略管见》中提出了自己对驾校培训模式的看法。他认为驾校的培训模式要严格标准,培训周期要严格限定,培训油料要严格限量,最终实现规模化或特色化经营[5]。另外,他还在文章中提出了驾校"流水线式"培训的优缺点,优点是:教练员专业化程度高,训练针对性强,培训效率高,能够形成上下工序的监督,在一定程度上解决了教练员的腐败现象;而其缺点是:教练员综合素质下降,不易打造教练员的个人品牌[5]。

四是教练车的管理。据国内的相关研究,目前不少驾校出于节约成本的考虑,在教学车辆的选择上偏向于低档车辆,并且部分车辆使用年数较久,检修不严格,甚至有少数教练车存在安全隐患。还有的驾校违规使用民用车辆参与驾驶员培训,有的教练车至今未入户,给驾培工作的监管造成很大困难。为此有研究者强调应建立严格的教练车准入机制,明确教练车的最大容量,对教练车的报废、更新均应按程序严格要求,各驾校的教练车也不得超过最大容量值。另外,要加强车辆的安全管理,教练车技术状况的好坏直接影响行车安全,因此应严格按照车辆安全管理的相关规定狠抓制度的落实。曹承军在《谈机动车驾驶培训车辆的安全管理》一文中提到,根据车辆的技术状况,按计划组织车辆维修,修理过程中严把配件质量和修理质量关,保证维修质量。增强教练员的责任心,调动教练员爱车、护车的积极性,提高车辆的完好率[6]。

五是重视文化建设,提高驾校管理员素养问题。近几年,有研究者注意到文化建设在驾校管理中的重要性。一所驾校的健康发展,不仅仅需要制度规章的完善以及相关硬件设施的齐全,而且还要培养与提升驾校自身的文化品位及其对驾校所有人员的文化激励。人民交通出版社于2011年7月策划并出版了《驾校经营导航》一书,在书中最后一章对文化建设做了阐述,观点非常新颖,所谓驾校文化就是一个驾校生存与发展的理念模式。优秀的驾校文化是驾校做强、做大的动力源泉。一般来说,驾校管理的发展分为三个阶段:第一阶段是经验管理阶段,最大的特点是人治,靠驾校的强势领导来管理驾校;第二阶段是制度管理阶段,最大的特点是法治,靠制度来管理驾校;第三阶段是文化管理阶段,最大的特点是文治,把驾校文化建设作为驾校管理最重要的方面[7]。笔者认为文化管理作为驾校管理发展的新方向,是社会经济发展和管理思想发展到一定阶段的必然产物,是对传统驾校管理的继承和提升。通过驾校文化的建设,可以有效整合与利用校内外的人力和物力资源,实现驾校的可持续发展。驾校文化管理不仅是一种管理思想,同时更是一种实践模式。国内研究者几乎同时呼吁,各驾校必须坚持以人为本的原则,尊重员工的主体地位,大力倡导人文关怀,充分调动员工的活力,激发潜能,集合众智,促进员工与驾校的和谐发展,真正实现驾校在共建中共享、在共享中共建。

第四节　机动车驾驶培训学校管理研究评述与对策

一、驾校管理存在的主要问题

1.《教学与考试大纲》规定与实施问题

首先是《教学与考试大纲》规定问题。从我们所走访的多家驾校来看,许多驾校还是能够严格按照《教学与考试大纲》的要求进行培训。但是，我们发现《教学与考试大纲》本身存在一定的问题与不足，比如，一是训练学时规定过死，一般而论每个人的资质和接受能力是不一样的，不必都需要相同的学时；二是初学者与增驾、小客车和大货车的培训内容没有区别，对开私家车的学员要求太多，对货车驾驶员要求又过低；三是部分教练员反映，在理论课程中，科目一与科目四的内容重复性太多，另外对于汽车维修方面的内容来讲，汽车维修方面应该采取实际演示与操作方式相结合才能便于学会。

其次是《教学与考试大纲》实施问题。在《教学与考试大纲》实施过程中，第二阶段培训学时不足，所以导致部分驾校不按其教学。关于科目二也存在两点争议：一是科目二有些项目不适合，如连续障碍、起伏路、单边桥、限速通过限宽门、百米加减挡等没有实际用处的项目，占用了大量的训练时间，这些情况在现实驾车生活当中很少遇到；二是由于科目二考试施行电子化后，考试难度增大，教学大纲规定的第二阶段学时无法完成科目二考试项目的教学。因此加强四阶段学习目标与公安部门考试四科目的有效衔接，是驾驶员实操技能培训急需研究与亟待解决的问题。

2. 行业监管问题

首先对《教学与考试大纲》实施的监管问题。总的说来，各交通运输管理部门在监管方面做了大量的工作，也取得了优秀的成绩。但也不乏监管懈怠的一面，个别地方的管理部门只是要求驾校按《教学与考试大纲》规定的四个阶段进行培训，然而在实际教学中学校和教练员追求"重考试，轻培训"的应试教育，仅围绕考试开展教学，让学员应付考试过关，而没有使学员在法律法规、安全意识、驾驶技能上全面掌握。有的地方驾校管理部门为了迎合驾校这种应试培训，放弃了《教学与考试大纲》的全面执行和落实监控。

其次是对考试过程的监管问题。在考试过程中监管部门也有玩忽职守的现象发生，由于考试部门有时不能严格按考试标准执行，考试比较简单，时间也很短，有的 2 分钟就能结束了。一个学员的路考最多驾驶 1 公里，少的仅 100 米就算通过。

其三是对路上训练的监管问题。行业部门对驾校路上训练的路线没有严格监督与检查。一些驾校根本不在路上训练，就在驾校内训练考试。"马厩里养不成千里马"。这样的驾校培训出来的学员搞不好就会成为"马路杀手"。新手上路由于技术不过硬、缺乏驾驶经验、适应能力差、安全意识缺失、法律意识淡薄，雨、雾、雪天不会驾驶，出现大量交通违法行为，如违法变更车道、占用应急车道、人行横道前不减速、闯红灯、违法掉头、转弯或变道不使用转向灯、夜间会车开远光灯等，造成追尾、剐蹭事故甚至更严重的交通事故频发。现在很多学员拿到驾照后不敢开车，要找陪练，目前汽车驾驶陪练正以一种新的经济现象进入人们的生活[8]。而陪练行业的兴起也正好从一个侧面反映了目前驾校的培训质量及现状，即在追求经济效益的同时，驾校培训日益"应试化"，不重视培训质量。考试出来的学员也只能是一个"合法"的驾驶员，但不是一个"合格"的驾驶员。

3. 驾校办学与管理问题

首先是驾培行业管理问题。对于驾培行业管理部门来说，加强对驾校的管理与本身制度的完善，对驾驶培训的内涵与基本规律的认识要进一步提高，对驾校的管理制度需要不断完善。驾校出现管理漏洞与行业管理部门责任息息相关，行业管理部门要求驾校要按规章制度来进行管理，但是在实际操作中许多驾校为了追求利益而没有严格遵守，加上地方管理部门为迎合驾校应试教育体制,也就疏于监督与检查。比如说一些驾校为追求招收学员数量,不正当竞争,驾校收费过低,偷工减料,不按教学大纲规定学时和内容进行教学成为普遍现象。同时,当下行业管理部门人员偏少,更换频繁,许多管理人员对驾培市场没有全面了解,出现外行管内行现象,因此会导致管理与监督不到位。驾校制度的健全与规范和行业部门的管理是密不可分的,管理部门要加强对驾校校长、驾校教学负责人和教练员的管理和教育。要经常组织驾校校长及负责人召开座谈会、经验交流会、参观学习等活动,了解他们的想法及思路、难处和苦处,帮他们解决实际困难。另外还要坚决打击那些"以包代管""收钱不管"的空壳驾校。要采用专项整治和长久机制相结合的方法,确保驾校内部管理的到位和规章制度的落实。

其次是驾校内部的管理问题。在驾校的内部管理上,通过研究,我们发现多数驾校能够积极响应行业部门的要求,严格抓管理,制订完善的规章制度,形成完善的奖惩机制。但少数驾校还是存在问题,比如,驾校管理模式落后、对教练员的管理疏忽、教练车承包制等诸多问题在办学中日益加剧。我们从所走访的驾校看,有的驾校组织机构和管理制度的建设都不健全,国有性质的驾校组织机构过于臃肿,工作出现互相推诿的现象。而私人驾校则为了减少成本,校长一人几乎包揽了驾校的所有业务,规章制度也形同虚设。再就是驾校在内部管理中为追求考试过关率,不重视安全意识教育,对驾驶员素质教育认识存有偏差,素质教育落实不到位,为降低培训投入,岂能保证道路驾驶训练时间?

再次是对教练员的管理问题。教练员是驾校的一线人员,也是核心人员,最能对驾校的服务质量产生根本影响,驾校的口碑、声誉经常体现在教练员身上,因此,对教练员的管理极为重要[9]。但是就目前的驾校来看,还有个别驾校对教练员的管理比较粗放松散,有的地区出现教练紧缺现象,所以教练即使有不规范的做法,驾校也只是睁只眼闭只眼,只要学员能考试通过就好。目前许多驾校为实现利益最大化目标,压缩培训学时,甚至有的驾校把教练车承包给了教练。教练车实行承包制的措施是:驾校由承包教练统一招收学员,进行培训,参加考试。实行承包制大大调动了教练员的积极性,然而"学员介绍学员"的招生办法到头来只能一混到底。虽然有人说教练车承包应该是一把双刃剑,但在现实中弊却远远大于利。驾校实行教练车承包虽说可以明确了责任,又能省去了许多管理上的麻烦,如学员的招收、加班工资计算等。但是教练车承包制也有不少的弊端,譬如教练的权力越来越大,教练员不按教学大纲培训,驾校经营者有时会受制于教练,教练可能因为各种原因会突然跳槽,那么教练车的承包费用,教练招收学员的学费等各种经济纠纷就会出现,结果会累及整个驾校的工作情绪,甚至损害学员的利益。还有些承包教练只注意短期利益,对教练车设备不维护、车辆故障漠不关心,捞票走人,这样就会直接伤害驾校的经营。目前驾培市场上存在有恶性竞争的现象,造成整个市场价格的混乱,就是因为有这些承包教练的缘故。因此我们应该认识到,只有把握驾校教学与管理的基本规律与特征,着眼于现在的工作,打出牌子和知名度,教练的自身价值和在行业中的影响才能进一步提高,他们的努力工作必然会促进教学质量的提高与驾校知名度的提升,从而给教练员带来更大利益。

4.驾校教练员能力与综合素质问题

纵观全国,教练员的教学能力和综合素质要求虽然提出多年,但是,不难发现,我国驾校的素质教育理念还没有得到真正落实。首先是教练员教学能力,作为教练员这个"师",只有找准岗位角色,研究教学艺术,进行科学施教,才能成为称职、合格的驾驶教练员[10]。随着“以人为本”的教育理念的不断深入,驾校教学已成为一种服务,教练员是教育者,同时又是一名服务者,与其他服务行业的从业人员一样,要为顾客带来愉悦,这就要求教练员要进行身份转变[11]。如何让学员来驾校学车呢?要靠驾校提供优质的教学服务,要留住学员,吸引学员,最重要的是教练员有一流的驾驶和教学水平。其中教练员的驾驶习惯很重要,教练员在教学中,学员把教练员作为自己动作的楷模、练习的标准。所以,教练员应具有良好的驾驶习惯,在教学中做到规范施教。另外在教学过程中,教练员既要教学员如何做,更重要的是又要告诉学员为什么这样做,不这样做会有哪些潜在的危险。因此,教练员要具备专业的驾驶教学知识,掌握交通法规和教学方法,做一名合格的驾驶教练。

其次是教练员综合素质不高的问题。就全国来看驾校教练员素质普遍偏低,缺乏足够的业务能力和作为教师所需求的素质修养。目前驾校的教练素质确实得到了运管部门的高度重视,采取措施提高教练员的入门门槛,但是毕竟教练员资源有限,市场需求扩大,教练员的素质教育仍将是一个循序渐进的过程。从走访来看,驾校教练员多是老驾驶员出身,也有部分下岗职工,学历普遍很低,更谈不上作为教师应有的资质,对此虽然许多驾校对教练学历提出高中以上要求,但现实中没有具体的监督与审核机制,所以教练员伪造毕业证的情况较多。由于教练员文化水平不高,理论教学能力严重不够,因此培训中只能练不能教,在教学中也很难能与学员进行有效的沟通和互动,不能适应素质教育的需要,也无法满足高素质学员的学车要求。教练员素质直接影响着学员的驾驶技术、驾驶习惯和对交通法规的学习效果,影响驾校的服务质量及声誉。因此,严格教练员准入机制和管理,是今后的当务之急。

5. 驾校负责人的理念与思路

驾校负责人没有真正地认识到制度的根本作用是推进驾校管理的系统工具,而把它仅仅看作是一种牵制,经营管理的理念上没有突破,没有意识到制度对驾校发展的强大推动作用。大多数的负责人只注重眼前利益,缺少长期战略规划,就我们对几所驾校的观察,发现驾校经营管理方面普遍存在着问题,他们普遍经营管理水平不高,组织结构简单,部门设置不合理,人才缺乏,规章制度缺失或执行不力,业务单一。管理的随意性很大,他们没有意识到人治大于法制,日常管理工作中的规范性和程序性较差。

目前典型的管理模式是所有权与经营权的高度统一,驾校的投资者同时是经营者,这种模式给驾校的财务管理带来了负面影响。全国驾校中相当一部分属于个体、私营性质,在这些驾校中,驾校负责人集权、家族化管理现象严重,并且对于财务管理的理论方法缺乏应有的认识和研究,致使其职责不分,越权行事,造成财务管理混乱,财务监控不严,会计信息失真等。多数驾校没有或无法建立内部审计部门,即使有也很难保证内部审计的独立性。另一方面,驾校负责人的管理能力和管理素质差,管理思想落后。有些驾校负责人基于其自身原因,没有将财务管理纳入驾校管理的有效机制中,缺乏现代财务管理观念,使财务管理失去了它在驾校管理中应有的地位和作用,也就使乱收费、价格恶性竞争的现象屡有发生。

二、解决驾校问题的对策思考

1. 加强监管,完善驾校科学评估、监督与管理体制

首先,应加强监管机构建设。面对新时期驾驶员培训的新形势、驾校办学与管理的新特

点，行业管理部门要有新思路、新方法、新对策，一要加强机构组织建设，特别是建立起对驾校的评估体系；二是应加强监管队伍建设，提高管理部门和管理人员的监管能力，切实承担起驾驶员培训市场秩序维护者的重任；三是应加强监管机构之间的协作，共同监管驾校车辆、师资、管理水平、教学大纲执行情况、考试合格率、诚信考核等情况。

其次是建立驾驶培训市场良好秩序。严格规范驾校的经营行为，对挂靠的教练车辆出台相应的管理规定，这些车辆要对学员负相应的责任。根据区域分布和教学质量情况对其进行整合，鼓励优质驾校做大做强，淘汰劣质驾校。

其三是开展对驾校的制度化建设。通过网络平台受理学员投诉，检查驾校教学大纲实施情况，设立 BBS 交流平台，以便于学员交流经验体会并对驾校进行监督。对实施大纲做出适当调整。要提高教练员准入门槛，要强化对驾校校长、驾校教学负责人和教练员的管理和教育。组织再教育与培训。定期组织驾校校长及教练员召开座谈会、经验交流会、参观学习等活动，了解他们的想法及思路，帮他们解决教学中的实际困难。

2. 强化驾校质量意识，建立有效运行机制

首先是建设驾校高素质的管理队伍。提高管理人员的现代管理意识，这是规范驾校的组织机构、建设驾校的管理制度、改革教学模式等一系列问题的前提。管理意识其实是一个很抽象的概念，取决于管理层的经营理念和对驾校文化的理解程度。但无论如何，正确的管理意识能促使管理者对驾校的管理更细致、更具体、更系统，更具有科学化和前瞻性。许多驾校现在不是没有管理，也不是没有管理制度，缺的就是建立更加科学系统的管理和管理制度的意识。

其次，应建立驾校适合的管理模式。要管理到位，探索适合自己的管理模式，体现驾校的服务特色，在激烈竞争中独树一帜。在教学大纲实施过程中，驾校可以在严格按照教学计划进行教学的同时，也允许根据学员的接受情况做适当的调整，因材施教。还要把“以人为本”的理念贯穿在日常管理中，尊重、关爱和善待职工，千方百计调动每个人的工作积极性，使每个职工以积极向上的心态自觉融入工作中，给职工发展提供平台和机会，以适应市场竞争的需要。

3. 加强教练员队伍建设，提高教育服务质量

首先，应建立教练员培训制度。驾校通过对教练员的再教育与培训，以提高他们的教学能力和教学水平。必须加强职业道德教育，杜绝教练员队伍不良行为。要增强教练员的安全意识，强调教练员在教学中以身作则，培养学员的独立安全驾驶意识。管理者也应经常组织驾校负责人和教练员开展教研交流活动，定期或不定期开展教学竞赛等活动来提高教练员的工作积极性。为了驾培行业的长期发展，我们不仅要提高教练员的技术能力，也要提高教练员的理论水平与专业素养，教练员的教学方法也有待改进。如今到驾校学习驾驶不像过去那样，以前到驾校来学习都是单位直接指派来学习的，是一种作为职业的要求。而如今来驾校学习驾驶技能是一种消费，为以后能更好地享受生活。因此对待学员这种心理，教练要改变传统方法，以服务者角度运用各种教学技巧与学员很好沟通。如上所述，在日本，进驾校第一件事就是心理测评，这样教练员就可以在以后的教学过程中根据学员的心理、性格等特征施教，达到事半功倍之良性效果。

其次，应建立教练员与学员的平等师生关系。教练员作为驾校的工作人员，是学员的老

师，更是学员的服务者。强化教练服务意识，自觉提供优质服务，教学中恰当处理师生之间关系，满足学生个性化要求，为他们提供有效的人性化、文明化的服务，这是所有驾校的必然选择。学员也要学会和教练员相处，譬如尊重教师的教学与服务，积极主动与教练员互动，营造轻松愉悦的学驾驶环境。

其三应建立对教练员的评价体系。具体说应开展教学质量评议，加强教练员教育服务水平，同时建立严格规范的考核评价制度，按照考核结果给予教练员处罚或奖励。以此提高教练员的积极性，从而提高他们对自身要求。

众所周知，进入新世纪以来，我国经济持续增长，汽车作为现代主要交通工具和运输工具其增长量更是惊人，这一形势更突显出驾校管理的重要性。从某种意义上讲，驾校管理的总体水平直接制约着驾培行业的兴衰。因而我们应针对驾校管理继续进行创新性研究，如目前驾校的培训模式是否科学有效？能否根据实地考察与调研提出更加科学有效的培训模式？《教学与考试大纲》是否科学可行？如此等。也可以对驾校引进的 IC 卡管理系统进行研究，找出 IC 卡的引进所带来的好处与不足，以及提出改进措施。另外，随着“以人为本”教育理念的深入，驾校教学成为一种服务，教练员是教育者，现在作为一名服务者，与其他服务行业的从业人员一样，要为学员带来愉悦，这要求教练员要进行身份转变，如何去权衡教练与学员之间的关系，这也是值得我们去探讨的话题。

第二章

新时期机动车驾驶培训学校的性质与功能分析

驾校是具有一定资质,按照机动车驾驶员素质教育教学大纲对学员进行培训的法人单位。《中华人民共和国道路交通安全法》第二十条规定,“机动车的驾驶培训实行社会化,由交通主管部门对驾驶培训学校、驾驶培训班实行资格管理”。驾校由人、财、物、事等方面构成,在独立完成培训任务,发挥其社会功能的过程中,表现出特有的性质和特点,了解这些性质与特点对于我们研究驾校管理现象,分析驾校管理存在的问题,揭示驾校管理的内在规律等具有重要的价值与意义。本章基于新时期我国机动车驾驶培训学校的现状,从各个维度阐述驾校的属性,指出当前驾校属性主要表现为公共属性、教育属性和经济属性,并就每一性质的相关问题予以说明,就驾校改革与发展提出相关的政策与建议。

第一节　驾校的公共属性

驾校的公共属性主要表现在以下几个方面:一是从驾校的发展历史来看,政府部门参与了驾校的举办,甚至在某个时期,政府部门是驾校的唯一举办者。二是驾校产品的消费不完全具有排他性和竞争性,驾校产品的消费间接影响公共交通安全。政府部门参与了驾校的举办,既是驾校公共属性的必然要求,也是驾校公共属性的具体表现。因此,要认识驾校的公共属性,首先要认识驾校与政府之间的关系。

一、驾校与政府之间的关系

驾校与政府的关系,大致经历了政府包办、逐渐分离和社会化办学三个阶段。

1.政府包办阶段

建国初期,我国的机动车很少,驾驶培训主要是一种职业技能培训和考核,具有较强的职业教育性质。当时的驾驶培训主要是为各运输企业及公务用车培养职业驾驶员,承担培训任务的也主要是各专业运输企业和交通部门主办的专业驾驶学校,培训形式以全日制为主,培训方式主要是师傅带徒弟,培训的设施和手段比较落后。到了20世纪60年代,国务院颁布了《机动车驾驶办法》,对驾驶员进行了分类,对驾驶员的身体条件、考试内容进行了限定,规定只要具备条件的人都可以向车辆管理机关的车管所申请相应类别的驾驶证考试。

该办法对于驾驶员培训管理及考试监管的职责没有进行明确的分工,相当一段时期内,公安部门、交通管理部门对于驾驶员考试的管理处于一种职能相对模糊的状态。这种状况一直延续到20世纪70年代,虽然在1972年国家出台了《城市和公路交通管理规则》,规定机动车驾驶证的考核发证机关是公安机关和公路交通管理机关,但对于培训管理和考核过程当中的具体职责并没有明确规定。

2. 逐渐分离阶段

随着机动车数量急剧增加,交通形势日益严峻,驾驶培训需求日益增长,有鉴于此,国务院在1983年发布了《关于公安与交通部门交通管理分工问题的通知》,对公安部与交通部在机动车驾驶员考试考核及发牌发证工作中的分工进行了调整,统一由公安部门考核发证。无疑这是历史的进步,但在整个驾校培训管理领域却没有一个统一的口径,尚未明确驾驶员培训由哪个部门专管,以至于公安机关在驾驶员的培训、考核与发证等权力上处于垄断局面。

随着人们生活水平的日益提高,驾驶车辆已经由原来单纯的职业技能转变为普通百姓日常生活、工作和求职谋生所需要掌握的一种基本生活技能,“会开车”成为人们的追求时尚。因而过去制定的许多管理规定已明显不适应这些客观情况的变化。在此情况下,公安部为简化烦琐的手续、打破限制、加强对薄弱环节的管理,自1989年开始针对社会主义市场经济体制过程中道路交通管理工作面临的新情况开展了大量的调查研究,并借鉴国外通用的驾驶证管理方法和一些重要规定,经过长达8年的探索和论证,于1996年发布了《中华人民共和国机动车驾驶证管理办法》(公安部令第28号,现已废止)和《中华人民共和国机动车驾驶员考试办法》(公安部令第29号)(以下简称两个办法),并于当年9月1日起实施。在此背景下,各地公安机关为适应道路交通运输事业的不断发展,逐步开办了一批驾校。遗憾的是,驾校发展数量非常大,但垄断培训、考核经营却令人担忧。

针对这种驾校考训权力垄断,缺乏监督制约的情况,国家又出台了《关于研究道路交通管理分工和地方交通公安机构干警评授警衔问题的会议纪要》,对相关部门的职责分工再次进行了调整,指出驾校应当实行社会化,公安、交通部门应当按照“政企分工”的原则与驾校、驾驶员培训当中的经济利益彻底脱钩。显然,这些决定是英明的,但实施起来困难重重,实际效果并不令人满意。直到进入新世纪,随着《中华人民共和国道路交通安全法》《中华人民共和国道路交通安全法实施条例》等法律法规相继出台,才遏制了这种不良现象,进一步明确了公安部与交通部在驾驶员培训管理与考核中的分工,形成了公安部门管考核发证、交通部门管培训的两部门相互制约的局面。

3. 社会化办学阶段

驾培行业发展到今天,性质已经发生了变化。以前的学员学驾驶是为了找工作,是生存需要;现在的学员学驾驶是为了生活或工作方便,“会开车”已成了人们日常生活、工作的一种基本技能,甚至有不少学员学驾驶是为了享受生活,因而学员在学习驾驶的过程中也不像以前那样认真努力。在教学过程中,如果教练员服务意识不强,就容易造成教练员与学员之间的矛盾。这些都给驾校的教学工作增加了难度。可是,面对日益增长的驾培需求,已有的驾校不是想办法如何提高教学质量,而是为了经济利益大量扩招学员,满负荷甚至超负荷地增加驾校的培训人数。一些民营资本、企业甚至政府部门见开办驾校有利可图也纷纷加入了驾培市场。利益驱动的结果,必然会导致权力寻租。在驾培市场管理中一些政府部门迟迟不愿放权,造成了公安、交通部门在一段时间内既当运动员又当裁判员。

为避免公安、交通管理部门既当裁判员、又当教练员，影响机动车驾驶证申领人的考试质量的问题，国务院于 1994 年重新划分了驾驶培训管理职责，将机动车驾驶员培训学校（班）的管理划归交通部门管理，规定各级公安机关不得举办或者参与举办驾校。这是历史的进步，然而无形中却为此后“教考捆绑”模式的出现埋下不良种子。为此，交通部又于 1995 年 3 月发布了《汽车驾驶员培训行业管理办法》（交公路发〔1995〕1246 号），明确汽车驾驶员培训实行社会化并将培训分为了职业驾驶员培训和非职业驾驶员培训，改变驾驶员“考训不分”，实行“考、评分离”，从此驾校也由常规的学校化运作逐渐走向社会化、市场化运作，驾校开办主体也由原来的单一的政府化走向了多元化。

从驾校的发展过程可以看出，驾驶培训服务的供需状况及其培训内容和形式，在很大程度上影响到驾校自身的属性。从服务对象来看，驾校最初服务的是少数经过单位推荐的学员，这些学员取得驾驶证后主要从事驾驶职业，在这一阶段，驾校显然具有职业教育属性。随着人们生活水平的提高，驾驶培训服务的不断增长，驾校的服务对象范围不断扩大，驾校的主办方也由原来单一的政府主办，变成了多主体办学，所提供的服务的数量和形式相继发生了根本性转变。这时候的驾培服务，虽然有些部分还具有公共服务的性质，但更多的是提供私人消费品。这时的驾校属性显然不同于建国初期的驾校。

二、驾校与公共交通安全

驾校的主要任务是培训学员掌握安全驾驶知识和驾驶技能。驾校培训的质量会间接影响到公共交通安全。2016 年，全国机动车驾驶人数量达 3.6 亿人，汽车驾驶人超 3.1 亿人，占机动车驾驶人总量的 87.49%，全年新增汽车驾驶人 3129 万人。从驾驶人驾龄看，驾龄不满 1 年的驾驶人 3314 万人，占驾驶人总数的 9.27%。机动车及驾驶人数量迅速增长，给人们生产生活带来便捷的同时，也带来不容忽视的安全隐患，特别是在超速行驶、酒后驾车、违法会车、违法占道行驶等事故中，驾龄不满 1 年的驾驶人肇事明显居高。这些驾校“科班”培训出来的驾驶员为何会成为“马路杀手”呢？部分原因在于当前交通状况日益复杂以及驾驶员自身素质不高，与驾校培训质量低也不无关系，但驾校培训质量不过关难逃其责。从消费者的角度来分析，驾校产品具有以下几个方面的特点。

1. 驾校产品消费的非排他性和非竞争性

首先，如果将驾校提供的培训服务看作是驾校产品，那么学员到驾校的学习过程其实就是消费驾校产品的过程。在市场化办学条件下，只要有一定经济条件（足够交纳学习费用）的学员都可以到驾校学习驾驶知识和驾驶技能。从这种意义上讲，驾校是向每一位学员开放的。即使学员来驾校学习单纯为了考取驾驶证，获取驾驶证的条件也非常宽松。《机动车驾驶证申领和使用规定》在年龄、身体等方面对申请机动车驾驶证的人做出了一系列规定，并列举了禁止申请驾驶证的六大情形。细究这些规定和禁止情形，我们不难看出，除了少数因年龄和身体条件限制，以及属于禁止情形范围的人之外，大部分人只要符合申请条件都可以申请考取驾驶证，都可以来驾校学习、消费。因此，驾校产品的消费对大多数人而言，具有非排他性。

其次，学员消费驾校产品要交纳一定的费用是学员进入驾校消费的唯一门槛。在一定规模范围之内，只要驾校的教学条件允许，增加招收一名学员不会减少驾校对其他学员的服务质量,也不会过多增加驾校成本。驾校学员之间,除了有消费的先后次序之外,学员相互之间并不构成消费竞争。驾校学员只要达到驾驶证考试的合格标准,按照规定程序办理就可以取得驾驶证。任一学员的学习和取得驾驶证不会影响其他任何人学习驾驶、取得驾驶证。因此,驾校产品的消费,在一定范围内具有非竞争性。

2. 驾校产品的消费效果具有滞后性和复杂性

首先,大多数学员来驾校学习都是为了学习掌握驾驶知识和驾驶技能,但并不排除有少数或者极个别学员来驾校学习只是为了一张驾驶证。同样是通过驾校学习考取了驾驶证,不同的学员的学习效果,从眼前来看都是一样的(都是获得了驾驶证),但从长远来看并不都一样。有些学员可能通过驾校的学习,牢固树立了安全驾驶、文明行车的意识,熟练掌握了驾驶技巧,终身不会发生交通事故;但有些学员,由于在学习过程中态度不端正,蒙混过关,十有八九会成为“马路杀手”。因此,要衡量驾校产品的消费效果,不能单纯看驾校培训的单科考试合格率和获取驾驶证的人数,而要看驾校培训的学员在今后实际驾驶过程中的表现。驾校产品消费效果的滞后性,是评价、监控驾校培训质量所面临的一大难题。

其次,驾校产品消费效果具有复杂性。一所好的驾校可以培训出好的驾驶员,但一个技术蹩脚、安全文明驾驶意识差的驾驶员不能完全归咎于驾校培训质量的低下。驾校的培训质量的好坏与驾驶员今后实际驾驶表现的优劣之间不能完全一一对应。做一名安全文明的驾驶员,不仅与他的驾驶知识和技能有关,而且与他本身的法制观念、修养有关。驾校产品消费效果的复杂性增加了驾校培训质量评估的不确定性。

三、驾校公共属性的要求

承认驾校的公共属性,可以将驾校与一般的培训机构区别开来,有利于提高驾校的社会地位,也有利于驾校按照准公共产品的要求提供驾培服务。驾校的公共属性要求进一步理清了政府与驾校之间的关系,增强了驾校的社会责任。

1. 厘清政府与驾校之间的关系

从上述分析可以看出,在一定条件下驾校提供的产品具有非竞争性和非排他性,是准公共产品。准公共产品既可以由政府提供也可以由市场提供,提供方式的选择最终取决于产品提供的效率。实践表明,当前驾校办学主体的多元化,有利于增强驾培市场的活力,增加驾培服务的供给,是驾校未来改革发展的必然趋势。《中华人民共和国道路交通安全法》第二十条规定“任何国家机关以及驾驶培训和考试主管部门不得举办或参与举办驾驶培训学校、驾驶培训班”,十分明确地规定了政府与驾校之间的关系。然而在实践中,由于历史遗留等原因,当前还有少数政府部门甚至极个别驾驶培训和考试主管部门或明或暗、直接或间接地参与驾校的经营管理,影响了驾校之间的公平竞争。因此,政府有必要全面清理过去由政府举办或参与举办的驾校,该分离的分离,该转制的转制,明确驾校的举办主体和举办责任。坚决杜绝政府部门或政府人员新办驾校或以入股的方式参与驾校的经营管理。

政府部门不主办、不参与驾校的办学,有利于打破驾校管理过程中政府部门既当裁判又当运动员的格局,增强驾校的办学自主权,激发驾校应对市场的潜能。同时,交通管理部门负责驾驶培训的指导管理,公安部门负责驾驶员的考试发证,两者各负其责、相互制约,共同推进驾培行业的有序健康发展。

2. 增强驾校的社会责任

机动车驾驶是一项具有高危性的行为，随时都可能发生交通事故，造成自己或他人的财产损失，甚至危及生命安全。驾驶员在实际道路驾驶过程中的表现是衡量驾校培训质量高低的实践标准。如果驾校在培训过程中不严格按照教学大纲的要求进行培训，让一部分安全驾驶意识和技术不过关的学员蒙混过关，会给公共交通安全留下隐患。然而，驾校产品的消费效果具有滞后性和复杂性，驾校培训的效果不能立即得到检验。因此，增强驾校的社会责任意识，从源头上提高驾驶员的培训质量，将“马路杀手”消灭在未出驾校前，是消除公共交通安全隐患的必要举措。

社会责任是社会组织对社会发展及其他成员的生存与发展应负的责任，是组织承担的高于组织自己目标的社会义务，包括环境保护、社会道德以及公共利益等方面，由经济责任、持续发展责任、法律责任和道德责任等构成。驾校是驾驶员迈进汽车社会的第一环节，也是将不合格驾驶员与社会隔离开来的重要关卡。如果这个关卡存在漏洞，将会带来危害公共安全的重大隐患。驾校应在培养驾驶员交通安全意识，提高驾驶员交通安全水平等方面承担起社会责任。交通事故中虽含有驾驶人主观无力控制的客观因素，如路况、交通环境、事故相对方的交通安全意识等，但相比而言，驾驶人本身对交通法律法规的掌握、遵守程度、驾驶技能、操作规范以及交通素养等主观因素等对事故发生的影响更大，而不少驾驶培训学校恰恰在这些方面对学员缺乏教育。

有人认为交通事故责任倒查是规范驾校教学、增强驾校社会责任的有效举措。责任倒查制度即培训质量事故责任倒查制度，指学员取得驾驶证 3 年内发生道路交通死亡事故后，相关部门按照规定程序对学员参加培训、考试的各个环节进行调查，划分责任。倒查的主要内容是驾驶员培训和考试工作中存在的各种违法违规行为[12]。责任倒查制度从理论上讲，可以对驾校培训、驾驶证考试过程中的违法违规行为起到一定的震慑作用，但实际操作起来有一定的难度。首先责任倒查制度要求有完整、真实的培训考试档案资料，这在实践操作过程中很难做到。其次，责任倒查的主体、倒查的对象以及倒查后的责任如何划分缺乏明确的法律依据。第三，责任倒查制度实行一事一查，倒查的时间、精力和经费成本过高。此外，责任倒查是在交通事故发生以后进行，除了能够明确各责任主体的责任以外，并不能很好地避免交通事故的再次发生。

增强驾校的社会责任必须从学员进入驾校的那一刻开始，参与培训的每一位员工都要有高度的社会责任感，培训的每一个环节都要以消除社会公共交通安全隐患为根本目的，每一个环节都对下一个环节负责，系统建立驾校的社会责任体系，有条件的驾校可以引入“社会责任管理体系”（IQNet SR10）。该标准是 IQNet 组织 2011 年颁布的首个社会责任管理方面的标准，它关注组织所有的利益相关方，共识别了所有者、股东与投资方、环境、社区与社会、政府、竞争者、联盟与协作、产品和服务的提供方、顾客、员工等九类利益相关方。并就每个利益相关方向组织提出了与该利益相关方有关的社会责任要求。驾校引入并通过该认证标准，能够将驾校的培训行为与社会履责行为紧密结合起来，在驾校内部形成关注道德、尊重、合规、透明等社会责任基本原则的人员意识，建立健康的驾校文化，从而降低所培训的学员危及公共交通安全的风险[13]。

3. 处理好公益与盈利、规模与质量的关系

驾校的公共属性要求驾校要从公共利益出发来处理办学中的问题，提高驾校的培训质

量。驾校同时也要面向市场,盈利是驾校生存与发展的基础。为了盈利,驾校选择不断扩大办学规模会损及驾校的培训质量。因此,正确处理好公益与盈利、规模与质量的关系,是保持驾校公共属性,促进驾校健康发展的必然面临的问题。

第一,公益与盈利。从我国驾驶培训的发展历史以及现状来看,驾驶培训在不同的历史阶段都具有不同程度的公益性质。在建国初期至20世纪80年代,学习驾驶技术不仅是公民个人的事情,而且是单位集体的事情。在这个发展阶段,驾校都是国有的,从选拔学员到对学员进行驾驶培训、考核,以及最后取得驾驶执照学员的使用都具有鲜明的政治色彩。驾校的公益性质表现得非常鲜明。随着改革开放的逐渐推进,驾校实行社会化办学,很多民间资本进入了驾培市场。虽然市场经济条件下,驾校盈利是不可避免的,但从驾驶培训人员的社会广度和驾驶培训结果的社会影响来看,驾校的公益性质是不可忽视的。其实,从根本上来讲,驾校的盈利与公益性并不矛盾。驾校盈利有利于驾校改善办学条件、提高培训质量,让更多高质量的驾驶员走向社会。其次,如果驾校不遵循驾驶培训的公益性,一味追求驾校盈利,那么这样的驾校必然会受到社会的制约,甚至会被市场所淘汰。

第二,规模与质量。驾校的发展必须要有一定的规模,否则难以保证驾驶培训的质量。这也是相关部门在制定驾校开办条件时对规模进行规定的原因。但驾校的规模是不是越大越好呢?从驾校的盈利角度来看,规模越大就更容易带来规模经济效益,提高驾校硬件设备的利用率。但从驾校的培养质量来看,如果规模超大,必然会带来一系列教学、管理上的弊端,如驾校的机构臃肿,驾驶培训成了流水线作业,容易忽视个别学员的需求等。因此,驾校在处理规模与质量时,必须首先考虑到驾驶员的培养质量,适度的驾校规模才有利于学员的驾驶培训学习。

第二节 驾校的教育属性

如果说驾校的公共属性是从驾校培训的驾驶员最终会影响公共交通安全而言的话,那么驾校的教育属性是驾校组织活动本身所具有的属性。驾校存在的根本价值或者说驾校的核心任务是培养学员的安全文明驾驶意识,使学员掌握安全驾驶技术。驾校具有与普通学校相类似的组织机构,有校长与教学管理人员,有教练员、教学场地,驾校的培训教学活动要遵循教育规律、遵照国家颁布的教学大纲进行。从这种意义而言,驾校是学校,是具有教育属性的社会组织。

一、驾校教育属性的具体表现

教育是根据一定社会的需要所进行的培养人的活动,是教育者利用一切教育手段作用受教育者的过程,以达到受教育者身心得到变化发展为目的的活动。只要培养人的职能活动存在,"教育"便存在。教育者、受教育者、教育内容和教育手段构成了教育的四种基本要素。驾校以培养驾驶员为目的,具备教育的基本要素,能够使学员的身心得到变化发展,表现出与普通学校相类似的特点。同时,由于驾校的培训活动所涉及的人员广,培训活动的职业性较强,驾校也存在与普通学校不一样的地方。

1. 驾校教育属性的一般表现

驾校培训在活动目的、活动的基本条件以及活动的效果等方面具有与普通学校相类似的特点，具体表现在以下几个方面：

第一，驾校的目的是培养“驾驶员”。驾校培养的是人，或者说培养的是驾驶状态下的“人”。当今时代是汽车化时代，一部分驾驶人是将驾驶作为一种职业，比如大客车驾驶员、货车驾驶员、出租车驾驶员等，他们是通过驾驶这一职业来谋取生活。另有大部分人是将驾驶作为一种基本生活技能，驾车就如同“吃”、“穿”、“住”一样，已经成为一种生活的基本需要。对前一部分人来说，“驾驶”毫无疑义具有职业性，即便对那些将驾驶作为一种基本生活技能的人来说，当他作为“驾驶员”出现的时候，他必须进入一定状态，具有一定的职业精神才能较好地履行好“驾驶员”的基本职责。

第二，驾校培训活动具有较强的专业性。驾驶培训必须具备一定的条件，在场地、设备、人员及时间等方面均有严格的标准。早在 2004 年，交通部就发布了《机动车驾驶培训机构资格条件》(JT/T 433—2004)，并于 2013 年进行了修订。该标准从人员、场地及教练车等方面对驾驶培训机构的条件进行了限定。比如，驾驶培训机构的操作教练员，除了满足年龄、学历等基本要求外，还要符合安全驾驶经历和相应车型驾驶经历要求，并经省级道路运输管理机构对道路交通安全法律法规、驾驶技能和驾驶要领讲解、驾驶动作示范、指导驾驶、评教评学等教学能力考试合格。

第三，驾校的教学必须遵循教育教学规律。首先，驾校的教学必须按照一定的教学原则，掌握学员心理，运用科学的教学方法，才能达到教学目的。驾驶行为的学习可以分为感知、判断决策和动作三个阶段，驾驶行为是上述三个阶段不间断的多次串联组合，也是三者连锁反应的综合。驾驶行为不仅受汽车仪器仪表显示、运行状况和道路环境的直接影响，也与驾驶员的知识、经验、生理、心理机能相关。驾驶教练员不仅要掌握过硬的驾驶技能，还必须具备娴熟的教学能力，运用适当的原理和方法，使学员快速掌握驾驶技能[14]。其次，驾校的教学要因材施教。来驾校学习的学员来自社会的各个方面，他们在知识储备、技能掌握、性格等各方面均存在差异。因此，驾校的教学方法要因人而异，对学员的要求不能搞“一刀切”。

第四，驾驶的培训效果具有广泛的社会影响。首先，当学习驾驶技能成为社会大多数人的需求时，驾驶培训学校所提供的培训服务因其涉及广大公众的利益而具有社会性。其次，驾驶培训学校培养的驾驶员，最后都要走向社会，而驾驶员培养质量的高低会直接影响到社会的公共交通安全。再次，驾校的培训效果与普通学校的教育效果一样具有滞后性。

2. 驾校教育属性的特殊表现

在市场化办学条件下，驾校的办学主体多元化，他们办驾校的目的各不一样。驾校的学员也来源广泛，素质参差不齐，学员的学习动机也千差万别。与普通学校相比，驾校的教育属性也表现出不同的特点。

第一，办学目的的营利性。驾校虽然与普通学校一样，其目的是培训学员掌握驾驶知识和技能，但在市场化办学条件下，驾校主办者开办驾校不可避免要盈利，甚至对个别驾校主办者来说，盈利是他唯一的办学目的。大部分驾校在办学宗旨中都会强调“以人为本、以学员为贵”，以“优质培训、服务社会”为追求目标，但这些都不能掩盖或者否认驾校的盈利目的。驾校盈利并不可怕，盈利能为驾校的发展提供经济基础，更好地实现驾驶员培养目标。同时，追求盈利也能提高驾校自身的管理效率，促进驾校的信息化与现代化。问题在于，不能将驾校盈利置于培养驾驶员的目的之上，将盈利作为驾校办学管校的唯一衡量标准。

第二，学员学习动机的功利性。普通学校的学生来学校学习主要是为了获得知识和提高能力，他们的学习动机主要是一种自我发展、自我实现的需要。学生能够在学习中获得学习的快乐和成就感。其次，普通学校的学生群体在年龄、起点等方面的差异较小，学生之间处在一种相互学习、相互竞争的状态。这种竞争性学习，能够激发学生自我学习欲望。在驾校，虽然大部分学员是抱着学习驾驶知识和驾驶技能的目的来学习的，但驾校的学习环境、收费制度不允许他们慢条斯理地进行系统学习。驾校也希望他们的学员能够直奔主题，快而有效地通过考试取得驾驶证，这样不仅能提高驾校的通过率，而且能够缩短学员的培训时间，增加驾校的收入。因此，不管是学员还是驾校本身，考取驾驶证成了他们学习、教学的直接目的。

第三，驾校师生关系的复杂性。普通学校的师生关系主要表现为教学关系，在教学过程中，学生是学习的主体，教师是教学的主导。教师与学生在人格上是平等的，在相互交往中是民主的。“师者，所以传道授业解惑也”，教师在学生心目中是“道”的化身，对教师的道德提出了更高的要求。因此，普通学校的师生关系是一种教育性、道德性关系。在驾校，学员既是顾客也是学徒，教练既是培训服务提供者也是学员的师傅，但驾校教练与学员之间的关系更多地表现为一种师徒关系。学员掌握驾驶技能主要是通过教练的言传身教实现的。虽然不能否认有部分学员能够无师自通、自学成才，但教练的指点以及在关键技能上的点拨能够达到事半功倍效果。教练如何教、教多少、何时教的主动权掌握在教练手中，这也是个别教练向学员“吃、拿、卡、要”的法宝。因此，驾校中教练与学员之间的关系，除了教学的关系之外，可能还夹杂着其他诸如利益、感情因素在里面。

二、驾校教育属性的现实扭曲

任何事物及其发展，都具有多面性。驾校的社会化办学，在取得良好效益的同时，也带来了不少的负面影响，扭曲了驾校的教育属性。主要表现在部分驾校的驾驶培训应试化倾向严重、培训服务过度商品化、培训过程过度“技术化”、驾校生源竞争无序化等方面。

1. 驾驶培训应试化倾向严重

虽然整个驾驶培训市场需求旺盛，但驾校之间的生源竞争日益激烈，尤其是一些声誉较差的驾校和新开办且办学基础比较薄弱的驾校，更是感到危机重重。因此，这类学校为了扩展生源便纷纷使出“绝招”，有的采用教练员包干自找生源，并规定每个教练员每年至少保证招收一定数量的学员的“承包”做法，否则，一些教练员便面临解聘的危险。价格战即降低学费是驾校抢夺生源的惯用招数，驾校对这些低学费招进来的学员，必然会压缩学时，因此很难保证教学质量。个别驾校为了吸引生源，在招生过程中公然打出“三包”旗号：包学会、包取证、包满意。但在实际培训过程却难尽人意；甚至个别驾校打出“帮考”牌，明码标价：“不用体检，不培训、不考试、直接花钱购买驾照”，将驾驶人培训目的简化成获取那张所谓的“驾照”，实际上将驾校发展引入了歧路。

2. 驾驶培训服务的过度商品化

自改革开放以来,我国的驾校普遍实行企业化经营,面向市场开放办学。这一方面调动了各方面的办学积极性,使更多的民间资本进入到驾驶培训市场,更好地满足了社会对驾驶培训的多样化需求。另一方面,驾校的市场化也带来的一些负面影响,其中驾校收费不规范最为人所诟病,多收费、乱收费已经成为驾培行业的一大顽疾。尤其值得警示的是,不少驾校为了达到多收费的目的,不惜巧立名目、使尽各种手段。比如在培训中途收费,学员交钱进入驾校之后,学员什么时候练车、什么时候考试等一切就得听驾校和教练员的安排,在这个过程中,驾校往往会找出各种借口进行再收费,而学员对这些收费虽有怨言,但为了早日取证也只能忍气吞声。还有一些驾校,针对一些想在短时间内拿证的学员推出"VIP"服务,其收费往往比普通班学费高出一两千元。至于在培训过程中,教练员"吃拿卡要"现象,更是屡禁不止,将驾驶培训服务商品化表现得淋漓尽致。

3. 驾驶培训过程过度"技术化"

驾驶培训过程的过度技能化主要表现在"两重两轻"上。一是重视驾驶技能、轻视文明素质;二是注重培训结果、轻视培训过程。一些驾校的驾驶培训只注重驾驶技能的培训,突出技术性,"重操作技能、轻细节把关,重交规学习、轻文明教育"的现象较为普遍,特别是对驾驶员的文明素质和职业操守培养关注不够。其次,根据交通运输部、公安部颁布的《机动车驾驶培训教学与考试大纲》要求,驾驶培训的每个科目都有一定的学时和学习要求,只有当学员学满一定的学时、达到一定要求后才能参加科目考试。为了加大对驾驶人培训考试的管理力度,采用指纹考勤机进行考勤,在教练车上安装"驾培智能化车载终端"记录学员驾驶培训时间,无疑,这是值得肯定的。然而,在实际驾驶培训过程中,一些驾校不但没有严格按教学大纲要求去培训学员,反而"协助"学员通过各种手段蒙混过关。比如一些驾校为了应付指纹考勤,竟然用橡皮泥复制学员的指纹制成指纹套进行假考勤,使学员的培训时间大量"缩水"。甚至还有一些驾校,平时培训"偷工减料",到考试时通过贿赂考官来让自己的学员过关。

4. 驾校生源竞争无序化

生源是驾校赖以生存和发展的基础,但随着整个驾培行业规模的扩大,驾校之间的生源竞争日益激烈。虽然学员在报名学习之前有多种选择,但是一旦交费,开始在某家驾校学习考试之后,学员往往就没有了选择的自由。即使在学习过程中感到不满意,这时学员想退费也会变得极其困难。由于驾培行业协会以及相关政府部门对驾校间的生源竞争缺乏预见和有效规范,驾校间的竞争往往会演变成无序状态。其中,价格战是驾校竞争的"杀手锏"。一些驾校迎合学员贪图便宜的心理,以低的价格(甚至是低于培训成本的价格)将学员招进驾校,然后以中途收费或者延缓安排学员培训、考试等手段来变相增加学员的培训成本。

三、驾校教育属性的要求

驾校的教育属性要求驾校必须将驾驶员的教育培训质量放在首位。为此,首先要在法律上进一步明确驾校的地位。2017 年 4 月 1 日起,《机动车驾驶证申领和使用规定》正式实施,其中根据公安部、交通运输部、中国保险监督管理委员会的决定,4 月 1 日起,在天津、包头、长春、南京、宁波、马鞍山、福州、吉安、青岛、安阳、武汉、南宁、成都、黔东南、大理、宝鸡 16

个市(州)试点小型汽车、小型自动挡汽车驾驶人自学直考。而在实际操作过程中,不通过驾校培训而直接申请驾驶证考试是很困难的,一则是手续上比较麻烦,二则是保证不了申请人的技能要求。于是,有人对此提出疑义,既然公安部没有明文规定必须经过驾校培训才能申请驾照考试,那么驾校存在的必要性在哪呢?因此,我们有必要对驾校的地位进行进一步明确,对驾校在驾驶技能培训、驾照考试申请等方面所扮演的角色、所起的作用以及所承担的责任予以说明。

其次,要对不同车型的驾驶培训实行分类管理。国家要加大对驾驶培训的财政补助,尤其对A、B驾照的培训经费补助要纳入地方财政预算。引导建立集中的大中型客、货车辆驾驶员培训基地,提高培训场地及其设施设备利用效率,保障客、货车驾驶员培训质量。积极依托具备条件的职业院校,培养高素质大客车驾驶员,鼓励客运企业通过委托培训等形式,参与大客车驾驶员职业教育,尽快解决目前大客车驾驶员素质低的突出问题。目前,要想取得大客车驾驶资格,只能通过驾校学习以实现增驾,然而在驾校进行很短时间的培训就进行考试,这些人的技能往往得不到保障。国家出于安全考虑对此十分重视,在2012年7月国务院发布了《关于加强道路交通安全工作的意见》(国发〔2012〕30号),文件提出,要把大客车驾驶人纳入职业教育体系。对此,江苏省公安厅和交通运输厅进行了调研,并选择了一些有资质的职业院校招收18岁的学员,通过两三年时间培养,在校期间有教育、实习等环节,拿到A证后还要到企业进行实习,跟车一年后方能独立驾驶。在目前还没有找到更好地培养大客车驾驶员方法途径的情况下,这种办法也不失是一种很好的选择。

第三,处理好教育与培训、发展与规范之间的关系。驾校培训驾驶员,其目的在于能够让学员通过培训熟练掌握驾驶技能,获得驾驶资格,但这仅仅是驾校培训的一个最低和最基本的目标要求。信息化、智能化发展到今天,经过驾校学习已经不再仅仅是学习掌握驾驶技能的唯一途径。驾校之所以仍然存在,是因为驾校能够提供掌握驾驶技能以外的服务,那就是养成驾驶人的驾驶素质,即通过驾校的教育熏陶,让学员在潜移默化之中养成文明驾驶、安全驾驶的习惯。因此,驾校的未来使命,除了能够让学员掌握驾驶技能以外,更重要和更终极的目标是对学员进行文明、安全驾驶的教育。如果驾校不能正确处理好培训与教育之间的关系,那么驾校就很难提高驾驶员的培训质量。

自20世纪90年代至今,我国的驾校不管从驾校开办的数量还是从整个驾培市场培养的驾驶人数量都有了大的发展。在发展过程中,各地对驾校的管理也积累了不少经验,对驾校的办学行为进行了规范。但是由于我国驾校的发展历史不长,而且随着人们对驾驶培训服务需求急剧增长,驾培市场在短时间内急剧膨胀,一些驾校仓促挂牌营业,甚至个别驾校是"拼盘"上阵,各种"挂靠""买卖"学员、乱收费的现象时有发生。因此,政府相关部门和驾培行业应尽快出台相关的制度措施,一方面要为驾校的良性发展保驾护航;另一方面,对一些驾校违规、不当的办学行为及时进行处理。

第四,全面实施素质教育工程,培养全面发展的驾驶员。驾校不仅要重视对学员的技能培训,更要重视对学员安全、文明驾驶素质的培养。2016年8月,交通运输部和公安部联合印发了《机动车驾驶培训教学与考试大纲》(以下简称《教学与考试大纲》),对驾驶员培训和考试方式进行了重大改革,进一步强化了对学员安全、文明行车意识和实际驾驶能力的培养。为此,驾校要采取有效措施,切实贯彻落实好新《教学与考试大纲》,严格按照新《教学与考试大纲》要求,使用规范培训教材组织教学;加强素质教育和案例教育,突出安全驾驶、文明行车意识的培养,并贯穿到培训学习的全过程;落实实际道路驾驶训练内容和学时要求,让学员拿到驾驶证后真正能开车、会开车;大力推进规范化教学,将知识、技能、意识、安全培训一体化,使驾校成为传播安全驾驶、文明行车理念的主阵地。

第三节　驾校的经济属性

在市场经济条件下,驾校主办者追求利润是不言自明的事情。同样,作为经济实体的驾校具有经济属性也是毫无疑义的。驾校是学校,同时也是企业。驾校办学除了要尊重教育规律之外,还要遵循市场运行规律。利润创造、市场行为、利益交换也是驾校不可缺少的要素。在某种意义上,驾校是一个利益交换的场所,驾校利益相关者各方依据市场原则在这里进行交换,以完成各自的目的。利益驱动是驾校发展的部分原动力。

一、驾校经济属性的具体表现

驾校的经济属性是指驾校作为社会经济系统中一个有机组成部分所表现出的一种经济性质,是驾校与社会环境在经济领域发生互动关系的集中体现。它随着经济互动关系的扩展而深化。

1. 驾校经济属性的一般表现

驾校的经济属性主要表现在驾校与社会环境存在经济互动关系、驾校对资源的配置作用以及驾校具有独立的经济行为等三个方面。

首先,驾校与社会环境存在经济互动关系。驾校不是孤立存在的,它必须与周围的社会环境发生经济互动才能得以生存与发展。第一,驾校与社会环境存在投入与产出的关系。一方面,驾校要从社会环境中获取人、财、物等经济资源。《机动车驾驶员培训管理规定》(交通运输部令2016年第51号)规定,凡是申请从事普通机动车驾驶员培训业务的,必须符合以下条件:有健全的培训机构,包括教学、教练员、学员、质量、安全、结业考试和设施设备管理等组织机构;有健全的管理制度;有与培训业务相适应的教学人员和管理人员;有必要的教学车辆、教学设施、设备和场地。这些资源必须要靠驾校与社会环境进行相互交换才能获得。另一方面,驾校向周围社会环境输出一定的经济资源。其中,最为主要的是驾校通过培训活动,将合格的驾驶员输向社会的各个部门,从而影响周围的社会环境。第二,驾校的生存与发展受市场供求关系的影响。驾驶培训需求是驾校得以存在的根据。没有生源,驾校将无法生存与发展。因此,驾校必须根据市场供求的情况开展培训服务,针对学员的需要提供个性化服务。

其次,驾校对社会资源具有组合、配置作用。这主要体现在两个方面:其一,从驾校自身来看,它实施各种职能的过程,就是利用和消耗经济资源的过程,它具有成本和代价,存在如何对其内部资源进行合理配置与有效利用的问题。其二,从驾校与社会的关系来看,它实施各项职能的过程,实际上是对以驾驶知识与技能为代表的各种社会资源进行整合、传播与应用的过程,其实质就是对社会资源的转换、更新与再配置。在市场化办学条件下,存在着这些稀缺资源如何在各驾校之间以及驾校内各部分之间进行优化配置与有效利用的问题。同时,驾校通过提供培训服务、培训驾驶员又在为社会经济发展提供着新的资源形式。驾校对社会资源的组合配置是否合理、利用是否有效,这不仅决定着它在市场竞争中的实力和地位,也决定着它自身的生存与发展。而且从整个驾培行业来说,其资源配置与利用的状况也会影响到整个社会经济系统的运行。驾校作为社会经济系统中进行资源组合与配置的组织形式,正是其经济属性的本质反映。随着市场化中驾校资源配置功能的强化,它的这种经济属性会进一步凸现,在与社会环境的互动关系中表现出越来越重要的作用。

第三,驾校是具有独立利益的经济主体,具有经济行为。驾校作为社会经济系统中资源配置的组织形式和有机组成部分,直接或间接参与经济运行,决定了它必然具有经济主体属性和经济行为。驾校作为经济系统中的经济主体,它具有自身独立的经济利益并产生经济行为,这是它在社会经济系统中生存与发展的基本条件,也是在竞争环境中适应社会、为社会发展服务的基本前提。经济行为可以有各种各样的动机和目的,它既可以以盈利为其经济行为的目的,也可以以非营利为目的。比如,驾校在履行其各种社会职能时,是以利用和消耗经济资源为代价的,同时又是通过为社会提供资源来实现的。面对需求无限与资源有限的矛盾和生存的竞争,从效率原则来讲,不论是出于社会利益还是自身利益动机,它都必然产生经济行为,表现出作为经济主体的经济属性。

2. 驾校经济属性的特殊表现

驾校虽然是具有独立利益的经济主体,但与一般的企业相比,它提供的是准公共产品,不能一味追求利益最大化。驾驶培训行业属于服务行业,技术创新程度较低,它的核心竞争力主要体现在驾校文化上。

第一,驾校的营利性。驾校的营利性主要表现在以下几个方面:首先,从政策方面来看,早在 1993 年《国务院关于研究道路交通管理分工和地方交通、公安机构干警评授警衔问题的会议纪要》以及《交通部汽车驾驶员培训管理办法》两份文件中,就明确规定汽车驾驶员培训实行社会化,汽车驾驶员培训学校是在国家统一规划下按照公平竞争的原则办成为社会提供有偿服务的经济实体。虽然当前还有一些由行政部门出资兴办的驾校,但绝大多数驾校是由企业或个人出资举办的。其次,从资金状况来看,事业单位的建设资金和日常管理经费由政府包揽,列入国家和地方财政预算,而驾驶员培训学校的建设资金和日常管理经则要从学员缴纳的学费当中扣除,或由新建单位或个人先行开支,当驾校获利时再从利润中扣回。不仅如此,驾校还要根据自己的收入情况缴纳税金。显然,在资金运营上,驾校明显不同于非营利性的事业单位。第三,从设立的依据和程序上来看,驾校不同于非盈利的事业单位。事业单位是由政府机关根据社会需要进行设置并提供财政经费,其设立有着严格的审批程序。当前,我国对驾校的管理是实行市场准入机制,从其设立依据来看,它是一种辅考机构,主要是通过培训,帮助学员通过驾驶证考试。

驾校虽然具有营利性,但正如前面所述,驾校提供的产品是驾驶培训服务,属于准公共产品,它所培训的驾驶员最终会驾车行驶在公共道路上。驾校培训质量的高低会影响到社会公共交通安全状况。因此,驾校不能像其他生产性企业一样追求利益最大化。所谓利益最大化,就是用最少的投入去获取最大的产出。驾校如果追求利益最大化,必然会导致驾校在培训学员时“偷工”“减料”,损及学员的利益,最终损害的是整个社会的利益。

第二,驾校文化是驾校的主要核心竞争力。驾校核心竞争力是驾校在长期发展过程中形成的,能支撑驾校过去、现在和未来的竞争优势,使驾校在竞争环境中能够长时间取得主动的核心能力。能够形成核心竞争力的,主要是创新的技术、具备创新能力的人才、优秀的企业文化以及富有影响力的品牌。驾校主要是通过培训帮助学员掌握驾驶技能。驾驶技能需要在较长时间内保持稳定而不是创新。对驾校的教练员来说,主要任务是按照教学大纲的要求,遵循驾驶技能形成的规律,结合学员的实际情况进行教学。教练员耐心细致的教学态度相比他的创新能力更重要。塑造驾校的品牌需要驾校的长期积累和推广。驾校的文化可以从驾校开业的第一天就形成。驾校是一种以人与人的组合为基础的经营活动主体,其经营行为最终要靠人来完成。因此,驾校的制度设计、经营策略的选择,最终都会体现在员工的价值理念即驾校文化上。驾校的竞争,实质上是驾校文化的竞争。

所谓文化,是团体在解决它的外部适应和内部整合问题的过程中,基于团体习得的共享的基本假设的一套模式,这套模式非常有效,因此它被作为对相关问题的正确认识、思维和情感方式授予新来者。文化是有层次的,包括人工饰物、信奉的理念和价值观、基本假设等三个层次。人工饰物是文化中可见、可听、可感受的部分,也是当一个人进入一个陌生的组织最先观察到的现象。居于文化最深层的是关于组织的基本假设[15]。因此,提升驾校的核心竞争力,首先就要反思关于驾校的基本假设,对“驾校是什么”“驾校不是什么”等基本问题有深刻的认识。其次,要加强团体学习,在学习中形成共享的假设。

二、驾校市场化办学的积极作用

驾校市场化办学,是政府推动、市场选择共同作用的结果。新世纪以来,面对庞大的驾驶培训市场,各地办学热潮纷纷兴起,各种规模的驾校如雨后春笋般涌现。驾校的市场化办学不仅满足了人们日益增长的驾驶培训服务需求,扩大了整个驾培市场的规模,而且在一定程度上使各类驾校之间形成了一种竞争机制,促使各驾校主动改善自身服务条件、提高驾驶培训技术水平和服务质量。驾校市场化办学的积极作用主要表现在:一是进一步厘清了驾校与政府之间的关系,调动了民间资本的办学积极性;二是利用价格和竞争机制,满足了人们多样化的驾驶培训服务选择;三是积累了办学经验,促进了驾培行业的规模化发展。

1.调动了民间资本的办学积极性

在我国驾驶培训历史发展过程中,不管是职业培训发展阶段还是“政企不分”发展阶段,驾校与政府部门之间始终存在着千丝万缕的联系,两者有时甚至因为利益关系而相互纠葛:政府部门包办驾校,驾校反过来“绑架”政府部门。驾校实行社会化办学,将本应该由社会、企业提供的驾驶培训服务交还给社会和企业,让民间资本进入到驾驶培训市场,如此,能够很好地调动各办学主体的办学积极性。实际上,驾驶证作为一种行政许可,政府与公民之间只存在着申请与认可的关系,只要公民满足取得驾驶证的条件即可获得驾驶证,至于公民个人通过何种途径、如何满足取得驾驶证的条件,这是公民个人选择的自由。政府举办驾校,或者政府过多地干涉驾校的办学,一则会将本不应该由政府承担的负担包揽过来,二则会因为政府包办、包揽驾校,使政府处在一种既是“运动员”也是“裁判员”的尴尬境地。关键是这种做法,不但不利于驾驶培训事业的良性发展,还可能使这一领域成为新的腐败温床。

2. 更好地满足了人们多样化的驾驶培训服务需求

驾校实行市场化办学,让驾校进入市场,利用价格和竞争机制调节驾驶服务供求,这是适应社会主义市场经济的一种重大变革。因此,在这一新体制下,学员学习驾驶,由原来只能接受驾校服务变成驾校与学员之间的双向选择,在驾驶培训服务的质量方式等方面,学员拥有更多的选择权和自主权。驾校面向市场办学,生源的多寡决定了驾校的效益,而这种效益的获得能够促使驾校提高服务质量。具体而言,为了更好地吸引更多的学员,驾校必然会去主动适应学员的需求,为学员提供尽可能多样化、满意的服务。

3. 促进了驾驶培训行业的规模发展

实践表明,驾校市场化办学对积累办学经验,扩大整个驾培行业的规模起到了积极的推进作用。根据中国市场调研在线在《2017—2023 年中国驾驶培训市场调查研究与发展趋势预测报告》所分析的那样,在 2016 年我国驾驶培训机构数量有可能达到了 14845 个,而且近几年来我国驾驶培训机构数量一直维持在 8.0% 以上的增长速度,预计 2020 年我国驾驶培训机构数量将达到 23342 个。这是过去在政府包办、包揽驾校条件下不可能实现的事情。这些驾校在实际办学过程中,根据市场的需求灵活调整驾校的组织形式,采取多种形式提供驾培服务,积累了丰富的办学经验,为今后进一步改进驾驶培训服务奠定了良好基础。

三、驾校经济属性的要求

驾校是具有独立利益的经济主体,具有经济行为,并能对自身的经济行为负责。建立驾校独立企业法人制度能够更好地明晰驾校的产权,形成驾校合理的组织结构,完善驾校的管理制度。驾校具有营利性,但不能唯利是图。实施驾校品牌经营战略,可以提升驾校的核心竞争力,扩大驾校的影响力。

1. 建立驾校独立企业法人制度

随着汽车业的发展,我国道路交通事故日趋严峻,部分原因在于驾驶员整体素质水平不高,安全意识不强,这与驾校过分追求经济利益、忽视驾驶员培训质量有很大的关系。驾校实行企业法人制度有利于建立公平、公正、公开的驾培市场,有利于从源头上提高驾驶员的安全意识,减少道路交通事故,改善道路交通安全环境。同时,从我国企业制度的现状看,驾校实行独立企业法人制度,符合我国现代企业制度发展的需要,能促进社会驾驶培训资源的最佳配置。

第一,驾校独立企业法人制度的实现形式。企业法人制度是指依照法律建立起来的使其人格化和获得独立法人地位的企业制度。在这种制度下,企业是人格化的法人,具有法人地位,是独立的民事主体,自主地对外开展活动。企业法人制度的核心要求是企业的所有权和经营权要分离,企业拥有经营权(法人财产权),在对所有者承担责任的前提下,能够独立支配企业的财产。按财产的组织形式和承担的法律责任来划分,企业通常可以分为三类:独资企业、合伙企业和公司制企业,其中业主制企业和合伙制企业不具有法人资格。按照《机动车驾驶培训机构资格条件》(GB/T 30340—2013)的规定,“机动车驾驶培训机构应具有独立企业法人资格”,驾校不能采用业主制和合伙制企业制度,宜采用公司制企业制度。之所以如此,主要体现在社会对驾校的法人责任能力的需求上。法人责任能力是法人行为能力的一种特殊表现形式,主要指驾校法人在自己的权利范围内,能对自己的违法行为承担民事责任。

第二,驾校独立企业法人制度的建设内容。按照公司制企业制度的要求,驾校独立企业法人制度的建设主要包括驾校产权制度、组织机构和管理制度三个方面。

首先,产权制度。公司制驾校以"合资"为特征,由50个以下股东出资设立,能够独立自主经营、自负盈亏,对自己经营的财产享有民事权利,承担民事责任。具体而言,公司制驾校在产权方面具有以下几个特点:首先,公司制驾校实行股东所有权与法人财产权分离,驾校法人财产具有整体性、稳定性和连续性,不会因为股东的变化而变动。股东投入到驾校的资本不可收回,只能转让。其次,公司制驾校以依法教学为基础,在保障学员按《机动车驾驶培训教学与考试大纲》培训的前提下,追求利润最大化。第三,公司制驾校实行有限责任制度,股东以其出资额为限对驾校的债务承担有限责任,驾校法人以其全部法人财产为限对公司的债务承担有限责任。

其次,组织机构。按照公司制企业的要求,驾校的组织机构分股东会、董事会和监事会。股东会是驾校的权力机构,负责制定和修改驾校的章程,选拔和罢免董事会与监事会成员,审核和批准驾校的财务预算、投资及收益分配等重大事项。董事会是驾校的决策机构,负责选举董事长,执行股东会的决议,制定驾校的经营战略,任免驾校的主要负责人。董事长一般为驾校的法定代表人,并可以兼任校长职务。监事会是驾校的监督机构,对股东会负责,依照法律和驾校章程,对董事会、校长行使职权的活动进行监督,防止其滥用职权。校长负责驾校的日常经营活动,依照驾校章程和董事会授权行使职权,接受监督,向董事会负责。

再次,管理制度。首先要建立和完善驾校的领导制度,培养高素质的职工队伍,运用现代化的管理手段,实现驾校的高效运作,树立驾校良好的公众形象,培育驾校文化。其次,在具体的驾校管理中,要按照《机动车驾驶员培训管理规定》的要求,并结合驾校的实际情况制定并完善安全管理制度、教练员管理制度、学员管理制度、培训质量管理制度、结业考试制度、教学车辆管理制度、教学设施设备管理制度、教练场地管理制度和档案管理制度等方面的制度。

2. 实施驾校品牌经营战略

美国著名营销学者菲利普·科特勒(Philip Kotler)认为,"品牌是一种名称、名词、标记、符号或设计,或是它们的组合运用,其目的是借以辨认某个销售者或某群销售者的产品或劳务,并使之同竞争对手的产品和劳务区别开来"。我国约有1万余所驾校(驾培机构),但这些驾校的同质化程度十分严重,"千校一面"的现象十分普遍。在这数量众多的驾校当中,能为国人知晓的驾校品牌却屈指可数,能与公务员培训市场中的"华图"、"中公"相媲美的驾校品牌更是稀缺。因此,驾校要想在激烈的竞争中脱颖而出,必须重视品牌的作用,创立自己的品牌,并建设好维护好自己的品牌。

品牌是驾校的一种无形资产。驾校创立品牌的过程实质是驾校不断提升培训质量和树立驾校良好形象的过程。品牌的拥有者可以凭借品牌的魅力不断吸引顾客,创造价值;同时也有利于保护消费者的利益,帮助消费者识别自己的消费偏好。驾校在创立自己品牌的过程中,往往会存在误区。具体表现在以下几个方面:一是盲目追求广告的宣传作用。广告有助于树立产品品牌的形象,将产品的优点放大,使消费者留下深刻印象。其实,广告的背后更需要产品质量、服务等一系列的支持。光重视广告的作用而忽视了产品的质量,会使消费者对品牌产生不信任。对于驾校而言,广告固然重要,但学员的口碑更重要。说得好不如做得好,学员的体验才是最真实的。二是品牌缺乏丰富内涵,创新意识不强。驾校往往以驾校所在地的地名、创办驾校的单位名称或者创办人的名字来命名。这样的驾校名称显然没有什么内涵,传递给消费者的只是一个符号而已,不会让消费者联想到更多的东西。

驾校实施品牌经营战略首先要有明确的品牌定位。品牌定位是市场定位的核心和集中表现,是建立一个与目标市场有关的品牌形象的过程与结果。驾培市场虽然表面上看没有什么差别,但仔细分析起来还是有差异的。比如老年学员与大学生学员学驾驶就不一样;有些地方可能高校比较集中,寒暑假大学生学驾驶的比较多,也有些地方企业比较集中,利用周末时间学习驾驶的人比较多。驾校一旦选定了目标市场,就要设计并塑造自己相应的品牌和驾校形象,争取目标消费者的认同。在这个过程中,选择驾校的名称非常重要。若能将驾校的文化融入驾校品牌中则能为驾校品牌增加文化附加值。“名牌的一半是物质,一半是精神”,富有文化含量的品牌不仅能引起消费者的联想,而且能引起消费者情感上的共识。

其次,要加强品牌营销。品牌营销是通过市场营销使消费者形成对品牌认知的过程,其目的在于通过某种手段将品牌形象深刻映入消费者的心中,使消费者在选择产品时自然会想到该品牌。品牌营销的策略很多,主要包括品牌个性、品牌销售、品牌传播和品牌管理等四个方面。在这些策略中,驾校经常使用的是品牌传播策略。驾校通过在各种媒体如电视、报纸、网络等进行宣传推广,试图将驾校品牌形象传递给消费者,在消费者心目中树立良好品牌形象,以此来提高驾校的市场知名度和美誉度。品牌营销关键在于要树立质量第一、诚信至上的理念,品牌定位要准确、个性鲜明,再加上巧妙的传播,自然能取得良好的效果。

第三,要强化品牌忠诚度。品牌忠诚度是指消费者在购买决策中,多次表现出来对某个品牌有偏向性的行为反应。对驾校而言,学员对驾校品牌的忠诚表现学员在经过驾校的培训之后,乐于推荐自己的亲戚朋友或者周围的人到该驾校培训学习,这种推荐是学员心甘情愿的,不出于任何利益考虑。因此,驾校要强化品牌忠诚度,首先要抓住正在驾校培训的学员,通过提高培训质量和人性化的服务,让学员学有所获,真正认同驾校品牌。其次要做好学员的学后服务,为学员提供有关驾驶方面的免费咨询服务,比如如何选车、如何维护汽车等。此外,驾校要不断开发新的服务项目。驾校要根据驾驶员的需要,围绕驾驶这个主题,开发出一系列与驾驶培训相关的服务项目,让学员一旦有驾驶方面的需求自然就会想到该驾校品牌。

第三章

机动车驾驶培训学校组织机构的反思与建构

随着我国近年来经济和社会的迅猛发展,我国机动车拥有量在持续攀升,人们学习和掌握机动车驾驶技术的需求也日趋强烈。驾驶学校及其他驾培机构在面对数量众多、需求各异的学员时,其原有的组织架构形式越发难以适应日趋激烈的市场竞争,也更难满足不同类型学员获得优质驾培服务的需求。因而从组织结构视角审视驾培学校发展变化并做出战略性的应对,成为当下一个十分紧迫而必要的课题。本章主要从组织学的视角分析目前我国机动车驾驶培训学校组织机构特点与存在的问题,以现代西方组织学原理为依托,指明未来我国机动车驾驶培训学校的组织发展与组织变革。

第一节　驾培学校的发展变化及结构制约

一、驾培学校的发展变化与面临挑战

1.驾培学校的发展

我国驾培学校的发展变化经历了从公安、交通部门为主的办学形式逐步演变为以公安、交通宏观调控为主导、以社会力量办学和少数国家公办机构并存为形式、以市场杠杆调节驾培需求的过程。这种发展方式的演变体现为如下方面:一是随着市场的逐步放开,各种规模的驾培学校及机构呈“雨后春笋”般的势头大量出现,一时间广大学员获取驾培学习的需求得到一定程度的满足。二是各种驾培机构在规模、设施设备及教练人员等方面也呈现出较大的差异,从组织结构角度审视,在规模上无论其大与小,都设立了常规的机构,如校长办公室、后勤保障处等职能部门。三是随着我国迁徙人口的不断增多,学员人数及结构都发生了很大的变化,出现了供不应求、供大于求等供需不平衡的现象。四是随着科学技术的普及应用,驾培学校的设施设备也实行了“大换血”,驾驶模拟器等设备的投入应用在一定程度上预示着驾培学校组织结构的不适现象。五是各地经济社会发展水平有别,其驾培学校的发展路径也应不同,以江苏省为例,苏北地区的驾培学校整体上趋向智能化、素质化;苏中地区则趋向网络化;苏南地区则趋向智慧化。六是2016年《机动车驾驶培训教学与考试大纲》的出台潜在地向驾培学校传递了这样一种讯息,即驾培学校需要重新架构自身的服务体系以解决服务主体管理等诸多方面的问题。上述驾培学校发展变化的现实及趋势明确地预示着驾培机构的组织结构问题成了撬动组织功能有效发挥、组织经营效益不断攀升的关键所在。

2. 驾培学校的挑战

与人们对驾驶技能学习及获取优质驾培服务的不断攀升愿望违背，近年来，驾培学校的组织结构暴露出趋同化、低效能、灵活性差、管理成本偏大等诸多不利于组织持续健康发展的弊端。在结构趋同化方面，长期以来，人们过多地强调企业发展的好坏取决于其经营效益，造成了组织结构多被漠视甚或被打压之后果。因此从理论和实践两个方面来看，组织目标的实现需要有恰当的组织结构来支撑，这样组织的功能才能更好地发挥，组织的经营发展效益才能持续稳步提升。通过对一些省市驾培机构的实地调研，我们发现，大多数驾培学校的组织结构仍停留于传统观念，结构趋同化现象明显。在结构效能方面，一项事情或学员的某种合理需求总要在各个部门之间周旋、协调，于此一方面造成人员精力的耗费，另一方面也浪费了大量人力和时间，甚至延误事情的及时处理。其后果是学员的满意度受到极大影响，教练员的服务质量也大打折扣。在组织灵活性方面，我国驾驶证的获取是"考培分离"的形式，驾驶培训学校、机动车管理所及公安局等单位是一种相互协调的关系。目前一个普遍地现象是学员报名后等待考证的时间较长，这种组织的低灵活度也是其组织结构不合理的体现之一。在管理成本方面，传统组织结构直线式、矩阵式、职能事业部式等的最大弊端是管理成本偏高，直接影响组织的实际收益。驾培学校暴露出的上述结构不合理现象促使我们不得不深刻认识乃至审慎评价传统的组织结构，以更灵活有效的模式发展我国的驾校事业。

二、驾培学校的结构制约

传统的驾培学校结构大多模仿学校或政府事业组织结构。可是，驾培学校虽然沾着"学校"两字，但它的确不是事业单位或者是非营利性机构，而是完完全全的企业。首先，从政策依据看，根据《关于研究道路交通管理分工和地方交通公安机构干警评授警衔问题的会议纪要》(国阅〔1993〕204 号)和《汽车驾驶员培训行业管理办法》(交公路发〔1995〕246 号)文件规定，明确"汽车驾驶员培训实行社会化。汽车驾驶员培训学校，在国家统一规划指导下，按照公平竞争的原则，办成为社会提供有偿服务的经济实体。"目前，我国的驾校多为企业出资或个人出资兴建，以追求利润为目的，是独立的经济实体和利润中心。而追求高额利润回报正是企业区别于其他社会组织的标志之一。其次，从资金状况看。事业单位的建设资金及日常管理经费为政府拨款，列入国家或地方财政预算，而驾驶员培训学校的建设资金及管理费用等项开支则是从学员交纳的"学费"中支出，或者由兴建单位或个人先行开支，驾校取得利润后，再从其获利中分摊。不仅如此，驾校还要根据自己的收入情况，向税务机关申报、缴纳税金。而税务机关，也要按照有关法律，对其核收税金。很显然，在资金的运行方面，驾校和事业单位有着本质的区别。再者，从收费情况看，二者的区别也是显而易见的。虽同称"学校"，但我国的小学、初中实行的是九年义务教育，国家完全免除学杂费，即使高中、大学向学生收取一定的费用，也是用于弥补国家所拨经费的不足，故收费额较低。而驾校则不同，它收取所谓的"学费"，完全是为了扣除经营成本、税金等项目开支后，获取利润。最后，从设立的程序上看。事业单位的设立有着严格的程序，需要上级人民政府根据实际需要做出决定，并由机构编制部门以文件形式设立，不是谁想设立就能够随便设立的。而驾校的设立却没有那样严格的程序，且无须人民政府和机构编制部门的批准。换言之，驾培学校的这些传统结构并不适应其本身的组织属性，也未能很好地发挥应有的作用。

1. 驾培学校的结构成分

传统意义上，驾培学校的组织结构采取功能式地划分。驾校自校长以下通常设有两名副校长，其中一位主抓业务，分管办公室、教务处和机修队；另一位主抓内务，分管财务处、后勤处和安全科，如图 3-1 所示。这种常规的功能性结构不仅不规范，也不利于提升驾校服务质量水平，更不利于驾校整体绩效的改善。以图 3-1 的结构为例，它的缺陷主要表现在部门职能定位不清与部门设置不合理。例如，办公室应当是行政中心，却还要承担驾校的宣传任务，而在这么激烈的市场竞争中，驾校竟然没有独立的营销部门；还比如，机修队从事的是维修工作，后勤处也要承担维修工作，职能严重重叠，浪费了投入资本。随着驾培市场的扩大、社会力量办学能力的增强以及驾培学校的服务范围增大，如果仍从组织功能的视角看驾培学校的结构成分，除了基本的行政事务、技术培训、后勤保障等部门外，一些较大规模的驾校还增加了宣传招生、人力资源等功能性科室，如图 3-2 所示。

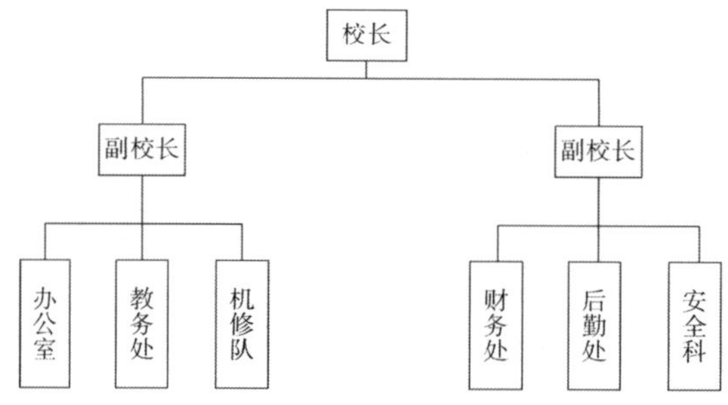

图 3-1　规模简单的驾校结构

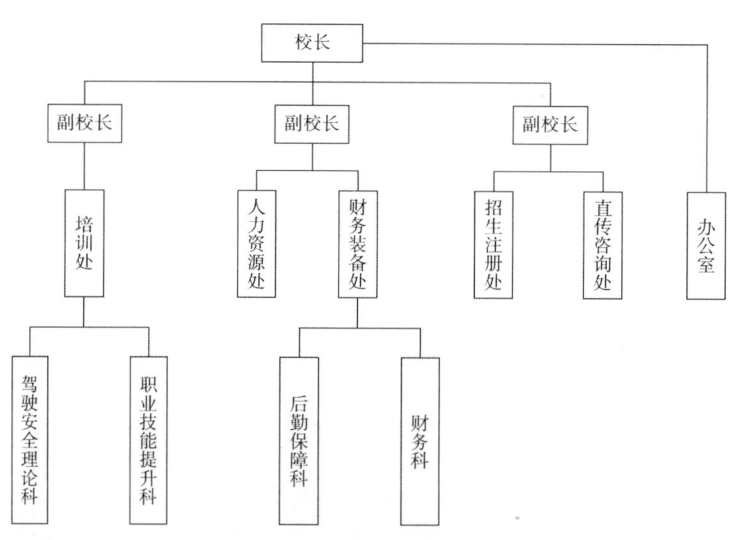

图 3-2　规模较大的驾校结构

从系统的视角看，驾培学校结构的核心成分包括与人、技术与财物三个主要的方面或部门。其中，与技术相关的部门，更准确地说与驾驶技术与技能相关的部门是统和人、财、物的核心成分。就技术而言，它具有内容稳定性（比如，驾驶换挡、加减速操作等）、操作规范性

(比如,车辆驾驶的起步、运行、加速、减速以至停止等)、趋向科学性(比如,技术随科技发展日趋完善等)以及过程连贯性(比如,各个环节需连贯一体等)。但与技术相关部门的职能能否依据技术的上述特性科学合理地发挥作用,以及设置的恰当与否都会影响组织绩效。学员和教练员是驾培学校人的因素中最为直接的部分,驾培学校需围绕这两者统筹协调经营、管理、服务等活动;管理人员及后勤保障人员虽然是间接性部分,但他们的贡献与努力对驾培学校绩效的完善与提升也非常重要。与这些人员相关的服务部门能否结合服务型组织的性质进行合理分工,不仅影响着驾培学校的组织气氛与文化,也潜在地影响着组织绩效。财物部分是驾培学校结构中物质投入资源,并且这种物资投入资源具有增量再生性,也就是说,这些物资投入历经人员活动后会因技术要素的融合产生双倍或多倍于原有投入的价值与利润。与财物相关的部门设置是否发挥相应的保障其他部门工作的作用也是影响驾培学校绩效的原因之一。总之,这些结构成分是决定驾培学校整体效益的关键。

2. 驾培学校的结构类别

驾培学校依年限、规模等的不同,它不仅在构成成分上呈现一定的差异,也在功能上表现出一定程度的交错融合。但概括起来,主要有直线制组织结构(图3-3)、部门制组织结构(图3-4)、事业部制组织结构(图3-5)等。直线制结构多出现在规模较小、办学年限也较短的驾培学校中。它们因人手、资金投入、设施设备等方面的限制,常常采取这种简单的架构形式。部门制组织结构多出现于办学年限稍长、规模相对较大一点的驾培学校。各个部门分别管理相应的业务,参培学员一般要历经各个部门办理相应手续。事业部制组织结构常常是办学年限较长且规模也很大的驾培学校中,它们依照学员拿取驾照的类别而将学校分为不同的事业部门。当然,也有极少数驾培学校因其驾照培训类别全面、人员庞大、职能较多而采用更为复杂的超事业部结构。

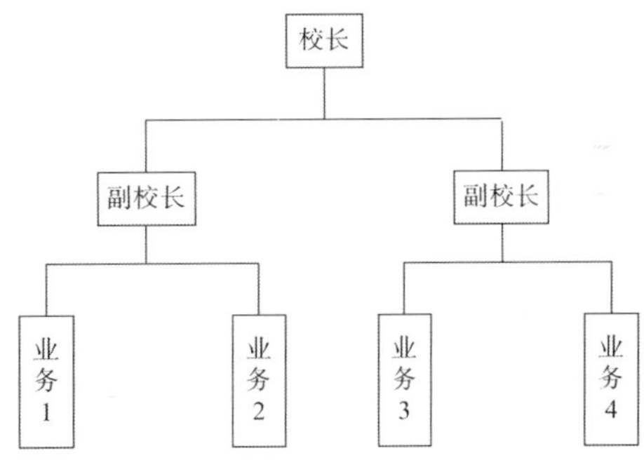

图3-3 直线制组织结构

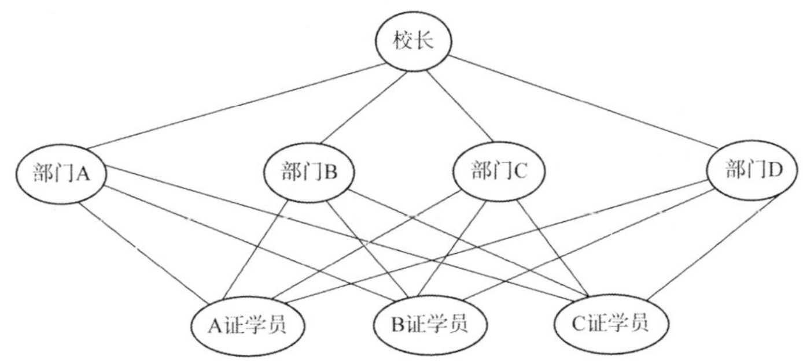

图3-4 部门制组织结构

3. 驾培学校的结构分析

针对上述驾校结构类别,接下来我们来分析一下其特点及优劣之处。

首先,就直线制结构而言,依据管理幅度的大小,它有金字塔形或长方形两种,当它像一个金字塔形时,管理的幅度小,管理的层次多;当它像一个长方形时,管理幅度大,管理层次小。直线制的特点是,从最高管理层到最低管理层的各种职位均按垂直系统直线排列,各级

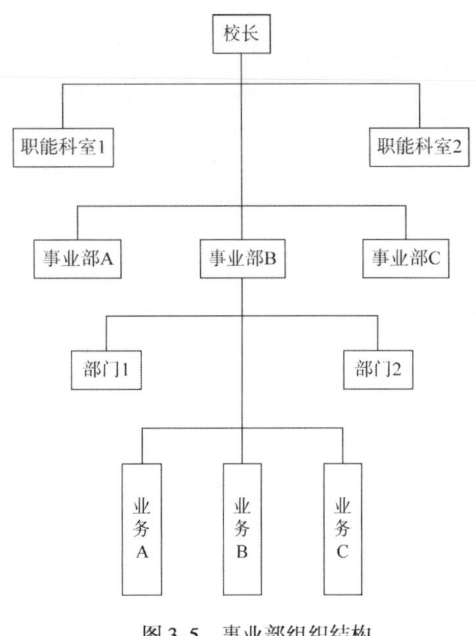

图3-5 事业部组织结构

领导行使全部的管理职能，执行统一指挥。在直线驾培学校中，学校的全部管理职能分别由校长或副校长来完成，他们要亲自处理学员的宣传与招生、教练员的管理与聘用、财务、设备设施管理与维护等各项业务工作，因而具有如下优点：一是结构简单明了，尤其适合性质比较单纯的工作；二是权力集中，指挥管理统一，不易扯皮；三是人员职责、权限及任务明确，工作内容及职责范围清晰；四是联系便捷、决策迅速，容易把握经营机会；五是利于最下级的业务指导，强化各相关人员的责任心。但直线制也存在如下缺点：一是结构较呆板、缺乏弹性，缺乏对不利环境的抗挫力；二是容易产生专制并妨碍下属发挥工作的主动性与创造性；三是一旦出现某些有能力的管理人员突然离去，会对组织产生强烈冲击；四是它需要什么都懂的全能型管理者，这往往难以达到，随着业务范围增大、服务项目复杂及专业领域较多时，更难适应；五是不利于提升专业化管理水平，也不利于驾校规范化、标准化与科学化管理提升；六是难以集中精力研究并思考驾校生存与发展的重大问题。

其次，部门制驾培结构是为完成某一类特定任务（如，宣传招生或培训）而将人员按照专业化分工的要求进行分工安排的组织设计方式。基本的职能部门处于组织结构的第一等级，随着业务活动的扩大，它们也可细分而派生出一些职能部门。部门制组织结构的主要优点包括：一是以工作或任务为中心，有利于组织整体目标的实现；二是以专业化分工为原则，各部门承担各自的专业工作和任务，有利于发挥专业职能作用，便于专业管理，提升专业技能水平；三是适应大生产专业分工复杂而细致的要求，能够使组织建立在高度分工与协作基础上。但它也存在如下主要缺点：一是容易造成专业人员除本身专业领域外，对其他什么都看不见，窄化其思维和视野；二是容易造成部门本位主义，且各部门协调起来比较困难；三是一旦部门设置过多，容易造成重叠并引发效率低下。

再次，事业部制驾培结构是基于集中决策、分散经营与协调控制原则，按地域或学员所学驾照类型来划分的事业部形式。其主要优点包括：一是以分权管理为基础，把各种责任和权限最大限度地分授予各事业部，这有利于学校高层领导摆脱常规性经营业务，专心致力于发展战略决策和长期规划；二是各事业部负责单一服务，对培训过程完全负责，利于各事业部的专门化并激发它们的经营积极性、主动性与创造性，增强市场适应能力，最大可能地满足学员需求；三是因各事业部实行独立核算、自负盈亏，这有利于学校高层及时调整服务结构与经营方向，更好地应对环境变化；四是便于考核与评价各事业部的经营绩效，克服组织内部吃大锅饭的毛病，协调也不太困难；五是通过让有培养前途的管理人员在不同的部门和岗位上轮换使用，促进他们独当一面的管理能力，调动各事业部负责人的积极性。但其主要缺点是：一是各事业部往往考虑自身利益多而对全局利益关注不够，或强调自身困难而不对整体做出应有的贡献；二是因潜在的竞争存在，容易导致各部门人员、信息、技术等方面的交流困难;三是各事业部及职能部门的设置造成管理机构及人员增加,增大管理成本。

第二节　组织结构与驾培学校组织结构

一、组织结构基本理论

1.组织及其基本架构

首先是组织及组织结构概念。就组织而言,较为普遍接受的界定是,组织是“有意识地协调两个以上的人的活动或力量的一个体系[16]。”组织若形成一个整体,就必须具备三个基本条件,“①能够互相进行信息交流的人们;②这些人们愿意做出贡献;③实现一个共同的目的[1]。”就组织结构而言,中西方学者都给出了一些阐释。其中,中方学者的观点主要有如下几种:①组织结构是一个组织内各构成要素的关系形式,是组织的信息沟通、权力和责任系统[17];②组织结构是组织中各部分之间关系的一种模式,它直接决定了组织中正式的指挥系统和沟通网络的效率,影响着个人的心理和组织的社会功能[18];③组织结构是指一个组织为达到目标,所出现的分工方法与协调方式,也就是纵向分层以及横向分工的结构形态,可用描述组织结构形态的基本骨架,说明内部功能分化与权责配置的方式[19]。西方学者的观点主要有:①组织结构是一套用以控制人们如何合作并利用资源实现组织目标的正式规则和权力关系,是组织中相对稳定的关系和方面;它是组织内关于规章、职务及权利关系的一套形式化系统,它说明各项工作如何分配、谁向谁负责及内部协调机制[20]。②组织结构包含三个方面的关键要素[21]:首先,组织结构决定了组织中的正式报告关系,包括职权层级的数目和主管人员的管理幅度;其次,组织结构确定了将个体组合成部门、部门再组合成整个组织的方式;再者,组织结构包含了确保跨部门沟通、协作与力量整合的制度设计。前两个要素规定了组织的结构框架,也即纵向的层级;第三个要素则是关于组织成员之间的相互作用关系。他们都一致认同,组织结构图是反映组织机构的主要方式;组织结构不是静态的,变革是对内部和外部压力的反应。综合上述观点,我们认为,组织结构是组织中人、财、物等各要素围绕组织目标的实现而特定排列并体现成员相互作用关系的外在形式,通常包含职位、角色、权利、管理层次、职务设计等5个因素构成。其中,职位是承担一系列工作职责的某一任职者所对应的组织位置,表现为组织成员间的命令与服从的隶属关系;角色是他人对占据组织中一定位置的人所期望的行为集合;权利就是以各种资源和手段影响他人行为、产生强制性服从的能力;管理层次是在职权等级链上所设置的管理职位的级数;职务设计则是为实现组织目标将任务和责任组合成完整工作的方法。

上述关于组织结构的内涵解析虽然基本到位,但却未能很好区分组织服务对象(是对人的人类服务业还是对物的产品制造业)及其与各方关系,随着理论研究的深入,学者们也发现制造技术企业与服务技术企业还是有明显差异的。在他们看来,首先,服务业组织是通过服务(如教育、医疗、交通、金融和住宿等)的生产和提供而实现其基本使命的。服务技术产出具有无形性,服务在顾客需要前不可能提前生产出来。因为它既不能储备、储存,也不能以成品形态存在,通常包含着知识和思想等物质化的东西。服务业是以同时生产同时消费为特征的。一项服务如果不是在生产的同时就得到消费,它就不存在。其次,服务业企业是劳动和知识密集型的,需要配备许多员工以满足顾客的需要。服务业中顾客与员工间的直接互动强度通常非常高。直接互动使人员因素(员工)成为服务业企业中至关重要的因素,因为服务业企业中的员工提供的服务会影响顾客对所得到服务的感知及顾客满意度水平。再说服务质量的好坏是通过顾客的感知反映出来的。影响顾客对服务质量感知和满意度的因素主要是两个方面:一是快速响应的时间。一项服务必须在顾客想要并且需要的时候及时提供;二是服务地点的选择必须设在顾客想要得到服务的地方,且服务点必须广泛分布,而且要靠近顾客所在地。

其次,组织基本架构。其一,五种基本架构概述。就组织核心要素及其来源看,组织开始于一个有思想的人。他形成并决定一个组织的策略顶层。然后,他雇佣一些人员来做组织的基本工作,这部分人员可称为组织的操作核心。随着组织不断成长、壮大,在创始人与操作工人之间需要一些发挥计划、组织、指挥、协调和控制[22]作用的中层管理者。这些管理者构成组织的核心中枢——中层管理人员。这时,组织也可能需要另两种类型的职员:一类是设计正式计划和工作控制有关的分析家;另一类是支持性职员,他们为组织中其余部分的人员提供间接服务,比如收发室、公共关系部门以及法律顾问等方面的人员。把这五部分人员整合起来便获得一个完整的组织。不是所有的组织都需要这些部分,人员很少的就成为很简单的组织,别的可以联合很多人员而成为复杂性组织。结构的核心目的在于协调被各种方式拆分的工作。这种协调如何实现——通过谁以及通过什么——决定着组织看上去将像什么。最简单的例子,协调是由策略顶层直接监管,也就是由创始人直接发出命令,这种架构称为简单架构,它包括最少的员工及中层。当协调依赖于工作的标准化,一个组织全部管理结构就需要精细化,尤其是它的技术因素的设计,这就形成被称为机械管理的架构。相反,当协调是通过组织员工标准化的技能,组织的运作中心需要高度受训的专业人士,它也需要大量后勤职员来支持他们的工作,它的技术结构和中层管理都不是很精细的,这就形成了专业官僚架构。有时,组织将被分为平行的运作单元,允许每个单元的中层管理者有自主权,通过这些单元的标准化输出(包括绩效)来实现协调。这种架构被称为部门化形式或多事业部制结构。

最后,最复杂的组织雇佣高级老练的专家,尤其在它的后勤员工里也要求整合各自努力,并通过相互调整来实现协调。这就构成所谓的黏附管理架构,在这种架构中,中层管理和员工以及其他职员都倾向于解体。这五种基本架构可作为诊断组织设计问题的有效工具,尤其用于诊断构成部分是否适合的问题。

其二是五种基本架构的优劣对比分析。在简单结构中,集中化的控制可以出现快速、灵活的简单类型的创新。这是许多小的创新不是来自巨大的群体性组织而是来自企业家型公司的原因所在。但是,当要求有创新的复杂形势时,简单结构就因自身的集中化而畏缩。简单结构的年限及增长需求鼓励他们独断化,加之他们的脆弱性,因此很多这样的驾培机构很容易失败。“一个致命的打击便能扫除他们,或当创设人沉迷于创新而忘记操作层面的事情时[23]。”部门化结构在过去的几十年是非常盛行的,并且也在一些非商业部门中应用,比如大量的医疗系统,联合会以及政府本身。但它并不适合这样的组织是基于如下两个原因:一是部门形式架构的成功取决于能被测量的目标,但商业部门之外,目标经常具有社会特征和非量化性。绩效控制的结果是不恰当地用经济目标置换社会目标;二是部门形式的架构经常要求不是机械管理的结构。从社会视角看,部门形式引发不少严重的社会问题。通常是组织变得更大,它导致大量的经济权力集中在少部分人手中。有研究显示,有时它鼓励不负责任地使用权力。比如,一些驾培机构也会因偏重于追逐经营效益及经济利益而丢弃应担的社会责任。黏附管理架构是一种极度流动性的结构,权力不断地被交换,协调和控制是由非正式交流和能力强的专家互动而相互调节的。在专业管理中,专家集中在运作核心,这里也是大量权力的所在地。但在黏附管理中,他们被消散在整个结构中,根据他们做出的决策是在运作核心、中间层、技术管理、策略顶层还是后勤员工而定。权力流动不是根据权威或地位而是当专家需要为一个特定决策做出决定的地方。五种推力潜在地促使每个组织历经这些架构,就是说,一个组织可能受顶层管理的推动而趋向集权化,受技术结构的推动趋向正式化,受操作人员的推动趋向专业化,受中层管理者的推动趋向管理化(多事业部制),以及受后勤职员(支持性职员)的推动趋向合作化。

2. 组织结构基本成分

结构成分通常包括:工作规定、训练与灌输、行为正式化、单元编组、单元规模、计划与控制系统、联络手段以及水平与垂直分权。具体说来,工作规定是指规定工作的任务数量和工人对这些任务的控制,它包括横向规定与纵向规定,横向规定是指包含很少严密限定任务的程度,纵向规定是指工人对其行使的任务缺乏控制的程度。行为正式化是指由运作说明、工作描述、规则、规范及类似强迫决定的工作流程的标准化。培训与灌输是指使用正式教学项目来使职员获得做某项工作所需技能、知识及规范标准化的方式与过程。单元编组是指职位以任意基础群集于单元中以及这些单元群集于更高次序的单元中;编组通过将不同工作置于共同监管下来鼓励协调或促进它们之间的相互调整。单元规模是指包含在单一单元中的职位(或亚单元)数量。计划与控制系统被用于产出的标准化,分为行动计划系统和绩效控制系统。联络手段是指单元之间及内部一整套用于鼓励相互协调的机制。垂直分权指决策被授权给管理者及中层以下人员的程度,水平分权指非管理者(也就是操作核心、技术结构及支持性职员)控制决策过程的程度。

3. 组织结构情境因素

组织结构情境因素的分析。影响上述结构成分的情景因素包括年限及规模、技术系统、环境以及权力。其一,组织的年限与规模尤其影响组织行为正式化及组织行政结构精细化的程度,因为随着他们的年限及规模扩大,组织经历明显的结构性变迁。其二,组织的技术系统特别影响操作核心及其相联系的职员,当组织的技术系统规定操作核心的工作时,它通过强加于低层工人的标准影响组织的管理化;当技术系统在操作性工作中实现自动化时,它降低外部规则与规范的需求,能使结构更具机能性;当技术系统复杂时,如在流程生产中,组织必须创造出重要性的专业支持来处理流程,也需要有选择地授权技术系统的员工做出决策。其三,组织的环境在复杂性、静态或动态、市场多样性以及包含的对组织的敌意程度上都会变化;环境越复杂,集中管理在理解环境方面难度也越大,越需要分权;环境动态性越厉害,在工作、产出或技能的标准化方面就越困难,因此在结构方面要求更少的官僚化。其四,组织的权力因素包括外部控制、私人权力需求以及方式。组织被外部控制的越多,它越倾向于变得集中和官僚化。这是因为,从外部控制组织的两种最有效手段:一个是控制它最有权力的决策者、主要是首席执行官员以及对行动负责的人员；二是给它强加明确界定的标准(绩效目标或规则与规范)。个体权力需求(尤其是首席执行官)倾向于生成过度集中化的结构。权力方式表现在组织设计的因素中，现行的结构经常受偏爱，即便它并不是很合适的。概言之，组织基本架构、结构性成分及情境成分是组织重构时需着重关注的问题。

4.服务型组织结构设计原则

首先，在服务型组织中，被服务者是服务提供过程的参与者。这意味着服务型组织结构设计必须要考虑与顾客的联络方式及程度。其一，组织结构是管理决策和人类判断的结果，组织结构必须以一种“工作流”的认知理念来设计，而不是以传统的“功能”途径的设计，这样才能确保部门所服务的对象。

顾客联络模式[24]认为，如果技术核心被置于一个较低的联络位置，组织理性根据运作效率规范加以构建并得到提升。根据高联络的考虑(市场)，缓冲技术核心的输入/输出成分能指向效力规范(顾客服务)。也就是说，与顾客之间的联络度越高，组织效力规范就越高，服务的质量也更好。概言之，一个服务体系的潜在运作效率是顾客直接联络服务设施的程度功能，服务设备与为顾客创造的全部服务时间相关。其二，合理区分组织构成部分中与顾客联系密切的部分。顾客联络模式也认为，办公前台与办公后台的工作是有差异的。在前台，工作体系中遵循三个方向的互动(图3-6)；在后台遵循两个方向的互动(图3-7)，从工作设计的角度看，前台的任务不确定性是大于后台的，因为后台只有一个有知觉的成分——工人，而前台有两个：顾客和工人。反过来，这种工作不确定性意味着工人方面的技能需求在高联络与低联络工作中是差异很大的。因此，在工作设计中将联络作为主要权变变量考虑进来是十分有意义的。因为他们直接代表着组织，高联络工作需要人际技能以及公司运作的政策知识。低联络工人通常处理顾客代理人，必须有生产技能。这意味着，作为工作专门化的策略，我们应当将人际倾向的工人安排到人际主导的任务上，而事务倾向的工人安排到事务主导的任务上。相反，假设我们希望扩大工作，与单纯地增加每一个类别的任务相比，联合高联络工作和低联络工作将增加多样性。其三，与顾客联系密切部分的交流方式选择。高联络亚体系应当需求效能目标的最大化；低联络亚体系应当需求效率目标的最大化。就是说，高联络亚体系以合适的交流方式来提升服务的效能。瓦尔特·洛尔克[25]认为，数字式交流涉及一个复杂的、逻辑性句法，这个句法规定了信息的内容。比拟式交流包括所有虚拟的非言语交流，并包括交流互动发生的情景。当数字交流包括客体时，比拟交流涉及关系。面对面或电话互动最可能是比拟式交流。高联络模式中，比拟交流是最合适的，这样，代理者可以通过手势、语调，以及其他非语言行动来“解释”。其四，即便高联络亚体系嵌入在一个机械的组织结构中，它们也都倾向于要求一些处理非常规任务的最低能力。裴睿[26]认为，常规任务有确定起作用的且建立完善的技术，这些技术本质上应用相似的原材料。就是说，在方法方面没有不确定性，任务中也几乎没有必须表现出的多样性或变化。非常规任务缺乏完善建立的技术，在是否起作用方面也几乎没有确定性。它也意味着存在不同任务的多样性表现。在某种意义上，原材料不是标准化的，顾客的订单也有许多不同的要求。非常规任务应当通过有机结构管理，常规任务通过机械结构管理。大多数的服务机构是高联络与低联络单元的混合体，它通过联络成分来调整边界范围。

其次，服务型组织结构的设计需要关注适合问题。以往的组织设计多源自这样一种相似的假定,即组织都是相似的:只是组成部分的集合体,这些结构成分能够任意增加或删除,如一种组织集市。如今的组织设计常秉持相反的假定,即有效的组织能实现其组成部分间的一致。在没有考虑其他部分的影响时,他们不会改变某一部分。控制范围、工作扩大的程度、分权化的形式、计划体系、矩阵结构不应当随机选择或挑选。相反,他们应根据内部群体的连贯性进行选择。这些群体应当与组织情境相一致——它的年龄和规模,运作其中的状况,生产技术等。本质上,就如同从原子到星星所有现象一样——组织特征属于自然性的群集。当这些特征被不合理匹配时,当把错误的部分放在一块时,组织就不能实现自然和谐。因为组织有自然的结构,组织各部分之间的和谐可能是组织成功的关键。

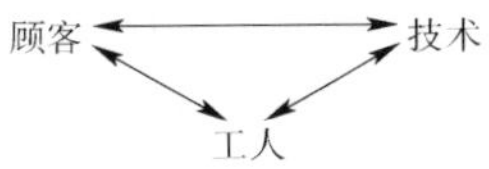

图3-6 前台工作

图3-7 后台工作

再次,本质上,一个组织的结构有两个目标:一是促进组织内部的信息流动以降低决策中的不确定性,也就是说,组织设计应当促进信息管理者集体的决策需要。当管理者经历高度的不确定性,也就是当他们的信息需要很大时,组织结构不应当太固化,以免限制了管理者为完成工作追求新的信息源或开发新的过程与方法。比如,在开发新产品时,一个制造部门可能需要来自顾客的直接反馈以确定新产品的接受情况;需要快速回应顾客以使等候这种信息的群体破除市场与销售方面的不接受窘境。二是组织设计旨在实现有效的协调—整合。组织结构应当跨越组织各个部分以实现自身的协调,从而整合组织行为。当组织中的单元是交互独立的时候,这一点尤其重要。组织设计是为了实现特定使命或目的的人员与资源间的分配,并使这些资源结构化以实现使命。理想情况下,组织应设计为适合它的环境并提供所需信息与协调的结构形式。在决定使用哪种组织结构时,管理者需要首先理解他们所处的环境以及这种环境就信息和协调方面对组织的要求。一旦管理者已经界定任务环境,下一步就是理解环境状况。在描述组织环境中,我们强调两个方面:简单—复杂和静态—动态。环境的简单—复杂视角聚焦于环境中因素在决策考虑中是否数量较少以及是否相似,或是数量很多和差异很大。环境的静态—动态视角关注环境中因素是否随着时间变化或保持相同。功能性组织的一个主要的弱点便是,当组织环境倾向于增加动态和不确定性时,许多决策便被推向组织顶层。顶层管理者变得负担过重,因而减缓了对环境的回应。在此困境下,设计者可以降低决策所需的信息量。分散行政权是主要策略的意图即在这里。组织可以开发更横向的关系来增加可供决策使用的信息量。

二、驾培学校组织结构

1.驾培组织机构及内涵

驾培组织结构是驾培学校通过确保学员获得驾驶技能及素质提升继而实现组织经营效率、效益及效能目的,联系技术、任务以及人员成分的互动与协调的一种方式。它的具体内涵如下:首先,驾培组织结构是技术、任务以及人员彼此互动与协调的一种方式。这意味着组织机构应发挥技术传授、任务完成以及人员配合等基本的互动与协调功能。技术传授是驾培组织最为核心的运作活动之一,是驾培组织得以赢取客户(学员)投入的重要途径。任务完成是确保组织可持续运转并体现组织价值的重要方式，它包括学员完成学习任务、教练员完成培训任务、职勤人员完成与学员学习和教练员培训有关的后勤保障任务、管理人员完成活动计划、组织、实施、评估等系列的组织职能使命。人员配合是驾培学校最有生机与活力的部分，也是驾培学校借此实现组织社会功能(如，完善学员素质教育、提升安全文明驾驶意识与能力、促进道路驾驶安全行为等)的根本途径。它包括管理人员、教练员以及职勤人员的配合以保证组织效率、效益达成，也包括教练员、管理人员与学员配合以实现组织效能目标。其次，驾培组织结构旨在促进学员驾驶技能与素质提升。这是驾培组织结构作为服务型机构的根本所在，也是决定驾培组织机构性质的重要方面。学员学习后获得驾照的同时，他的驾驶素质也得到相应提升，这是驾培机构实行技能达标与素质教育的两个方面。现实情况下的偏重于某一方都容易弱化驾培组织的本体价值及社会功能。再者，驾培组织结构在服务提供过程中也实现经营的效率、效益及效能目的。服务提供是目的达成的策略和手段，效率、效益及效能的追求是驾培组织的内在本性。现实情况下，经营过程中偏重效率与效益，弱化效能的做法是驾培组织“重利轻义”的真实反映。保持利与义之间的平衡是驾培组织经济效益与社会效能和谐的根本所在。

驾培学校也是一种复杂系统。成思危教授[27]认为，复杂系统最本质的特征是其构成部分具有某种程度的智能，即具有了解其所处的环境，预测其变化，并按预定目标采取行动的能力。范国睿教授[28]认为，复杂系统的特征还包括：一是联系，系统各单元之间的联系广泛而紧密，构成一个网络。二是自组织，系统的运作过程没有任何人为的策划、组织、控制，而是大量的个体在相互作用、影响下自然演化的结果，这个过程便是自组织。三是结构，系统具有多层次、多功能的结构，每一层次均成为构筑其上一层次的单元，同时也有助于系统的某一功能的实现。系统在发展过程中能够不断地学习并对其层次结构与功能结构进行重组及完善。四是开放，系统是开放的，它与环境有密切的联系，能与环境相互作用，并能不断地向更好地适应环境的方向发展变化。五是适应，复杂的、具有自组织的系统可以自我调整。系统内的各因子在自我调整和发展过程中，不是被动地对所发生的事件做出反应，而是积极试图将所发生的一切都转化为对自己有利的。六是动态，系统是动态的，它处于发展变化之中，而且系统本身对未来的发展变化有一定的预测能力。此外，复杂系统还有非平衡态、随机性等特征。在驾培学校与社会之间的物质及能量交换过程中，对驾培学校产生影响的社会子系统可分为两个层面：一是直接影响层，如政府及交管部门、其他社会服务部门以及各个驾培学校等；二是间接影响层，如国内交通安全形势、交通管理体制及体制的相关活动、科学技术发展与应用水平等。驾培组织系统也是一种“松散结合系统”。所谓松散结合，是指构成组织的各个组成部分各自承担相应的责任，彼此保持着相对的独立性和可分离性。它经常处于“有组织的无序状态”。

正如学校组织的重构也要依据其教书育人的根本功能来进行一样。驾培机构的重构必须要依据组织的性质与功能，从这个角度来看，驾培机构的核心元素包括技术和学员。从技术方面看，驾驶的知识(包括规则知识及过程知识等)与技能构成驾培机构的技术核心，其实施者是各个教练员以及来自公安及交通行政部门的规则知识讲解员。从学员方面看，人的因素是驾培机构的核心资源。因此，驾培组织重构要从人和技术两个维度统筹协调加以设计。就驾培机构的性质而言，驾培机构是一种营利性服务机构，它主要通过提供驾驶技术服务实现组织的效率和效益价值(利润),以及更为重要的效能价值(人员素质及社会责任)。服务机构是一个重要性在不断增大的社会部分。它的获取来自经济活动产生的经济盈余。发达的、工业化和城市化社会中的每个公民要依赖服务机构的绩效来维持生存。但服务机构的绩效并未给人以深刻的印象。服务机构在自身目的、价值及目标等方面与商业企业存在着根本的不同,并且它要对社会做出与商业企业不一样的贡献。“绩效与结果”在服务机构与商业企业中也是截然不同的。比如,驾培机构不能仅仅关注学员通过率,还要关注学员通过学习安全意识与文明驾驶的素养得到提升。绩效取向的管理是服务机构与商业组织差别最大的领域。绩效包括效率和效能。确切地说,效率是所有机构都需要的,但服务型机构的根本问题不是花费而是缺少效能。服务型机构可能是很有效率的,有一些确实是,但它们倾向于并没做正确的事。比如,一个驾校的学员通过率高是否就说明驾校的质量高了呢?这可能未必,如果从这所驾校中出来的学员安全意识淡薄,经常出现交通事故,并且文明驾驶素质也不高,驾驶中经常出现违反交通规则的事情。这可能侧面说明这个驾校的质量是有问题。从业人员的素质以经成为驾培行业普遍关注的问题,也是影响驾培服务质量的难题。服务机构具有成分多元性,即服务机构拥有许多的组成要素。商业企业收益来自满足顾客要求,他们只有在生产出顾客所想要的东西时才能获得收益。

2. 驾培机构设置及成分

驾培机构设置是驾培组织通过使学员掌握驾驶知识、技能及其他影响的服务而实现自身目标,统筹安排人、财、物等相关资源要素,体现管理者、教练等组织成员关系的外在形式。也就是说,驾培学校为了自身的利润获取及组织发展,必须通过对培训对象的服务及影响过程来实现,并围绕此目标安排规章、职务及权利关系,确保跨部门沟通、协作与力量整合的制度设计。它通常包括驾校机构管理层(即校长、副校长)、技术中心人员(教练及后勤服务人员等实际参与学员培训服务过程的人力)、物质资源(如设施、场地等)以及其他相关资源等要素。

驾培学校结构成分一般包括管理人员、学员、教练员及后勤保障人员的工作规定,教练员(学员)培训内容(学习内容)及要求,教练员(学员)行为准则,按驾照类别(或培训流程)的组别划分,学员、教练员的出勤状况的管理与登记,各组别联络方式与手段等。就驾培各类人员的工作规定而言,这可以看作是驾培机构建章立制的一部分。但在实际情况下,规模较大且办学行为较为规范的驾培机构才会有较完整、明确的工作规定,很多规模小或挂靠经营的驾培学校并无完备的工作规定。就培训内容与要求而言,这可以说是驾培学校与其客户(学员)之间最为重要也最有价值的部分。它规定了教练员应该完成的教学内容及各种驾驶必备技能的达标要求。随着交通部新规的出台,它有时还需要完善相应方面的内容。就教练员(学员)行为准则而言,这一部分非常重要且直接体现着驾培学校所承载的社会价值与功能,但它也常常被忽略,要么即便有也是面子上的包装工程,很少被办学者所留心关注。就组别的划分而言,这也因驾校规模、年限等因素决定。有的办学规范且信誉较好的驾培学校因培训的驾照类别较多且完善,它们就会对此特别重视,并且各组别也有专门的管理人员具体负责。相对而言,规模较小或驾照类别单一的驾培学校常常是以培训流程的便利来进行适当分组的。就学员、教练员的出勤情况管理而言,因大部分学员都有相应工作或事务,对他们的出勤情况主要由其直接对接的教练员加以把握。相对而言,驾培学校重点在于对驾驶员的工作出勤情况进行考察登记。就联络方式而言,这包括多个层面的联络,比如管理层面与上级交管、公安等各部门的联络,技术层面教练员之间的联络等。良好的联络是融洽工作关系、协调工作安排、处置教学冲突等的必要策略和手段。随着网络技术的广泛应用,联络的方式也日趋网络化、虚拟化,这就要求驾培学校必须要善于选择合适的联络方式加强学员与驾培机构的联系。这是提升驾培学校服务质量与水平的需要,也是提升驾培组织信誉与学员满意度的需要。

3. 驾培学校结构的情境因素

影响驾培学校结构成分的情景因素包括驾培学校年限及规模、技术系统、环境以及权力等,其中最为关键的影响在于技术系统、环境。就技术系统而言,随着科学技术的不断升级创新,一些全自动的虚拟驾驶模拟设备也越来越多、越来越高级,当然其价格也不低。面对这种技术革新的态势,驾培学校适时更新培训设施或设备是提升培训效果的必要,也是利用优势技术来招揽学员的需要。但是,技术更新换代并非各个驾培学校都能达到,基于投入产出比的理性,不少驾培学校不仅奢望降低每位学员学习的实际耗费比,也希望有限的设备发挥最大利用率以提升整体的收益增加。比如,一些驾培学校利用报废的车辆来做教练车,以降低资金投入的水平。也有一些驾培学校利用油耗的严格控制来达到成本的控制。总之,技术系统是驾培学校最为直接、最为核心的情景因素。如何使其技术系统既提升利用的效率有实现其应有的学员技能的提升,从而提升学员的满意度,这是每个驾培学校办学者要着力深思的问题。就环境而言,组织内部环境包括如下因素:一是组织人员成分,包括教育与技术背景和技能、先前技术和管理技能;为获取体系目标个体成员的参与和承诺;人际行为风格;供体系内利用的人力可用性。二是组织功能和员工单元成分,包括组织单元的技术特征、组织单元在实施它们目标时的交互独立性、组织功能和员工单元中的跨单元冲突程度。三是组织层次成分,包括组织目的和目标、整合过程将个体和群体整合入获取组织最大化目标的情况、组织的生产服务特性。组织外部环境因素:一是顾客成分,包括产品或服务的分布状况、产品或服务的实际使用者。二是提供者成分,包括新材料提供者、设备提供者、生产部分提供者以及劳力供给。三是竞争者成分,包括为供给方的竞争者、客户方的竞争者。四是社会政治成分,包括政府对工业的规范性控制、公共政治态度对工业及其特定产品的态度、组织中商业联合会与司法之间的关系。五是技术性成分,包括产品生产或服务提供中迎合自己工业和相关工业的新技术需求情况、通过实施工业中新技术提升来促进和开发新产品的情况。驾培学校的外部环境与其内部环境都对组织的效率、效益及效能产生重要的影响。就外部环境而言,随着驾培管理日趋科学化、规范化、标准化、网络化、远程化与集约化,驾培学校必须结合这种趋势适当调整其结构以保持组织可持续健康发展。就科学化而言,若使学员的驾驶技能掌握更为科学、合理,一方面必须考虑技能形成的内在规律,优化培训环节的教学流程,另一方面要调整技能培训的过程架构并完善相应的保障性支持,以跟进教学要求。就规范化而言,它包括教练员教学行为的规范、驾培学校办学经营的规范以及培训流程的规范等。其中,教练员教学行为的规范是驾培服务水平不断提升的保障,也是驾培服务质量提升的保障。实际上,教练员的吃、拿、卡、要行为已经成为人们提及驾培学校时备受诟病的方面。同时,教练员较低的工作热情及责任心也严重影响着学员培训的质量,成为影响学员满意度的重要方面。同时,部分驾培学校挂靠经营、恶性竞争等不规范的办学行为也影响了区域驾培机构整体的经营质量与办学效益。还有,规范化的培训流程不仅降低不必要的资源浪费,也可以大大提升培训的速度与效率。就标准化而言,驾培学校要在上级运管部门的宏观调控下做好各项工作的合理安排,尤其是与学员相关工作的标准制定。因为学员是驾培机构得以生存、发展、壮大的根基,与学员相关工作的标准化是驾培组织层次的重要体现。就网络化而言,网络背景下的驾培机构需要构建自己的网络化工作平台、网络化宣传渠道以及网络化学员交流通道。这样可以延伸驾培机构的服务范围,提升服务的反应能力及迅捷度。就远程化而言,国外一些驾培机构已经推出驾驶知识、交通规章制度等方面的视频化课程,使学员的理论学习更加人性化及便利度,同时因理论学习的内容自学化可以大大缩短其花费时间,这无形之中增加了技能训练的长度,有利于实践操作技能的完善。就集约化而言,可以说这是整个区域驾培资源,最大限度发挥驾培机构效应,整体提升驾培服务质量最为诱人的趋向。比如,江苏一些地方也在尝试联盟化的经营方式,成为发挥有限设施设备的使用效率、优化教练员队伍的结构、提升教练员队伍整体素质的一种有效途径。就内部环境而言,为了增加服务学员的意识与能力,驾培学校需要重视组织文化的构建,以良好的队伍文化和服务文化来打造自身的品牌。具体而言,驾培学校文化建构可以秉持如下策略:一是定位组织战略及发展愿景,以战略和愿景来培育组织共同的价值观念;二是明确学员置留与满意的服务理念,通过奖励机制及相关保障来形塑组织的外在形象;三是树立组织学习的专业提升风尚,以不断增加的内聚力强化社会服务的功能与价值。

第三节　驾培学校组织重构策略与途径

一、驾培学校组织重构策略

1. 驾培学校组织重构动机

通常情况下,引发驾培学校重构的主要因素是驾培学校的培训质量和办学效益不尽人意,以及社会综合变革因素对其带来的冲击。就驾培学校的培训质量而言,其问题突出地表现在如下方面:一是培训的数量方面难以满足越来越多学员的需求,致使不少学员在报名之后要等很长时间才能参与实际的技能训练。也就是说,驾培学校分布的不均衡、驾培学校设施设备的不充足、驾培人员(教练员)的数量有限等是制约驾培学校不能满足市场需求的一个方面;由于人口流动加速,一些原有的驾培学校也存在市场需求饱和或市场需求过剩而造成的设施设备等闲置,比如在苏北的某一些地方的驾校;还有一些中等或大城市市场需求过旺而驾培机构不足,或是一些超小规模的驾培机构不断增加并进行恶性竞争等因素又造成驾培市场混乱等。二是培训的质量方面因贪多求快、教练员素质不高等多种因素影响,致使参培学员对驾培学校服务质量、驾驶员的培训质量、驾驶技能学习的效果等诸多不满。就驾驶培训机构的办学效益而言:其一,驾培学校虽然承载着学校的一些功能和作用,但它又类似于一些营利性为目的民办学校,具有追求利润最大化的明显目的,这又使其担负的社会效能难以真正达成。比如,学员的安全、文明驾驶素养未能有效提升,致使拿到驾照上路后违规驾驶、交通安全事故等频繁,给社会及人民群众财产造成巨大损失,走出来的学员反而成为不断增生的“马路杀手”或社会交通规则、规章的潜在破坏者。其二，驾校也不同于一般意义上的企事业单位，因为它的资金（包括驾驶员工资等）并非完全的财政预算，而是要从市场盈余中支付。但它又非完全意义上的商业组织，任由市场进行调节，它也要根据国家的相关规则及其主管部门的相应宏观调控对自身的办学行为加以调整。上述两点说明，驾培学校是具有盈利、追求效益但有承载社会效能的复杂组织。因此，其办学效益就受多种因素的综合影响。

本质上，驾培学校重构的核心因素在于追求组织绩效的不断提升与完善。其一，从系统论的观点看，驾培机构从外部吸纳资源（输入），包括有形的资源，如人、财、物，无形的资源，如制度、文化等。就有形资源而言，人的资源包括学员、教练员和管理人员、后勤人员，财的资源主要是学员学费，物的资源包括车辆、油耗等。就无形资源而言，制度包括国家和地方政府颁布的法律法规等，尤其是行业准则、交通法规。如在法规方面，1995 年 3 月交通部下发的《汽车驾驶员培训行业管理办法》，以及各省市交通部门出台的各类规范行业经营与驾校常规管理的法规制度等，这些法规从经营许可、教练员管理、经营管理、监督检查、法律责任等方面对机动车驾驶员培训管理进行详细规定。文化既包括大的社会文化，又包括小的组织文化（或单位文化）。尽管这些资源是无形的，但发挥着不可低估的作用，它形塑着人的观念、思想以及规范或制约着人的行为。其二，驾培过程自学员登记缴费入学开始，历经理论学习、技能培训、测试与发证，直至领证后的再年审等。这个过程看似环节明晰，但此过程却是驾培机构体现自身组织价值、实行组织绩效、完成组织使命的最核心环节。各类相关人员在此过程中奉献知识、技能、智慧、精力、金钱等。可是这个过程又是一个恰似“暗箱”的东西，不亲历其间者或许难以理清这之中纷繁复杂的关系。因为它恰似“暗箱”，这个过程也倍受褒贬。一些驾培机构在此过程中实现组织的效率、效能和效益，赢得自身的品牌和信誉，也有一些驾培机构在此过程中非但组织的效率、效能和效益未能实现，有时还因为学员的投诉、差评等面临组织萎缩，以致消亡。由此可见，驾培过程是何等的重要。其三，输出也包括有形的无形的两类。就有形输出而言，包括学员获取的驾培合格证等，尽管这可能是对部分学员而言是最为珍贵、最为重要和最有价值的东西，但它并不代表输出的全部。从社会及他者的角度来看，无形的输出（主要指学员成为合格驾驶员，这包括技能、心理、人格品质、思想素养等）可能是对社会和他人对为重要的部分。因为，获得驾培合格证的学员如果是一个如吴刚一样的“最美司机”，这乃对社会和他人是一大幸事；如果获得驾培合格证的学员是一位素质低劣、甚或是一位潜在的“马路杀手”，这不仅对他本人，也对社会及他人是一个悲哀，对驾培机构更是一个社会罪责。从这个角度讲，驾培机构与普通学校面临着相同的责任及难题。这就是，重知识技能还是重全面素养的提升；重获得驾培合格证，还是重驾培学习的过程与影响等。其四，尽管驾培结构最有价值的是驾驶技能与技巧，这是较为确定性的因素，但驾培机构输入的关键资源及输出的关键产品是道德品格千差万别、文化素养参差不齐、心理情感截然不一的人，这里存在很多的不确定性。就不确定性因素而言，人（学员、教练员、管理及其他人员）的思想与行为是变数最大的，也是决定驾培机构绩效（效率、效能、效益等）的核心因素。就效率而言，一个学员从接受培训到取得驾照所消耗的财、物资源最好要最小化的，这样驾培机构才能获得最大的效益。驾培结构在低成本的投入之下获得最大的利润回报，这样才能达到驾培机构最大的效率。换言之，这可能是标准化、规范化管理的最为直接的动机。在美国管理科学强烈冲击和大量引进的当下,这种追求是必然的,但不能是全部。这是因为驾培机构是服务机构,而不是纯粹的商业企业。它不仅包括上面那些,还包括服务的社会价值及功能。这就涉及驾培机构绩效的效能方面。就效能而言,学员接受服务的及时、高效、周到等直接影响着学员对驾培机构的满意度,影响着驾培机构的信誉和品牌。根据哈默流程理论的观念,教练员是学员服务质量价值的直接来源,教练员的业务能力、专业素养、服务态度等对学员的学习发挥综合影响。尽管业务能力高超的教练员可以使学员快速把握驾驶的技能与技巧,但教练员的专业素养与服务态度在此过程中所起的影响却极为关键。这些也是驾培机构体现其社会价值与功能的重要方面。总之,从上面的分析可知,驾培学校的重构动机在于提升组织绩效。这不仅包括驾培学校的经营效益与效率,也包括驾培学校的社会效能。对后者的重视在当下看来一点也不比前者小。

2.驾培学校重构现实分析

在实际工作中,一个组织究竟采用哪种类型的组织结构模式,应根据组织发展的进展、战略、环境条件、技术状况等具体情况进行选择。首先,就组织发展的进展而言,驾培机构一般可分为四个阶段[29],每个阶段的机构特征是有所差别的。具体而言:①创业阶段的驾培机构具有非行政机构化的特点,即非正规的结构和一人全权指挥;②聚合阶段的驾培机构具有前行政机构化的特点,即基本非正规的和有一些程序;③是规范化阶段的驾培机构具有行政式机构的特点,包括规范化的程序,劳动分工,增设职能专家;④协作阶段的驾培机构具有强行政式机构特点,即行政式机构内的团队工作和小企业式的思维。其次,在组织战略层面,驾培结构高层管理者(校长)的主要职责,就是决定组织的目标、战略和设计,由此使组织能适应变化的环境[30]。中层管理者在高层管理者指导下为本部门做类似的工作。今后当驾培机构逐步走上规范化办学、标准化培训以及高质量追求的理想模式后,高层管理者(校长)能否对所处驾培组织的战略在结合行业环境及外部政策环境基础上合理定位,关乎着组织能否持续发展的问题。再者,从环境条件来看,当下驾培机构的任务环境、一般环境中都存在着很多的不确定性。面对这些不确定性,驾培机构可以采取传统的建立缓冲部门的做法,也可以通过部门间的分化或整合,还可以适时采取有机的管理过程或机械的管理过程。但最终,驾培机构设置应有灵活应对环境的特性。第四,从技术状况来看,长期以来,服务业企业一直倾向于提供定制化的产出,即完全按每个顾客的所想及所需提供服务。这是因为,顾客对高质量服务的期望是在不断提高的[31]。因此,考虑服务技术特点对组织结构和控制系统的独特影响是很有必要的,因为它能使技术核心的员工更接近顾客。通常情况下,服务业企业中的技术核心员工的技能必须相当高,他们必须具备足够的知识和理解力来处理顾客的问题,而不只是局限于完成某项单一的机械性的任务。因此有些服务业组织授予员工一定的决策自主权,并提供决策所需的信息,使员工们可以做任何为满足顾客需要而必须做的事情,这种灵活性是顺应时代的。不过,有一些组织虽然订立了为顾客服务的各种规则和程序,然而,由于授权不够,故而最高管理者外的所有管理人员,包括工人便缺少积极性。这个道理很简单:不论具体做法如何,服务业企业的员工除需具备技术技能外,他们还需要有社会和人际技能[32]。驾培机构作为服务业企业之一种,是与人的培养密切相关的营利性服务活动。其服务技术的特点必然体现如下方面:①对学员的培训结果虽然可以通过实际的通过率来体现,但实质上是一种无形的产出;②在对学员的技能培训中,服务过程和学员的消费同时发生;③驾培机构是一种劳动和知识密集型的产业,需要时刻关注新技术的开发与运用,比如,国外已在实际的上路阶段增加了利用模拟驾驶器训练学员技能的过程;④驾培机构的服务与顾客的互动非常强,并且人员因素的高低对服务结果的影响至关重要,这些都意味着单纯的纵向沟通是不利于驾培机构持续发展的,需要增加横向交流的机会并建立横向交流的机制;⑤驾培机构的服务质量不只包括技能性的可测量的部分,还包括很多可以感知但不易度量的成分(比如对学员驾驶态度、价值观念等的影响);⑥驾培机构需要快速响应服务对象的需求,服务机构设点就显得极为重要。

二、驾培学校组织重构途径

1. 基于战略选择的途径

"战略选择论"[33]认为,管理者是可以对组织的"营运领域"做出某些决策,进而创造或选择环境,由此推动组织及其运作模式的演进。组织结构形式不是自动形成的,它是组织决策的结果,也就是说战略选择起到了重要的作用。但战略选择要受到组织环境、内部权力结构、制度和组织政治等多方面影响。战略选择也是在具备条件同时也适合条件的情况下才能做出的。基于这种洞见,我们可以依循图3-8所示路径进行设计:基于设定的战略目标,环境可分为简单与复杂两种。简单环境下,如果环境也具有静态特征时,不确定性的因素相对较低,我们决策时所需的信息量也较少,在此情况下,我们可以将结构设置为功能性的组织。

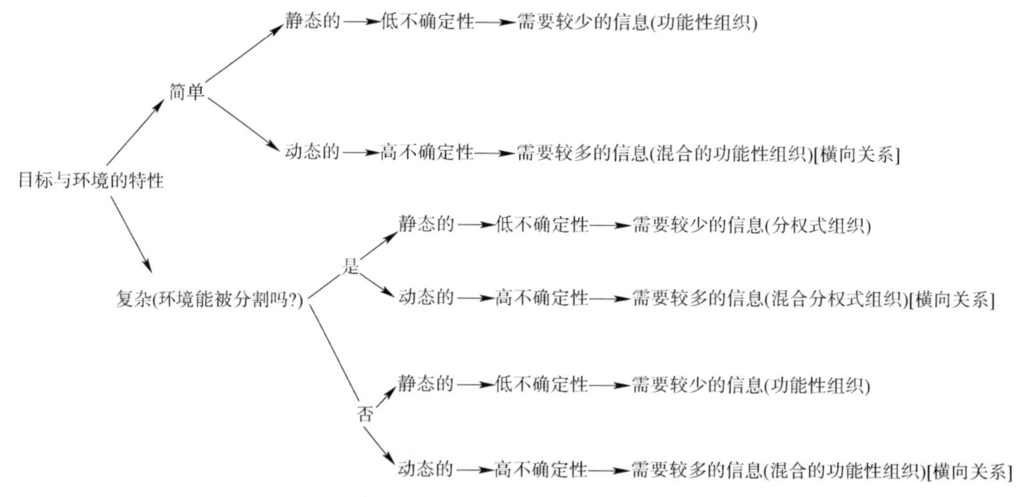

图3-8 路径设计

如果环境具有动态特征时,不确定性的因素相对较高,我们决策时所需的信息量也较多,在此情况下,我们可以增加功能部门之间的横向关系联络,形成混合的功能性组织。复杂环境下,依据环境能否分割又可以分为环境可分割与不可分割两种情况。如何环境是可以分割的,并且也具有静态的特征,这时不确定性的因素相对较低,决策所需的信息也较少,可将组织设计为分权式的结构;如果环境是可以分割的,但具有动态特征时,这时不确定性的因素相对就高,决策所需的信息也较多,这时可以增加分权事业部直接的横向联系,构成混合分权式结构。如果环境是不可分割的，但仍具有静态的特征，这时不确定性因素相对较低，决策所需的信息较少，我们仍然可以采用功能性结构；如果环境是不可分割的，且具有动态的特征，这时所需的不确定性因素相对较高，决策所需的信息较多，需要增加横向关系的协调部门，我们就运用较为复杂的混合功能性结构。

2. 基于流程理念的途径

“流程”是美国学者迈克尔·哈默在《超越再造》一书中的核心概念，“流程是一群任务，它们集合在一起为顾客创造出一种有价值的结果，其关键词是‘群’、‘一起’、‘结果’和‘顾客’[34]。”首先，流程理念强调企业经营和管理必须从顾客出发，从客户对企业的要求出发。这种强调彻底打破了传统企业经营和管理的思路，需要倒过来进行工作。其次，流程理念使人们重新树立对工作的科学认识。迈克尔·哈默认为，“所有的工作活动可以分为三种类型：①增值的工作，即顾客愿意为此付钱的工作；②非增值的工作，不为顾客创造价值，但为了增值的工作得以完成，它是不可缺少的；③浪费，即既不增值也无助于增值的工作。”对驾培学校来说，其增值的工作显然是对学员的服务质量，因为这决定着学员对驾培学校及其所提供服务的价值判断，是决定驾培学校经营效益的“拐点”。与这个增值工作最为密切相关的是教练员的教学及其态度，其他依次为驾培学校服务资源（包括设备设施的先进程度、设施设备利用的便利性等）、驾培学校的支撑性服务（包括学员报名的便利迅捷度、学员问题及时反馈度等）。“非增值的工作是一种黏合剂，它将各种常规流程中的增值工作结合在一起。它包括所有行政性的管理工作——报告、检查、监督、控制、审查和联络。这是使常规流程发挥作用所需要的工作，但它也是误差、拖延、僵化、刻板的根源。”这说明，驾培学校的管理架构是为促进学员服务质量而体现其价值的。如果这种管理架构不能有效为学员驾培学习提供高效、灵活的服务，一方面直接导致学员对驾培学校的评价度不高，另一方面也潜在地影响着驾培学校的经营效益。再者，流程理念要求我们重新审视对责任的看法，它扩大人们的责任并要求他们在日常生活工作中做出转变。当前，学员的满意度成了驾培学校服务质量的预示器，各个层面的人员都对此十分关注，尤其是管理人员。但是，传统的组织结构强调是任务分隔、职能独立，这就潜在地预示着责任盲区是不可避免的。就是说，尽管大家都十分关注责任的落实，但有时有些事因为属于“几不管”的现实状况，这就出现无法确定责任的归属问题。恰好，流程理念为这些难题给出了很好的破解办法。在流程经营下的驾培学校中，校长成为整个驾培学校流程的主持人，各个部门的管理人员是这个流程中的项目主管（比如可以是各种牌照服务流程的项目主管），其他服务人员与教练员共同构成了这个流程中的流程执行人员，所有人都内嵌于为学员提供高质量服务的流程中。它的最大最明显的优势在于，彻底消除责任盲区的难题。学员对驾培学校及其所提供服务的满意程度是所有人员工作的综合体现，大家共同构造了驾培服务的共同体。正如《超越再造》一书中序言所说，“再造的关键和核心是重组或重新设计企业生产和经营的业务流程，彻底打破原有的管理层级和职务分工，组成由专业人员、流程主持人、流程执行者组成的一个个新型团队，高效率地为顾客提供价值，即产品和服务。”最后，迈克尔·哈默指出，“为了走上以流程为中心的道路，公司必须做好四件事：首先，公司必须识别和命名它的各种流程；其次，要保证公司中的每一个人都意识到这些流程以及它们对公司的重要性；再者，要对流程测定；最后是流程的管理。”

基于上述理念以及图书馆三角形结构[35]启发，我们认为，基于流程的三角形驾培机构（图 3-9）是以校长内置的办公室为轴心，以相关驾培资源的组织和技术支持为基础，以为学员提供方便、快捷、高效的优质服务为目标的流程结构。它具有如下优点：一是基于流程的三角形驾培组织结构呈扁平化，加强了横向联系，减少了纵向层次，各部门与办公室之间可以直接沟通，不需要经过层级传达，由部门负责人汇总问题直接向“中枢”——办公室反馈，避免了在直线型组织结构中，信息传递过程中的损耗甚至失真；二是部门与部门之间也能直接进行简单的业务沟通和协调，不需要通过办公室的中转，提高了信息交流的效率，从而提高了工作效率。面对复杂管理工作，如果需要深度沟通，可以通过办公室进行周转和协调，办公室通过对各部门反馈上来的意见和问题进行综合分析，并与各部门共同商讨解决方案，防止在职能型组织结构中出现的多头管理现象，规避因此带来的责任风险；三是以校长为核心的办公室可以对来自三个部门的问题进行汇总、分析、处理、控制，协调沟通好部门间的工作，许多非经常性的工作还可以通过临时组建的团队小组来突击完成，更好地适应当前瞬息万变的信息环境，提高驾培组织在信息社会的竞争力；四是各部门之间、部门与办公室之间能够实现有效的信息沟通；办公室在决策时能够综合宏观考虑，提高了驾培管理工作的科学性和可持续性。

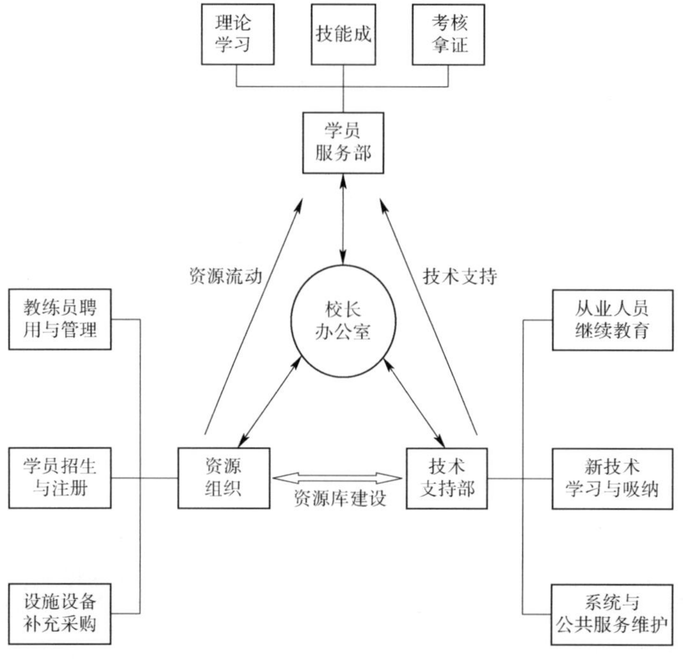

图 3-9　三角形结构

第四章

机动车驾驶培训学校教学方法研究

随着我国机动车保有量越来越多,所引发的道路交通事故也越来越严重。虽然说造成这一问题的原因是多方面的,但是机动车驾驶人员的操作知识与技能的欠缺是一个重要的原因。因此,如何深化驾校教学改革,促进驾校学员在受训过程中掌握扎实的驾驶技能至关重要。教学工作是驾校的中心工作,是教练员的核心业务,也是学员获得驾驶知识与技能最重要的途径。教练掌握与运用教学方法水平的高低直接决定着学员培训质量的高低。因此,学习与掌握并能熟悉运用教学方法对于教练而言十分关键。本章首先就驾校教学方法的内涵、特征与指导思想进行阐述,以此为基础,系统全面地介绍常用的驾校教学方法及使用要求,以及常用的现代教学手段,并对现代教育理念下教学方法新的成果进行简单陈述,最后指出当下我国驾校教学方法存在的问题与未来我国驾校教学方法改革的方向。

第一节　驾校教学方法的内涵与特征

一、驾校教学方法的内涵

在理解驾校教学方法之前,我们首先来认识一下什么是教学方法。由于人们对教学方法的认识不一,所以关于教学方法概念的内涵与外延表述也各异。为此,我们选择有代表性的“定义”进行分析来厘清其本质属性,虽然这里对教学方法的界定主要从普通教育这一视角出发,但是对于驾校的教学方法来说也同样具有意义。

在西方学者中具有代表性的关于教学方法的界说有:“教学方法是教师为达到教学目的而组织和使用教学技术、教材、教具和教学辅助材料以促成学生按照要求进行学习的方法”“教学方法是指大多数教师能够充分加以运用并适合于多学科反复使用的教学步骤或程序”“教学方法是促进学生的学习,教师组织班级,向学生提出意见及使用其教学手段的各种方法”等。关于这一定义,在我国学者中具有代表性的界说有:“教学方法是指为达到教学目的,实现教学内容,运用教学手段而进行的,由教学原则指导的一整套方式组成的、师生相互作用的活动”“教学方法是为完成教学任务而采用的办法,它包括教师教的方法和学生学的方法,是教师引导学生掌握知识技能、获得身心发展而共同活动的方法”“教学方法是在教学过程中,教师和学生为实现教学目的,完成教学任务而采取的教与学相互作用的活动方式的总称”。这些“定义”在西方学者、中国学者内部抑或在西方学者与中国学者之间,不排除相互借鉴的可能,但具有“异口同声”的结果。表明他们都能认同这些表述及其蕴含,其认识具有共同性。

不难看出，这些“定义”在用词上有三个方面的共同点：其一，在目标上，主要表现为“为达到教学目的”“促进学生的学习”“为达到教学目的”“为完成教学任务”“为实现教学目的”等；其二，在过程上，有“教学步骤或程序”“一整套方式”之谓；其三，在方法体系上，有“各种方法”“总称”等。这里“其一”意味着教学方法是为某种目的服务的，没有目的就没有方法；“其二”意味着教学方法具有可操作性，是一整套程序或方式；“其三”意味着教学方法是能满足教学目的的一切方式方法的总和。如果把“其三”所指的具体内容分散到“其一”和“其二”中，我们可以得到关于“教学方法”认识的两个显著特点：即目的性和程序性。而目的性和程序性正是技术的两个特征，因为“技术是为某一目的共同协作组成的各种工具和规则的体系”。“工具”和“规则”是程序性的，更何况，教学方法不是思维方法，不是理论方法，而是服务于实践的方法，是专指一种操作程序，所以教学方法是一种直接工作于实践领域的技术，具有技术性。对此美国技术哲学家雅克·埃吕尔(Jacques Ellul)就将技术直接定义为：技术是“在人类活动的每一个领域完全合理有效的(在一定的发展阶段)方法的总和。”所以有教学论学者直接将教学方法定义为“教学方法是指向特定课程与教学目标、受特定课程内容所制约、为师生所共同遵循的教与学的操作规范和步骤”。这就直截了当地表明了教学方法就是一种技术，具有技术的属性。在教学方法中，程序性与目的性正是教学方法这一技术的表象，两者共同存在于教学方法这一技术流程之中，是目的与手段的关系。也就是说，程序性是为目的性服务的，而教学方法的目的在于“引导学生掌握知识技能、获得身心发展”——这是教学活动的终极性目的，即培养人与完善人的目的。

虽说驾校不属于普通教育序列，但在我国它也是一种正式教育，是一种有目的、有计划、有组织的教育培训体制。因此，在这样制度化的教育培训体制中，教学与教学方法应该是其最重要的观念与内容，对驾校教学方法的体认对于所有驾校培训行业相关人员都具有重要的理论与实践价值。根据普通教育教学方法的内涵，结合驾校的性质与教学特点，我们认为，驾校教学方法就是驾校为实现培训目的，完成教学内容，运用多种教学手段而进行的由一整套方式组成的教练与学员相互作用的活动，简单地说，它是指向驾校各个科目的教学目标、受特定科目内容所制约、为教练与学员所共同遵循的教与学的操作规范和步骤。

二、驾校教学方法的特征

人们常说，教学有法但无定法，驾校教学方法的选择因人而异。然而，作为一种正式的教育培训制度，驾校教学方法也内含特定的规律，也具有一些共性与特征。了解这些共性或特征对于驾校管理部门及驾校相关人员认识当下驾校教学方法存在的问题，改善驾校教学方法具有重要的价值和意义。

一是以人为本的教学理念。这是驾校构建与运用教学方法的宗旨，学员是教学的主体，传统的驾校教学方法之所以遭人诟病，最主要的一点是让学员成了观众、成了知识与技能的容器，学什么、怎么学，学员没有话语权，教练成为架校教学的主导，起支配作用。因此，驾校教学方法选择与应用的目的就是还学员的主体地位，彰显学员的个性，调动学员的学习积极性，培养学员独立思考、自主学习的能力。

二是广泛参与的教学设计。学员是教学的目的，教学就是为了学员的学习，很难想象没有学员参与的教学能让学员产生动力、形成兴趣。没有学员积极主动参与的知识就是被灌输进去的一堆概念,可以想象,这些凝固的知识是容易被遗忘的。相反,只要是师生互动、学员之间的合作学习,不但能让学员找到学习的感觉,激发其学习的动机,产生学习兴趣,而且能真正达到掌握知识和技能的目的。

三是强化实践的内容安排。学以致用,这是驾校教学最重要的特点,也是驾校教学的终极目的。如果学员所学的东西不能加以运用,这些知识就无法变成自己真正的知识。从学习过程看,根据现代教育理论观点,学习是一个主动建构的过程,最突出的特点之一是实践性,即在"做中学"。受各种因素的影响,驾校的许多学员缺乏实践锻炼,缺乏基本的学以致用的实践,这对驾校教学产生重要的影响。因此,强化实践教学环节应该成为驾校教学方法的重点内容之一。

四是重过程的考核指标。有学习就有考核,而考核是学习的风向标,决定着学员的学习内容、学习方式。传统以内容为中心的教学方法,必然强调学员的记忆能力;而以学员的发展为中心的教学方法,重视考核学员发现问题、分析问题和解决实际问题的能力。考核是一种手段,目的在于培养学员对学习的兴趣,进而促进他们的交通观、驾驶观的形成,驾驶知识与技能的获得。因此,必须综合考虑学员独立学习、独立思考等学习过程中的综合表现。既要看学员学得怎样,更要看他们怎样学习;既要考查学员的显性学习效果,更要考查学员的隐性心得,只有这样,才能比较全面客观地评价学员的学习,而不能仅仅以所谓的"过关率"来评价驾校与教练教学质量的高低。

驾校教学既是一门艺术,也是一门科学与技术。科学技术需要教练开展理论研究与实践探索,艺术需要教练付出丰富的情感与宝贵的心血。促进驾校教学方法改革,最根本也是最基础的工作是要唤醒被许多教练遗忘的"教学良知",重新拾起属于教练的那份表现在公共交通安全事业中淡泊名利、严谨教学的清高,再度珍视被人忽略的为人师表的荣耀。还要唤醒学员被长久压抑的主体意识,交还学员属于他们自己的学习自主权,精心培育、小心呵护一颗颗大胆探索、主动实践的求知求能之心。让学员去促进教练改革教学,让教练去促进管理者改革驾校管理,这正是驾校良性发展的合理逻辑与思维所在。

第二节　驾校教学方法的指导思想与内容体系

一、驾校教学方法的指导思想

在明确驾校教学方法的特征之后,再让我们来认识一下驾校教学方法的指导思想,我们认为,根据驾校的性质与教学特点,驾校教学方法总的指导思想应该是坚持"启发式"与"做中学"。"启发式"与"做中学"是选择与应用驾校教学方法总的指导原则。

启发式教学是指教练必须从学员的实际出发,采取各种有效的形式去调动学员学习的积极性与主动性,变"要我学"为"我要学"。通俗地说就是要求教练在教学过程中应充分调动学员学习的主动性、积极性,通过引导来促进学员学习。

根据我国教学实践的经验,采用启发式教学是符合辩证唯物主义提出的内因和外因相互作用的观点的。在驾驶技能的学习过程中,学员学习的主动性、自觉性及原来的认识水平等都是学员学习的内因,也是学员得以开展学习活动的根据。而教练的讲解、引导以及对学员施加的一切教育影响则是学员学习的外因,是促进学员学习的外在条件。启发式教学最根本的就是要求教练在教学过程中充分调动学员学习的主动性、积极性,通过引导来促进学员的学习活动。

采用启发式教学也是符合学员学习驾驶技能的心理规律的。学员所具有的认知结构总是他过去学习活动的结果。因而在学习新的知识时,学员总是运用已有的结构去同化传入的信息。有些信息能够同化,有些则不能。于是在能够同化与企图同化的两种信息之间就有了矛盾和不一致。产生了认知结构内部的不平衡,这就成为学员知识与能力发展的心理动因。平衡——不平衡——平衡的过程,也就是学员学习不断提高的过程。启发式教学就是要求教练从学员原有的认知结构出发,通过各种有效的手段不断打破原来认知结构的平衡、不断激发他们新的认知需要,以促进学员的认知结构不断向前发展。

启发式教学不是某一种具体的教学方法,而是运用任何一种教学方法的指导思想。各种具体的教学方法在不同思想的指导下,既可以具有启发的作用,也可能会出现注入式的情况。例如发现法,这本是一种探究式的教学方法,理应具有启发的作用。但如果在注入式教学思想的指导下,同样可以由教练设框框、学员在套框框,成为变相的填鸭式,这就毫无启发的作用。不恰当的谈话法引起的不是智慧而往往是混乱。又如讲授法,主要是一种接受式的教学方法,如果以注入式为指导思想就会产生“满堂灌”“填鸭式”的不良后果,但倘若教练在讲授时,能促使学员去积极思考、引导学员举一反三,那么这样的教学同样具有启发的作用。因此衡量一种教学方法是否具有启发性,关键是看教练能否促进学员积极主动地去学习,而不是单从形式上去加以判断。

驾校教学方法另一重要的指导思想是“做中学”,“做中学”强调的是教学的实践性。这是由驾校教学的性质决定的。因为驾校教学最重要的特点就是使学员掌握操作性的知识与技能,掌握具有程序性特点的驾驶能力,而这些动作技能形成的最好方法就是在操作中、行动中与过程中习得,这样学员掌握的知识与获得的技能才能更有效、更持久。

众所周知,教育心理学中关于知识的主要分类有二:一是陈述性知识,也叫“描述性知识”,它是指个人具有有意识的提取线索,而能直接加以回忆和陈述的知识。主要是用来说明事物的性质、特征和状态,用于区别和辨别事物,具有静态的性质。陈述性知识要求的心理过程主要是记忆。陈述性知识的获得是指新知识进入原有的命题网络,与原有知识形成联系。二是程序性知识,它是个人没有意识提取线索,只能借助某种作业形式间接推论其存在的知识。程序性知识是一套办事的操作步骤,是关于“怎么办”的知识,是由一整套逻辑程序组成的知识。在学习程序性知识的第一个阶段,是习得程序性知识的陈述性形式,新知识进入原有的命题网络,与原有知识形成联系。第二阶段,经过各种变式练习,使贮存于命题网络中的陈述性知识转化为以产生式系统表征和贮存的程序性知识。第三阶段,程序知识依据线索被提取出来,解决“怎么办”的问题。

很明显,这两种知识在驾校教学中都存在。一般来说,驾校理论科目更多的是由陈述性知识组成,这类知识主要靠学员认真的记忆而获得。而驾校实践性的科目,如在倒车入库、电子考试、路考中更多表现是程序性知识,驾驶技能的形成具有典型的动作技能习得的特征,技能的习得与理论知识的获取的方式是不一样的。这类知识只有在“做”中才能学会与掌握。也就是说,在驾驶技能形成的过程中,学员只有通过“做”才能真正获得机动车驾驶技能,只有通过“做”,才能真正将理论与实践联系起来,运用理论与实践。

二、驾校教学方法的内容体系

在认识到教学方法及驾校教学方法的内涵与特征之后,我们再来具体考察一下驾校教学方法的具体内容。我们认为,在当前驾校教学中,最常用的教学方法大致有以下几种。

1. 讲授法

讲授法是教练运用口头语言系统地向学员传授知识的一种方法。其他各种方法在运用时都经常要和这种方法相结合。讲授法从教练教的角度来说是一种传授的方法,而从学员学的角度来说,则是一种授受性的学习方法。它的特点是学员所学习的内容都是由教练以系统的形式呈现给学员的。学员则要把教练所提供的材料经过整合,贮存到自己的头脑中去。讲授可采取多种形式,一是讲述,一般用于向学员叙述机动车驾驶的事实材料或内容;二是讲解,是教练向学员说明、解释或论证机动车驾驶的原理、概念、规律等时经常采取的方式;三是讲读,主要用于理论教学时学员对学习材料的阅读训练与指导;四是讲演,主要是教练深入分析和论证事实做出科学结论时采用的,也可以是教练针对某一驾驶技能或交通问题等表达自己的观点,以期使学员受到影响。

讲授法的优点在于使学员在短时间内就能获得大量系统的机动车驾驶方面的科学知识,教练合乎逻辑的分析、论证,生动形象的描绘以及善于设疑、解疑都有利于发展学员的智力、有利于教练系统地对学员进行教育。但是这种方法的缺点是没有充分的机会让学员对所学的内容及时做出反馈,学员学习的主动性、积极性不易发挥。

采用讲授法对教练的语言有特殊的要求:一是语言(包括口头语言和板书)要清晰、准确、精练,既有严密的科学性、逻辑性,又要通俗明白。在叙述、分析教材时要把精力放在突出重点、讲清难点上。语音的高低、强弱、语流的速度和间隔应和学员的心理节奏相适应。二是语言要生动、形象并富有感染力。教练要善于用比喻、体态语言,并配合必要的直观教具的演示,以加强语言刺激的新鲜感,从而引起学员的积极的学习情绪。

如上所述,讲授是否具有启发性,关键在于讲授的材料是否同学员已有的认知结构联系起来,如果过早地用一些抽象的概念去教育驾驶认知尚未成熟的学员,或者对教材未加科学的组织,任意提供一些没有关联的事实,这些都会使讲授法成为“满堂灌”,导致学员机械地学习。学员在以后的驾驶过程中不能灵活运用,实践证明,这是一种非常不好的教学方式。

2. 谈话法

谈话法是教练通过和学员相互交谈来进行教学的方法。是引导学员根据已有的知识、经验、通过独立思考去获得新知识的方法。从它的心理机制来说是属于探究性的,使用这种方法时,学员掌握的知识不是由教练直接提供的,而是教练引导学员把发现的信息通过学员自己的思考加以重新安排,并进一步组织或转换,使它和原有的认知结构融合起来。

对教练来说,通过谈话可直接了解学员的知识与能力掌握的程度,及时检验自己的教学效果,从而提出一些补充问题来弥补他们的知识缺陷和开拓他们的思路;易于使学员保持注意和兴趣,并有利于照顾到每个学员的特点。但是谈话法只适用于从已知到未知,而不适用于从不知到知，并不是所有的教学活动都可运用谈话法的。

运用谈话法应遵循的基本要求：一是教练要充分准备，对谈话的中心，要求提问的对象等都要周密准备，对进行中可能发生的情况要有足够估计，并据此提出一个包括有主要问题和严格逻辑顺序的谈话提纲。提出的问题要明确、具体、难易适度，符合学员已有的知识和经验，问题要有启发性，形式要多样化。二是在谈话时，教练的提问要面向全体，应给学员有思考的余地。提问对象要普遍，并根据学员的程度而提出相应的问题，使他们在各自的基础上都有提高。谈话结束后应结合学员回答问题的情况进行小结，概括问题的正确答案、指出谈话过程中的优缺点。

3. 讨论法

讨论法是在教练指导下，由全班或小组成员围绕某一中心问题发表自己的看法从而进行相互学习的一种方法。《学记》中早就指出："独学而无友，则孤陋而寡闻"。学员通过对所学内容的讨论，可以集思广益、互相启发、加深理解、提高认识，同时还可以激发学习热情，培养对问题的钻研精神和训练语言表达的能力。认知水平相近的学员相互之间交流自己的认识，往往比教练更能促进他们的认识，使他们较快地摆脱自我中心的立场。

运用讨论法需要学员具备一定的驾驶基础知识，一定的理解能力和独立思考的能力。运用讨论法应遵循的基本的要求：一是在讨论前，教练应提出讨论题和讨论的具体要求，指导学员收集阅读有关资料或进行调查研究，讨论前写好发言提纲。二是在讨论时，既要让学员自由发表意见，又要引导他们围绕中心、联系实际进行，要让学员有普遍发言的机会，鼓励学员之间展开持之有据、言之有理的争论，发扬勇于坚持自己的观点但又不固执己见。

4. 演示法

演示法是教练把汽车或配件实物、教具陈示给学员看，或者通过示范性的实验来说明和印证所要使学员掌握的知识的一种方法。演示法在各个科目的教学中都可以广泛地使用。它通常是作为辅助的方法配合讲授法、谈话法进行的。

演示的材料和方式是多种多样的。如按演示所使用的教具分，大致有如下四类：一是实物、模型、图片的演示：这主要是向学员陈示个别的典型物体或现象。陈示实物可使学员有强烈的真实感。但许多实物不能在教室里或教学场地演示，因而要用模型、图片等来代替它；二是图表、示意图、地图的演示：这些教具的演示可使学员对所学的教材中各种不同的方面和部分以及现象之间的互相联系、相互制约等有所了解；三是实验演示：它可使学员了解事物运动发展的过程，如机动车运动过程中的各种现象；四是幻灯、电影、录像演示：这些现代化的教具不仅可以展现事物运动的过程，还能显示许多肉眼所不可能看见或在短时间内无法看到的现象。还要注意的是，教练在演示时要引导学员在知觉过程中进行分析、综合，把感知与理解紧密地结合起来。

5. 练习法

练习法主要以实际训练为主。以实际训练为主的教学方法是以形成技能、行为习惯和发展学生能力（尤其是实际运用知识的能力）为主的一种教学方法。瑞士心理学家皮亚杰十分强调动作对智慧发展的作用。他认为智慧从动作开始，如果智慧与动作的联系被切断、智慧的发展就不可能。因此他十分重视活动，认为这是联结主客体的桥梁，是认知发展最直接的源泉。把皮亚杰的活动性原则运用到驾校教学方法中来，就是要强调手脑并用，让学员通过各种实际活动来逐步形成和发展自己的认知结构。学员体力、智力的发展和技能、习惯的形成是不能仅仅依靠语言来获得的,必须依靠实际训练。

实际训练要求教练与学员双方花费更多的时间和精力,而且也更需要强调科学的程序性,教练必须根据技能、行为习惯和体力智力的结构及其形成发展的规律,设计出一套使学员能进行有效活动的科学程序。在实际训练的过程中,是以学员的活动为主的,教练则处于一个组织者、指导者和评价者的地位。在实际训练的过程中,有实际对象的活动不仅具有运动技能方面的特点,其中也以一定的方式反映感觉、空间观念和思维的活动。在实际训练时要克服一定的困难,又可发展某些情绪、意志方面的心理品质。但就其主要倾向来说,它主要是通过机体各方面协调动作为其特征的,因此这种方法也可叫作感觉——运动的学习方法。它是借助于恰当地认知刺激情境,然后做出协调动作而形成的。各种驾驶技能的形成与各种驾驶动作的操作以及驾驶习惯的培养都离不开实际训练的方法。

练习法是在教练指导下学员巩固知识和培养各种学习技能的基本方法,也是学员学习过程中一种主要的实践活动。练习法在机动车培训各个科目、各个时段中被广泛地运用着,它不仅能使学员巩固所掌握的知识与技能,而且在培养学员克服困难,认真严谨的工作态度方面具有重要的作用。

运用练习法的基本要求是:一是练习的目的要明确,以提高练习的自觉性与积极性;二是教练要指导学员掌握练习的方法以提高练习的效果。首先在练习的内容上要有严格的连贯性,做到循序渐进;其次要正确安排和科学分配练习的次数和时间,一般说适当分散的练习比过分集中练习的效果好,练习时间的间隔要由密到疏;再次,练习的方式要多样化,以保持学员练习的兴趣,尤其当练习的水平处于转折点时或练习产生疲劳时,适当改变练习的方式可以摆脱这种状态;三是教练要及时检查、评讲学员练习的质量,要培养学员对练习的情况能及时自我检查并能主动纠正错误排除干扰的能力。

6. *陶冶法*

这种教学方法是指教练根据一定的教学要求,有目的、有计划地置学员于一种真实或者类似真实的活动情境之中,利用其中的教育因素综合地对学员施加影响。这一方法的奇妙在于情境设置与暗示,它的特点是使学员在不知不觉中受到教育。

陶冶的教学方法不像语言传递和实际训练那样要靠教练向学员直接提出要求或进行具体的指导,而是寓教学内容于各种具体的、生动形象的、有趣的活动之中,其目的是创设理智、情感并存的意境,唤起学员的想象,以加深他们对驾驶的认识和情感上的体验。

比如在教学过程中,教练生动、形象的语言描绘,教练课堂设计、技能训练、社会观察等各种活动都有陶冶的成分。概括地说,凡寓教学内容于各种有益的活动情境之中、能收潜移默化之效的方法都是陶冶的教学方法。

教练对于生命的敬畏,教练遵守交通规则的榜样作用,教练驾驶机动车时的正确方式与态度,教练对学员的爱护、尊重、关心和以身作则的感化作用更是陶冶的主导因素。真诚地爱护学员、在教学中以身作则的本身就是一种积极的教育手段,它可以促进尊师爱生关系的建立。师生配合默契所孕育起来的教育潜力是陶冶的方法取得成功的源泉。

运用陶冶的方法最重要的是要为学员创设情境,只有把学员引入真实情境之中,才能对学员发生积极的影响。这种方法从现象上来看,似乎教练并没有直接参与指导,但实际上却需要教练进行大量精细而复杂的组织工作，在教学艺术和教育机制方面都对教练提出较高的要求，否则，教练的主导作用就不易充分发挥。

暗示法也是一种类似陶冶法的教学方法，暗示法是以现代生理学和心理学为其理论基础的。现代心理学证明：人的理智和情感、有意识和无意识，是人们始终交织进行而又不可侵害的活动。当这些活动处在最和谐的状态时，也就是人们的活动最顺利和最有效的时刻。因此，要使教学达到高效率，就必须注意人们心理活动的这一特点，注意从整体的角度来设计教学的方法，在重视学员有意识的心理活动的同时，还要十分重视无意识的心理活动，这就是暗示法提出的主要根据。

暗示法首先强调在教学中要使学员的学习处于愉快而不紧张的情境之中，从生理学角度看，神经紧张不但无益于记忆潜力开发，而且是对记忆潜力的一种抑制，不愉快的事往往不经意识就为知觉所抵制。其次，在教学中要做到有意识和无意识的统一，因为学员是理智和情感同时统一活动的个体，应该充分调动他们自身的生理和心理的潜力。而传统教学中只相信理论性的力量，只强调发挥大脑皮层结构的作用而忽视感情调节理性、无意识调节有意识的作用。再次，暗示法强调教练和学员之间应建立相互信任和彼此尊重的关系，因为这种人与人的关系不仅能控制非特定知觉的质量，使人与特定知觉谐调，并且能使人综合地接受有意识和无意识的知识。

从教学效果上看，暗示法能使学员轻松愉快的、激发并增强他们的记忆力、理解力、想象力和他的个性品质。还能具有心理治疗的效果。简单地说，这种教学方法在驾校教学中要想获得很好的成效，要注意以下几点，一是暗示的目的要明确，二是暗示的内容要具体，三是暗示的时机要选择；四是暗示的环境要设计等。

需要注意的是，随着现代教学理念的发展与变化，国内外一些教学机构纷纷对教学方法进行改革，涌现出许多与现代教学理念相适应的教学方法改革典范。其中教学效果好且被广泛认可并采用的教学方法有：案例教学法、小组合作教学、基于问题的学习等，在此略作引介。

7. 基于问题的学习(Problem-Based Learning)

基于问题的学习创始于加拿大 McMaster 大学医学院，现不但广泛运用于医学院和职业技术学院，而且也广泛运用于培训教育中的项目设计训练和实验类课程。它着力于把学习置于有意义的比较复杂的问题情景中，旨在让学员或者学员合作解决真实性问题，通过学习来掌握隐含于问题背景后的科学知识，掌握解决问题的技能，并培养自主学习的能力。基于问题的学习的主要教学环节包括组织小组、开始一个新问题、后续行动、行动汇报、问题后反思等 5 个环节。应用在驾校教学中，在实施基于问题的学习的教学过程中，学员通过教练提供的源于实际的问题进行小组学习，学员通过查阅相关资料设计并调整学习计划，组织研讨会，最后以书面报告或口头报告的形式完成学习任务。在完成组织研讨、研讨纪要、报告的写作等过程中，学员不但已经掌握机动车驾驶的知识与能力，也很好地锻炼了组织能力和交流沟通能力。本方法旨在解决一个问题的过程中去学习所需要的新知识，并在获得新知识的过程中培养学员的自主学习能力。

8. 小组合作学习(Group Cooperative Learning)

小组合作学习是目前世界上许多国家普遍采用的一种富有创意的教学理论与方略。由于其实效显著,被人们誉为近十几年最重要和最成功的教学改革。综合来看,小组合作学习就是以合作学习小组为基本形式,系统利用教学中动态因素之间的互动,促进学生的学习,以团体的成绩为评价标准,共同达成教学目标的教学活动。

在驾校教学中,也可以运用小组合作学习的教学方式。小组合作是指两个或两个以上的学员或群体,为了达到共同的技能习得的目的而在行动上相互配合的过程。小组合作学习并不反对驾校大班上课的教学方式,即在承认课堂教学为基本教学组织形式的同时,教练以学员学习或锻炼小组为重要的推动性,通过指导小组成员展开合作,发挥群体的积极功能,提高学员个体的学习动力和能力,达到完成特定的教学任务的目的。它改变了教练垄断课堂而学员处于被动地位的局面,从而激发了学员的主动性、创造性,也因此得以充分的发挥。很明显,这种教学方式有利于培养学员的社会适应性,激发学员的自主性和独立性,为学员提供了更多的锻炼机会,促进了学员的全面发展。

9. 案例教学法(Case Methods of Teaching)

案例教学法初创于哈佛大学商学院,是指一种教师与学生直接参与,共同对问题进行讨论的教学方法。教育过程中所选案例来源于实际的工作,常以书面形式展示,学生在自行阅读、研究、讨论的基础上,通过教师的引导进行全班讨论。其教学内容有着独特的来源、性质、内容编排体系。教学方法不仅指向教师,还要求师生都要有相当大的行为变化。案例教学是针对实际的案例问题展开的学习与讨论,其着眼点在于学员的创造力以及实际解决问题能力的培养。在驾校教学中,通过案例教学,可以使学员在经验和活动中获得知识,增长才干,并通过对典型案例的讨论与分析,提高表达与实际问题的处理能力。案例教学的最大优点是大大缩短了教学情境与实际生活情境的差距,学员能设身处地从实际的情境出发,设想可能遇到的困难,从而增强设计多种解决问题方案的能力。

可见在驾校教学中,无论是基于问题的学习,小组合作学习,还是案例教学法的运用,这些新式教学方法,均创设与现实相近的教学情景,充分激发和增强学员的学习兴趣和驾驶适应能力;无论是问题的解决,还是案例分析,因为每个人的知识累积和经验所得不同,因而其答案极具个性化和创造性;难能可贵的是,这些方法的运用,教练不再是课堂的操纵者、控制者,而是学员学习的促进者、推进者和辅导者。教练由传统和法定的“外在依附”权威向有感召的、专业的“内生生成”权威转移,即教练和学员的角色在教学上发生逆转,学员由被动的学习者变成主动的学习者,从被动地接受知识到主动学习。这一变化导致教练与学员在课堂中的地位从以教练为中心向以学员为中心的方向转移。两者之间更多地体现为合作与交流的互动关系。这两种教学方法是现代教学理念下的主动探索与成效体现,是现代教学改革以人为本和以能力为本的理性选择与价值取向。

当然,随着新的教育教学理念的出现,驾校教学也会与时俱进,一些新的教学方法会在驾校教学中得到充分应用。教练在选择教学方法时,总的来说是要从实际的情况出发,这就是说要从具体的教学任务和教学内容出发;要从学员的实际情况出发;还要从本校、本地区的驾校的实际情况出发。教学是一个复杂的矛盾运动的过程,任何好的教学方法都是相对的,并且是在不断发展的。每个教练在选用教学方法时,一定要充分发挥自己的能动作用和自己的特长,进行创造性的实践。

第三节　现代教学技术在教学中的运用

教学技术与教学方式虽然是不同的概念，但是两者彼此关联，在此进行简单的阐述。

现代教学技术是指现代科学技术成果在教学领域中的运用。教学技术现代化，就是把电化教育工具、视听教育工具和计算机等现代化工具来辅助教学活动。

教学技术现代化是教育发展史上的又一次革命，是整个教育现代化的一个重要标志。运用现代教学技术，驾校只需要花少量的人力、物力就可以提高教学成效。它对驾校事业发展的规模和速度、驾校制度和办学形式的改革、培训质量的提高等都起着积极的促进作用。

一、现代教学技术的功能

现代教学技术的优越性集中表现为教学效率的提高，这是由它本身功能所具有的特点所决定的，是在于它可以利用先进的技术来传播、加工、储存教学信息。现代教学技术提高驾校教学效率突出地表现在以下几个方面。

1. 扩大受教育的人数

传统的驾校教学方式是班级授课制、小组教学或个别教学形式。一个教练可以同时教几名学员或几十个学员，而利用现代技术，进行大生产方式教学。理论上讲，由于可以实行远距离教学，打破了时间、空间的限制，教练就可以在一定时间内、教的学员就更多。如通过网络教学、电视教学、录音、录像等可以使远隔千里之外的无数学员同时接受学有专长的教练的教导。学员还可以按照自己方便的时间和地点进行学习，这对于驾驶员培训这种成人教育来说，特别有利。

2. 减少教学难度

一般地说，驾校教材信息量大，有些原理难度很大，学员不能很好地掌握。而使用现代技术进行教学，可以变深为浅、化难为易。因为现代教学技术的教学信息内容不受时间与空间的限制，它可以运用各种技巧呈现调整运动和低速运动，化快为慢，化慢为快；还可以化动为静、化静为动；化大为小，化小为大；以及化远为近，化近为远，化深为浅，化浅为深。因此借助现代教学技术，学员可以感知传统教学中无法表现的事物和现象，这比靠教练用语言讲更容易为学员理解。

3. 提高教学速度

教学速度是单位时间里教授和学习教材的分量。利用现代技术进行教学可以节省时间。国外有关实验表明，利用教学技术手段，所学教学内容的分量可以比传统教学方式增加一倍，而且考试中的错误还可以减少三分之二到四分之三。

4. 提高学员掌握教材的水平

首先，学员掌握教材的水平主要是指对教材感知的情况。如对教材理解的程度，巩固、记忆的程度以及应用的好坏等。现代教学技术由于充分运用声光设备，因此教学形象生动、学员感知鲜明、印象深刻，由于它可使抽象的理论具体化、形象化，故便于学员理解和记忆。

现代教学技术提高教学效率还在于它使教学过程中学员的主动性得到很好的发挥。这是因为现代教学技术更多地要求学员去听、去看,要求他们独立主动地接受教学信息。传统的教学,主要是教练在讲。比例在大多数情况下,教练在理论课上的活动时间占90%以上,现代教学技术改变了学习材料等单方面地由教练传授给学员的情况,而是由学员"自己"主动地去学习它。由于现代教学技术使教材生动、形象、感染力强,提高学习兴趣,便于理解和记忆,还能在心理上给予及时强化,这有利于调动学员学习的积极性。

另外,现代教学技术的机械化特点不仅有利于提高教学效率,还使它能更好地实行个别化教学以适应个别差异,它可以照顾到学员的不同水平,使学习程度不同的学员都能根据自己的情况,在速度、难度上按学习者的实际情况加以控制。因此它不致使学习上优秀的学员被抑制,也不会使学习上差的学员赶不上。

运用现代技术还可以承担教练的部分工作,如帮助学员理论与技能方面的反复训练以及辅助等,这就使教练能抽出时间参加业余学习或更充分地备课。这也是提高教学效率的一个重要因素。

二、常用的电化教学工具

目前,我们认为,在驾校教学过程中,常用的电化教学工具主要有以下几种。

1. 幻灯机

它的特点是制作简单,应用广泛,易于推广。在教学上常用的幻灯机有以下几种:一是白昼幻灯机,又叫讲台幻灯机或投射幻灯机,它可放映一般幻灯片,也可以代替黑板,把教练书写的字投射到墙上或黑板上;二是实物反射幻灯机,它是强光源照射在物体上,从物体表面反射出来的光线经过透镜成像再映出来的机器。图书、报刊、地图、挂图、文件资料等和扁平物体都可直接放入机膛内进行反映。放大的映像与原实物形体、色彩完全一样;三是显微幻灯机,它是由一架显微镜和一个光源箱组合而成的。光源发出的强烈光线,穿过放在显微镜物台上的切片,通过物镜和目镜,聚集、成像,投射到屏幕上。这种幻灯特别适合将汽车微型原件等放大展示。

2. 录音机

它的特点是可以录音、重放。录音方式有两种:一种是话筒录音,即通过话筒把声音录在磁带上。另一种是拾音器或收音录音机,即将拾音机或收音机输出插头插入录音机插口进行录音。录好音的磁带可以长期保存,不再需要保存时,可将磁带用作新的录音,磁带上原有的信号便自动抹去。

3. 电视机

按传输节目的方式分为两类。一种是开路电视,即通过无线电波输送节目;另一种是闭路电视,是用电缆送节目。前者对业余教育有特殊作用。后者适宜各级学校的课堂教学,它可以使几个教室的学员同时接受一个教练的讲课。当然,随着科技的进步,当前卫星电视也可以走入驾校的课堂教学之中。

4. 录像机

一般与摄像机、电视机配套使用。经过摄像机,把形象与声音录在磁带上,然后输送给几台电视机去显示。也可以不要摄像机,直接录制电视、电影节目。录像机的特点就在于可以录像重放。

5. 多媒体教学

多媒体教学其实早已有之,教师一直在借助文本、声音、图片来进行教学。但是在20世纪80年代开始出现采用多种电子媒体如幻灯、投影、录音、录像等综合运用于课堂教学,这种教学技术又称多媒体组合教学或电化教学。90年代起,随着计算机技术的迅速发展和普及,多媒体计算机已经逐步取代了以往的多种教学媒体的综合使用地位。因此,现在我们通常所说的多媒体教学是特指运用多媒体计算机并借助于预先制作的多媒体教学软件来开展的教学活动过程。它又可以称为计算机辅助教学(computer assisted instruction,CAI)。

多媒体计算机辅助教学是指利用多媒体计算机,综合处理和控制符号、语言、文字、声音、图形、图像、影像等多种媒体信息,把多媒体的各个要素按教学要求,进行有机组合并通过屏幕或投影机投影显示出来,同时按需要加上声音的配合,以及使用者与计算机之间的人机交互操作,完成教学或训练过程。所以,多媒体教学通常指的是计算机多媒体教学,是通过计算机实现的多种媒体组合,具有交互性、集成性、可控性等特点。

一个完整的多媒体计算机系统是由硬件和软件两部分组成。其核心是一台计算机,其外围主要是视听等多种媒体设备。多媒体系统的硬件是计算机主机及可以接收和播放多媒体信息的各种输入/输出设备,其软件是多媒体操作系统及各种多媒体工具软件和应用软件。硬件结构由主机、视频部分、音频部分、基本输入与输出设备,高级多媒体设备等组成,软件主要分系统软件和应用软件。多媒体系统软件主要包括多媒体操作系统、媒体素材制作软件及多媒体函数库、多媒体创作工具与开发环境、多媒体外部设备驱动软件和驱动器接口程序等。应用软件是在多媒体创作平台上设计开发的面向应用领域的软件系统。

与普通教学相比,在驾校中实施多媒体教学,有以下几方面的优势:一是直观性,能突破视觉的限制,多角度地观察对象,并能够突出要点,有助于概念的理解和方法的掌握;二是图文声像并茂,多角度调动学员的情绪、注意力和兴趣。三是动态性,有利于反映概念及过程,能有效地突破教学难点;四是交互性,学员有更多的参与,学习更为主动,并通过创造反思的环境,有利于学员形成新的认知结构;五是可重复性,有利于突破教学中的难点和克服遗忘;六是针对性,使针对不同层次学员的教学成为可能;七是大信息量、大容量性,节约了空间和时间,提高了教学效率。

6. 汽车驾驶模拟机

汽车驾驶模拟机是一种驾驶训练的教学设备。它利用虚拟现实仿真技术营造一个虚拟的驾驶训练环境,人们通过模拟器的操作部件与虚拟的环境进行交互,从而进行驾驶训练。模拟驾驶环境几乎完全“克隆”真实学车环境,能够消除驾驶初学者的恐惧心理,适时规范驾驶者的操作,为驾校驾驶培训的有力帮助。

驾驶训练机的方向盘、油门、离合器、刹车、档位、仪表操作方法基本与真车一致。学员的每一个操作信号通过数据采集模块的同步的传感系统传给控制计算机,系统对数据进行分析处理后,实现实时图像转变。并通过相应的仿真装置,实现力反馈和位移等的模拟,学员操作时有与真车驾驶基本相同的感觉。模拟汽车状况并指示车辆所处的各种状态,供学员观察。同时配有学员操作状态显示,便于教练员观察、判断驾驶员操作动作的正误。

模拟机训练内容十分丰富,基本涵盖了汽车的实际驾驶的所有方面,主要有基础知识的方面的模拟,如:原地驾驶、汽车构造、基本操作等;基础训练方面的模拟,如起步停车、换挡变速、定点停车、倒车练习、掉头练习；场地驾驶方面的模拟，如倒车入库、连续障碍、单、双边桥、直角转弯、侧方停车、坡道起步、过限宽门、百米加减挡、起伏路、曲线行驶；

综合训练方面的模拟，如城市驾驶、高速公路、立交桥、坡道、隧道驾驶、山区驾驶、小区驾驶、翻浆、泥沟路、复杂条件场景等。

汽车教学模拟机给学员一种真车的感受。比如，机器带电起火，起步配合不好也会死火；时速表和转速表都是随着油门的变化而变化，和真车一样；三个后视镜随着车辆外部变化而变化，真实反映车外情况；仪表盘上的仪表都是有效的反应车况，并且有挡位显示；转向灯和雨刮器也是仿真显示的；坡道起步不拉手刹或者脚刹车辆也会溜车；当学员开车超速或者低油门高挡位或者高油门低挡位开车不正确时，会有电脑提示您："您超速了"、"请换低挡位"、"请挂挡，换挡"等，很人性化，相当于一个教练在身边告诉您纠正错误；完全参照考试大纲训练科目来训练的，每一个练习项目都有对应的视频讲解，可以很好地练习手脚配合，对熟练操作机动车有很大帮助；按照真车的方向盘、挡位、油门、离合、制动等1:1模拟制作；驾驶机装有力回馈系统，当在颠簸的道路行驶，可以感觉到路面的不平整；

对您的每一次驾驶训练完成后，系统会标注你开车不足的地方，并且给您打分，等。

总之，汽车模拟机以简单、方便、环保、形象、重复使用等优点为人们所喜爱与接受，是驾驶培训机构不可或缺的现代教学设备。

7. 网络教学

除了以上具体的电化教学工具外，当前，网络也成为驾驶培训机构教学中常用的工具与手段，网络教学成为越来越多的驾驶培训机构运用的教学方法之一。网络教学是指在一定教学理论和思想指导下，应用多媒体和网络技术，通过教练、学员、媒体等多边、多向互动和对多种媒体教学信息的收集、传输、处理、共享，来实现教学目标的一种教学模式。

在驾驶培训机构中，运用网络教学，一般的教学模式主要有讲授式网络教学模式、演示式网络教学模式、探索式网络教学模式、讨论式网络教学模式。讲授式教学模式是利用网络作为教练和学员的通信工具进行的以讲授为主的教学模式。利用Internet实现的讲授型网络教学模式可以分为同步式和异步式两种。同步式讲授这种模式除了教练、学员不在同一地点上课之外，学员可在同一时间聆听教练讲课，并进行简单的交流，这与传统教学模式是一样的。异步式讲授只要利用Internet的万维服务及电子邮件服务就可以很简单地实现，这种模式是由驾驶培训机构或教练将教学要求、教学内容以及教学评测等教学材料，编制成HTML文件，存放在Web服务器上，学员通过浏览这些页面来达到学习的目的。演示式网络教学模式是指教练根据教学的需要，利用网络向学员演示各种教学信息，它们可以是教练装载的CAI课件，也可以是来自驾校或因特网上的教学信息。在这种模式中，网上的教学信息一般可分为四类：最简单的一类就是将有关的板书内容、教学挂图、实物模型等通过电脑处理后传递给学员，相当于一台高效率的、可灵活控制的投影机；第二类是各种场面的模拟，使学员在教室或训练场地就能体验到与实际情况相类似的情境；第三类是形象化的各种抽象的内容；第四类是在教室和场地不能或不易完成的影响学员健康、安全或者费用很高的实验。探索式网络教学模式在Internet网上涵盖的范围很广，从简单的电子邮件到大型的复杂的学习系统都有。探索式学习可分为六个阶段：①教练提出问题阶段；②对教练所提问题进行分析阶段；③搜集有关解决问题的信息阶段；④对所获信息进行综合分析阶段；⑤抽象提炼信息上升到理论阶段；⑥对结论进行反思阶段。学员在独立学习、探索和获取知识的同时，也提高了独立解决问题的能力和技巧。讨论式教学模式的特点是教练与学员之间相互交流，教学采用启发式，注重对问题的讨论。在基于网络进行的讨论式教学模式中，常常采用 BBS 或 E-mail 邮件列表进行关于特定问题的讨论和解答。

网络教学有利于培养兴趣、启发诱导并真正调动学员参与教学的积极性、主动性和创造性。学员可以自主学习，自己支配学习的节奏、内容，还可以对某项知识或技能重复学习，强化学习效果。网络教学更能适应各种学习情况和各类学员的差异。根据学员完成教学目标的成绩统计，针对他们在知识水平、理解能力、运用能力等方面的差异，利用网络教学的优势，通过设置不同的道路情景、演示不同的驾驶事例、提出不同的驾驶问题、进行不同的启发、提供不同的方法、做出不同的要求等，从而使不同层次的学员都有完成教学任务的机会。

三、运用现代教学技术的基本要求

在驾校教学中，运用上述现代教学技术手段需要注意以下几点。一要全面规划。从每一批学员注册起，就要根据学科教学大纲和教材以及学员的年龄特点和接受水平全面考虑运用恰当的现代教学手段，通过规划，这样的教学效果才会最佳；二要做好课前准备。上课前要查看机器设备，必要时还需先听、看一遍准备放映的资料等；三要认真进行课堂组织。上课时要做好引导和解说工作，指导学员的感知过程，使他们的注意力集中到必须研究的对象上去。

当然，现代教学技术有它自身的特殊功能和优越性。但不能因此认为它可以取代传统的各种教学方法。例如现代教学技术不能取代传统的讲授法，因为讲授法不仅能向学员描述事实，而且能深入分析和论证事实，并在此基础上做出科学的结论，还能针对学员的思想实际有的放矢地进行教育。现代教学技术也不能代替各种实际训练的方法，因为有许多基本技能的培养还是要靠学员自己去反复练习才能形成的。

因此在运用各种现代教学技术时，应和各种传统的教学方法有机地结合起来，才能取得较好的效果。

第四节　驾校教学方法改革的困难与问题

驾校虽不属普通教育之类，但与普通教育一样，时下也深受应试教育影响。在驾校的教学中，应试教育下的灌输式教学，固守的是教练中心、考试中心和教材中心。而以素质教育思想为指导的启发式、探究式、讨论式、参与式教学，更多的是坚持学员中心、学习中心和活动中心。转变应试教育思想，推动驾校素质教育的长足发展是当下驾校教学改革的主要方向。然而，不同的指导思想与教学目标会带来全新的改革内容，其涉及因素之多，内容之复杂，给实际操作增添很大难度：

一是思想转变难。思想决定行动，开展教学方法改革既需要教练树立全新的人才观、质量观和教学观，还要求我们广大教练员必须有强烈的责任感、使命感和荣誉感以及一定的奉献精神。然而，现实中我们绝大多数教练一般把教学仅仅作为一项任务，仅仅当成一种职业,没有当作自己追求的事业。因此得过且过、敷衍了事,更有甚者,还有不少教练的功利思想严重,缺乏教师的人文精神。教学,在有些教练的眼里俨然成了一种"良心活"。而要彻底转变这种思维还需要花更大的气力、更长的时间。由于既得利益的损益左右着驾校、教练和管理者的思维,转变思想观念必须减少功利主义的影响或者说应从更高的高度来考虑集体与个人的得失。

二是理论提升难。教学改革必须尊重教育教学规律,包括认知规律、技能形成规律、人才成长规律以及教学的特殊规律等。采取新的教学方法必须研究驾校教育教学的系统理论与最新发展动态,包括学习借鉴国内外成功的驾校教学改革经验。而我们的许多教练由于主客观等方面的原因,根本无暇顾及教育教学理论的学习与研究,多数教练既有比较繁重的教学任务,还有更加繁重的社会与家庭事务。有些教练能为学员尽心尽力地上好课算是尽力了,再要他们"抽出"时间和精力去研究驾校教育教学改革的有关问题,确实有点强人所难。再加上当前教练选拔机制的低要求与低标准,使驾校扩充之后引进的一大批教练,多数没有受过专门教育的背景,更无从谈起教学实践与教学经验。面对如此量大、又如此基础薄弱的教练群体,对其全面进行理论提升在短期内是一件不太容易办到的事情。

三是行动统筹难。教学方法从本质上讲应该是教练自己的事,因为不同的课程、不同的学员、不同的办学条件与教练的个人风格教学方法都不是固定的,所谓"教学有法而无定法"就是这个道理。如果从行政管理上进行教学方法改革,往往受到教练的反对甚至抵制。然而,如果仅仅从口头上要求或者从文件上强调教学方法改革的重要性,而在实际教学中放任自流,那么教学方法改革必难见成效。同时,由于个人对教学方法改革的理解差别,也会造成思想、观点和方法的矛盾,而且就改革的学术性与实践性而言,往往不存在对与错的绝对答案,这也给驾校整体的工作指导带来一些困难。

四是政策协调难。让教练增加教学投入却不能考虑教练的个人回报,驾校没有较为吸引教练增加教学方法改革和教学投入的激励机制,这在某种程度上成为制约驾校教学方法改革的瓶颈。有的教练认为,不是我不关心教学,我在教学上投入那么多,不能给我带来什么好处,比如待遇还是一样,没有对应的经费支撑,也没有评奖评优之类激励举措。因为驾校教练评价机制是典型的功利性评价。尽管有人提出批评,但是,由于驾校办学性质使然,多数驾校还是坚持短、平、快的功利化的教练管理理念。虽然有些驾校尽管设置了教学岗位职责,然而,在金钱利益面前,这些职责很明显失去吸引力与约束力。

五是评价界定难。与传统的教学方法相比较,启发式、探究式、讨论式、参与式教学在评价上难度较大。目标的内隐性、内容的丰富性、形式的多样性、考核的灵活性,都让评价工作难定框架,这一点在普通教育中如此,在驾校教学中更是如此。比如,如果采用一些新式的教学方法,教练的工作量计算很难按照正常的工作量计算方式进行统计,大量的课外辅导和精心的课前准备与教学设计工作,都是教练教学过程中的隐性内容,这些都需要我们尽快制定一套评估标准。

第五节 我国驾校教学方法改革走向

综上所述,我国当下驾校教学方法的改革存在诸多的困难与问题,即便如此,驾校教学方法的改革还是应该积极推进与实施。根据对当下我国驾校常规教学方法的论述以及对现代教学理念下国内外教育机构的教学方法改革探索的分析，结合我国部分驾校教学方法改革的了解，我们认为，我国驾校教学方法改革应该坚持以下几个取向：

第一，驾校教学方法的参与主体由单向性走向多向性。驾校教学是由教练和学员共同参与的一项多边活动。传统教学认为，教学是教师向学生传授知识，是教师传授、学生接受的单向活动。由此而来，教练关注的是教法，如何在预定的时间内把预定的教学内容完成，至于学员是否接受，接受的程度如何则考虑得很少。这就使得传统教学方法在面临科学技术发展迅速，教学内容日新月异的新形势下，显得力不从心。现代教学认为，驾校教学是教练与学员、学员与学员共同参与的多边活动。教学方法作为教学主体和教学对象之间的中介，必然要体现教法和学法。其实，教学方法本身就包含教法与学法，是教法与学法的有机统一。但长期以来，我们只强调教练的教法，而忽视了学员的学法。一般将教学看成是一个单向流动的过程，而不是一个双向甚至多向的交流互动过程。虽然理论研究来看，大家都认同教学方法是由教练的教法与学员的学法所组成，教学应该是由教练的教与学员的学所组成的双边或多边活动；教会学员学习和使学员学会学习也已成为教学改革的口号，但从实际操作层面来考察，这种理论研究成果和认识落实还很不够，具体表现为教练无论在理论科目教学方面，还是在驾驶技能传授过程中，单向的"满堂灌"现象在教学中仍然普遍存在。可喜的是，目前越来越多的驾校(特别是一些办学规范的驾校)、越来越多的教练已开始自觉地学习教育教学理论，并把教学方法的理论研究成果转化为教学方法的改革实践，将新的教学方法体现在实际教学行为之中。诸如暗示教学法、案例教学法等方法，这些方法体现出现代教学理念，调动教练与学员的参与性、互动性、合作性，实现教学民主性、主体性、主动性、自觉性和创造性，激发学员的内在兴趣和成就动机。这一点在今后的驾校教学及其管理中必须坚持并大力推广。

第二，驾校教学方法的功能应由重视知识传授走向重视知识传授、能力培养与素质提高并重。教学方法是受教学目标制约并为实现教学目标服务的。我们的教学目标从重知识传授到重视能力培养直至注重素质提高，经历了一个较长的历史过程。教学从一开始就十分重视知识的传授，随着历史的发展，人们逐渐认识到培养能力的重要性，20 世纪 60 年代，在我国流传着一个著名的比喻，即给学生干粮不如给学生猎枪。这个比喻强调了学习者能力培养的重要性。到了 20 世纪 90 年代，人们更深刻地认识到，在人才培养中，有比知识、能力更为重要的东西存在，那就是"素质"，其核心就是一个人的为人与做人之道。这一点对于机动车驾驶员来说尤为重要。从重视传授知识到既重视传授知识又重视培养能力，再到在重视传授知识、培养能力的同时，更加注重提高学员素质，这是教育思想转变在驾校教学领域发生的变化，是人们主动适应社会经济发展对人才培养要求的理性选择。教学目标由追求传授知识，到追求传授知识、培养能力，再到在追求传授知识、培养能力的同时，提高素质。教学目标的这一重大变化，必然要求教学方法与之发生相应的变化。如果说，传统的驾校教学目标追求的是理论知识的传授与技能的获取，与此相应的教学方法选择的主要是传授法与练习法，那么，现代教学目标所追求的不仅是知识的传授与能力的培养，更着重于学员整体素质的提高。与此相对应的教学方法，不但要采用传统的传授法、练习法，而且要采取与能力培养与素质提高相适应的新的教学方法，如合作学习、小组学习、基于问题的学习和案例教学法等。因此,随着教学目标由知识传授转向知识传授、能力培养与素质提高并重,在现代教学理念指引下,驾校的教学方法的功能也应由重视知识传授转向重视知识传授、能力培养与素质提高。

第三,驾校教学方法的选择要坚持系统性与整合性,并趋向最优化。20 世纪 90 年代以来,我国为提高机动车驾驶培训的质量,各级交通行政部门先后出台多项政策,旨在从人才培养模式改革的整体目标出发,规划设计新的课程体系,通过课程重组、加强不同培训内容之间的交叉和融合等方式,改变原有教学内容划分区隔性较大、各门课程过分强调各自的系统性、完整性的状况,形成与科学技术发展趋势、新时期人才培养模式相适应的现代驾校教学内容和课程体系,最终实现课程体系的最优化。实施课程体系的最优化,就是通过课程体系的建设来培养学员坚实的理论基础,较宽的知识面,较强的自我获取知识的能力,自我构建知识与能力结构的能力;加强理论联系实际,注重技术训练,掌握科学的学习方法、思维方法和研究方法,引导学员养成探究、创构新知识的意识;培养学员良好的思想道德素质、强烈的交通法规意识和社会责任心以及健全的心理和健康的体魄。课程体系改革的最优化,要求选择最优化的教学方法,进而做到既让学员增强学习的目的性和有效性,又全面提高驾校的教学质量。近年来,我国部分驾校正在选择并试行各种最优化的教学方法,如小组学习、自主探究、合作学习、反思性学习、参与性学习、基于问题的教学、案例教学法、暗示教学法,等等。这些教学方法的共同特点是:重视参与性、互动性与合作性,着力提高教学效果;重视培养学员的学习兴趣,充分发挥学员的主体作用;重视指导学员的学习方法,培养学员自我建构知识的能力。这些方法的综合运用对于提升学员的机动车驾驶综合素质具有十分重要的意义。

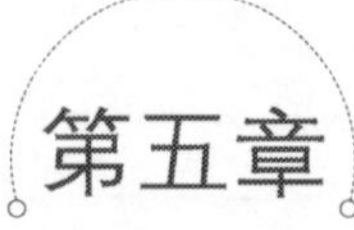

第五章

机动车驾驶技能的形成及其规律

自2016年4月21日起,我国开始实施修订后的《机动车驾驶证申领和使用规定》。实施以来,全国各地参加机动车驾驶科目二、科目三考试的成绩合格率明显下降,以致学员如何在驾校中形成标准的机动车驾驶技能并能顺利地通过考试备受关注。机动车驾驶技能的高低,在很大程度上决定了道路交通安全隐患的大小,而对机动车驾驶学员要求严格,则可从源头上进一步保障道路交通的安全。因此,了解机动车驾驶技能形成的影响因素与形成阶段,掌握机动车驾驶技能的形成规律,对学员及社会而言都将产生积极有益的影响。本章将从机动车驾驶技能的内涵、影响机动车驾驶技能形成的因素、机动车驾驶技能形成的阶段以及机动车驾驶技能形成过程中的规律几个方面对机动车驾驶技能进行详细阐述。

第一节　机动车驾驶技能概述

一、技能与机动车驾驶技能

1.技能

通常而言,技能是指人们在工作生活中通过不断学习和经验积累而获得的相关技艺和能力。《辞海》中将技能定义为:运用知识和经验执行一定活动的能力叫技能。《教育大辞典》将其定义为:主体在已有的知识经验基础上,经过练习形成的对待某种任务的活动方式。国内学者张积家在其所著《心理学》中指出:“技能是人们顺利完成某种任务的动作活动方式或智力活动方式,前者又称为操作技能或动作技能,后者又称为智力技能或认知技能[36]。”张力为在《运动心理学》一书中指出:“技能是人们在活动中运用知识经验经过练习而获得的完成某种任务的动作方式或心智活动方式[37]。”皮连生在《教育心理学(第三版)》中将技能解释为:“在练习基础上形成的、按某些规则或操作程序顺利完成某种智慧任务或身体协调任务的能力[38]。”周大经和曹春荣在《道路交通心理》一书中也指出:“所谓技能,是指通过练习而巩固下来并转为‘自动化’的、完善化了的动作系统[39]。”

苏联学者斯米尔诺夫在其主编的《心理学》中说:“我们把依靠练习而巩固起来的行动方式叫熟练,技能正像熟练一样,是完成行动的一种方式[40]。”他特别强调技能形成的途径与外在表现形式。英国学者Romiszowski认为:“技能是学习者为了达成某一目标用适当方式做出的行为表现,并随着学习者的经验和练习得以掌握和提高[41]。”他强调的是学习者个人的能力。

由上可知,技能是人们在后天的学习、工作和生活中经过不断地练习而获得的一项能力,它能帮助人们达成某项任务,形成遵循从陌生到熟练,再到完善的过程。另外,技能的形成不仅要注重外在的、肢体动作的练习,更要关注训练对象的内部条件和内在动机,比如认知、目的、意识能动性等。黄希庭在《心理学导论》中就指出,“各种感觉器官接受输入信息,但是只有通过动觉才能够意识到自己身体的运动[42]。”因而,感知觉正确与否,对于技能的形成有重要意义。动作练习是技能形成的基础,感知觉控制则是技能形成的关键。在技能的学习中,需要注意动作练习与感知觉控制的有效配合,进而促进学习者对所学习动作的思考与理解,最终快速而准确的加以掌握。

2. 机动车驾驶技能

机动车驾驶是一种专项技能,它是驾驶员在认知机动车驾驶基本知识的基础上,通过学习中和学习后的不断练习而最终掌握的、能够自动化运用的机动车驾驶技术。在交通技工教育研究会和汽车专业华东区委员会合编的《汽车驾驶教练方法》一书中,作者指出:“汽车驾驶技能,就是驾驶员运用关于道路、交通环境规律性的知识和经验,通过熟练的而近乎自动化了的操作技术,保证行驶安全的动作系统[43]。”刘浩学和陈克鹏编著的《汽车安全运行心理学》一书将其定义为:“运用知识和经验顺利完成汽车运输任务的一种操作系统[44]。”何树林在《用教育心理学知识探讨机动车驾驶人驾驶技能的形成规律》一文中认为:“机动车驾驶技能是驾驶人在具体的道路交通环境中,根据已经掌握的专业知识和经验,经过观察、判断所选择的实际动作,以合理完善的程序构成自动的操纵活动方式[45]。”另外,也有人将机动车驾驶技能视为一种“人—机”反馈系统,强调驾驶员根据道路交通情况信息,实现机动车操控的动力定型。

综上所述,机动车驾驶技能强调操作的系统性与自动化、驾驶的灵活性与安全性。因此,本书将机动车驾驶技能定义为:机动车驾驶学习人员在一定时间内,通过驾驶理论学习与实践操作而获得的系统性知识与经验,以保障机动车驾驶行车安全的一种自动化操作能力。

二、机动车驾驶技能分类

在 R. M. 加涅的学习结果分类中,广义的技能被分为三类,即智慧技能、认知技能和动作技能。智慧技能即运用规则对外办事的能力;认知技能即学习者内部组织起来的、用以支配自己心智加工过程的技能,该技能也被加涅称之为一种特殊的智慧技能;动作技能即运用规则支配自己身体肌肉协调的能力。基于此,多数心理学家将技能分为心智技能与操作技能两种。“所谓心智技能主要是认知活动,包括感知、记忆、想象和思维[46]。”心智技能又称认知技能,是人们头脑中借助于语言基础上的智力活动方式,注重辨别能力的培养、概念的学习以及规则的掌握和运用,例如计算、写作、阅读等。操作技能是一项习得的能力,是“按一定技术要求通过练习而获得的迅速、准确、流畅和娴熟的动作能力[47]。”操作技能也称动作技能,是借助于骨骼、肌肉和相应的神经网络,由一系列肢体外部的动作以合理、完善的程序构成操作活动方式,例如体育运动、驾驶汽车、操纵机器等。

机动车驾驶作为一项技能,同样具有心智技能和操作技能之分。机动车驾驶的心智技能是指学员通过机动车驾驶学习而获得的能够安全驾驶机动车的知识、经验和分析判断能力。当驾驶员在驾驶车辆行驶过程中,能够根据路况、规则,运用所学知识和经验,对道路上的行人、车辆以及障碍物等做出合理判断、采取有效应对,即驾驶人心智技能成熟的表现。机动车驾驶的心智技能主要通过对驾驶技能的认知、思考和分析获得,因此,在学习机动车驾驶技能时,不仅要关注学习者的动作练习,更要注重学习者的心理练习,形成知觉辨别能力,进而能够实现模式的识别。模式识别即人们能够把输入的信息与记忆中存储的模式进行匹配,进而做出恰当反应的过程。如此,对于学员机动车驾驶能力的形成必将起到促进作用。

机动车驾驶的操作技能主要指学员在驾驶技能学习中手脚乃至全身肌肉的协调运动能力,它是通过反复练习而形成的、近乎自动化的驾驶技能。从生理机制上来讲,它是大脑皮质中兴奋与抑制过程在时间和空间关系上逐渐精确协调的结果,正如巴普洛夫经典条件反射和斯金纳操作条件反射实验所强调的,在这一过程中,外部强化是技能形成的重要条件。因而,通常经过一段时间的强化训练后,学员基本上能够将一些局部、孤立的驾驶动作很好地协调起来,比如在停车起步、变换挡位、变换车道等操作动作的实现上,都需要学员经过反复多次地练习后才能加以掌握。

三、机动车驾驶技能的特征

机动车驾驶是一项技能熟练的工种,也是一项特殊的生活技术,有如下显著特征:

1. 躯体协调要求高

机动车驾驶,简而言之就是对机动车的操作与控制。在实现机动车驾驶的过程中,需要驾驶员掌握一套复杂的动作操作系统。驾驶员在驾驶车辆行驶中,必须做到手与脚的协调配合,面对路况环境的变化,能够在大脑的指挥下,做到动作操作敏捷迅速、准确到位,尤其是在路况复杂或是车辆高速行驶的状态下,躯体协调程度必须要高,否则很容易酿成意外事故,危及道路交通安全。因此,初学驾驶人员在学习驾驶时,一定要通过反复的练习以增强躯体操作之间的协调性,通过场景的模拟,提升驾驶员在危险情况下灵活、快速应对的反应能力。

2. 感官分析运用多

在初学驾驶时,学员要通过教练员的讲解、示范以及图片、影像资料的展示等方式来获得驾驶技能的信息,并由反映系统将其传入大脑皮层高级中枢,在头脑中形成初步的有关运动技能的视觉表象。在这一过程中,学员会较多地运用到感官分析能力,特别是当学员驾驶机动车处于动态教学环境中时,面对路况的变化,学员需要通过视觉、听觉将路况信息传输至大脑高级中枢,由大脑进行分析、判断,进而发出躯体动作的指令。因而,无论在驾驶技能学习时,还是拿到驾照后在实际道路上驾驶,都需要学习者具备较强的感官分析能力,以便及时准确的判断路况环境,最终实现安全驾驶。

3. 技能稳定性不足

机动车驾驶技能的形成是人的肢体、大脑、神经网络、内分泌系统等共同作用的结果,其形成机制颇为复杂,通常包括内在的思维活动和外在的身体动作,因而需要专门性、程序化的反复练习,以形成稳固的条件反射。但是,由于条件反射是通过后天的学习、训练而建立起来的,是在大脑皮质中的有关神经中枢建立的暂时性机能联系,具有不确定性。当前,学员在驾校进行机动车驾驶技能的学习，通常被划分为几个阶段，且阶段之间时间间隔较长；另外，有些人拿到驾照后的很长时间内未能开车。如此，学员的驾驶技能就会自然下降，导致技能的不稳定性。

4. 形成阶段性明显

“任何技术动作的形成都要经过泛化过程、分化过程、巩固过程最后达到自动化程度[48]。”这是大脑皮质中的兴奋与抑制在时间和时间关系上逐渐精确、协调的结果。表现在机动车驾驶技能的学习上即局部动作掌握阶段、技能联系形成阶段以及技能的自动化阶段。基于机动车驾驶技能学习的阶段性特征，当前我国的《机动车驾驶培训教学与考试大纲》将机动车驾驶学习的教学大纲分为四个部分，即“道路交通安全法律、法规和相关知识”“基础和场地驾驶”“道路驾驶”和“安全文明驾驶常识”。每部分内容培训结束后，应对学员的学习进行考核。这一方面适应了学员的生理、心理需求，另一方面也为驾校的合理教学开展提供了依据。

5. 实践应用性较强

技能学习即为达成一定目的而学习掌握相关技能。机动车驾驶技能的学习即为了掌握机动车驾驶能力，以确保在实际道路上安全、平稳、高效地驾驭车辆。相对于一般课程注重理论学习，机动车驾驶学习更加注重学习者的动手操作能力，需要学习者亲自体验、感受驾驶的过程，发掘自己的不足并加以改正，尤其是在日常道路上的驾车练习，其效果直接影响到学习者机动车驾驶能力获得的速度与质量。然而，当前驾校教练员却在教学过程中一味地压缩学员的驾车练习时间，导致原本就较为珍贵的训练课时浪费掉，进而影响学员驾驶动作之间稳定性条件反射的建立。因此，驾校必须重视实践应用教学的规范性。

第二节 影响机动车驾驶技能形成的因素

学员机动车驾驶技能的形成是多方面因素共同作用的结果。其中，主要受学员、教练员以及驾驶培训学校三方面因素的影响。学员是机动车驾驶技能学习的主体，教练员是学员机动车驾驶技能学习的主导，而驾校则为学员机动车驾驶技能的学习提供了教学设备与教学环境的保障。三者之间的相互配合，促成了学员机动车驾驶技能的习得与最终形成。

一、学员因素

1. 客观方面

影响学员机动车驾驶技能形成的客观因素，就学员自身而言，一般包括职业、年龄和性别几个方面。就职业而言，驾校学员来自各种各样的工作岗位，其职业经历的不同，导致其在机动车驾驶技能学习过程中的学习速度与质量有较大差异。有些学员可能从事机械操作、维修或对动手能力要求较高的职业，那么他们的手脚就相对灵活，动作协调性好，这就必然有利于他们驾驶技能的学习与掌握；有些学员则是长年从事文职、管理类工作，加上平时缺乏运动，手脚灵活程度、身体协调配合必然较差，因而不利于机动车驾驶技能的学习；也有些人长年从事学习或科研工作，学习能力强、领悟能力高，勤于思考、善于总结，因而在驾驶技能的学习过程中就会有较大的优势。

驾校同一般的国民教育序列学校有较大差别,所招收学员年龄悬殊,但却要在同样的教学环境下进行学习,年龄的悬殊对于学员机动车驾驶技能的学习速度影响明显。“根据认知速度在智力结构中的重要性随年龄的不同而变化的理论,年龄越小,反应越强;年龄越高,反映越弱[49]。”通过对若干驾校的调研后我们发现,年龄较低的学员明显要比年龄较高的学员技能掌握迅速,尤其表现在在校大学生与中年学员的对比中,基于此,教练员所采用的教学方法也有不同,对于前者,教练员一般会讲授得更为具体和全面,虽起初较为复杂,但便于学习者对技能的理解与精确掌握;对于后者,教练员一般会根据学员接受能力的不同,尽量简化动作要领,以最简单易懂的方式教授,以保证学员驾考合格为首要目的,虽然这种方法利于考试通过,但却不利于学员驾驶技能的真正掌握。

性别差异也是驾驶技能学习过程中不可忽视的。学员性别差异对于其驾驶技能学习的速度与质量存在较大影响。通常而言,女性在动手操作之前更加谨慎、细心,不急于尝试;男性则因好奇心和自信心较强,疏于理论学习,急于动手操作。机动车驾驶技能的学习需要有较强的动手操作能力,因而在学习过程中,男性的反应速度、力度较女性更优,男性掌握驾驶技能的速度也普遍高于女性。另外,由于女性更加细心、谨慎,男性则相对急躁、忽视细节,因而在驾驶技能掌握的稳定性方面,女性往往优于男性,这一现象尤其表现在驾驶技能学习的后期,女学员一般发挥较为稳定,而男学员则经常在动作操作中出现一些小的纰漏。

2. 主观方面

影响学员机动车驾驶技能形成的主观因素,就学员自身而言,一般包括学习动机、情感情绪以及意志力等。动机是发动、指引和维持个体活动的内在心理过程或内部动力,可以激发个人产生达到某种目的的能量。驾校学员学习动机的不同,必然会影响到其驾驶技能学习的速度与质量。在驾校学员中,有些人学习驾驶是为了将来能够从事驾驶工作,有些人是为了自身综合素质的进一步提升;有些人对驾驶充满期待,积极主动来学习,有些人则心存畏忌,实属生活、工作所迫。不同的学习动机决定了不同人的学习态度与热情,目的性强、动机优良的学员会在学习中积极主动地请教教练、百折不挠,目的模糊、动机较差的学员人则多会被动等待,对于教练员的严厉态度抵触情绪大,二者的学习速度、质量大相径庭。

学员情绪情感的起伏变化也是影响其机动车驾驶技能学习效果的重要因素之一。在驾驶技能的学习中,学员能否调控好自己的情感情绪,能否与教练员构建和谐融洽的学习氛围,在很大程度上决定了其驾驶技能学习的速度与质量。一般来说,平时情绪情感比较稳定、不容易过分焦虑的人比易激动和焦虑的人有更好的学习成绩。在初学机动车驾驶技能时,学员会经常犯错,并且很可能会重复犯同一个错误,如此,加上大多数教练员因职业倦怠而表现出的态度消极、脾气暴躁等不良教学常态,很容易导致学员与教练员之间的摩擦与冲突,倘若学员不能够很好地调控自己的情感情绪,处理好自己与教练员之间的关系,很容易影响学员机动车驾驶技能学习的速度与质量,严重者,甚至会放弃自己学习驾驶的初衷。

“意志是指一个人自觉地确定目的,并根据目的来支配、调节自己的行为,克服各种困难,从而实现目的的心理过程[50]。”一个人的意志力是其事业成功的关键。在驾驶技能学习过程中,学员间意志力的差别,同样会影响到其机动车驾驶技能学习的速度与质量。一般说来,一个人在机动车驾驶技能的学习过程中,很难一帆风顺,尤其进入所谓的“高原期”以后,其技能水平在一段时间内很难获得突破,这时,就会考验一个学员的学习意志力,意志力强的学员,多会积极找原因、找对策,迎难而上,在最短的时间内完成飞跃;而意志力较差的学员,可能更多是被动地等待教练员的指导,因而暂时或在较长时间内难以逾越"高原期",甚至认为自己缺乏学习机动车驾驶技能的素质。

二、教练员因素

1. 教练员素质

学习是双向的,尤其对于机动车驾驶技能学习者而言,教练员对于其驾驶技能的形成起着至关重要的作用。而教练员素质的高低,一定程度上决定了学员驾驶技能的掌握速度与水平,因此,必须重视教练员素质的培养。教练员作为教育者,不仅要深知自己所肩负的责任,确立为交通运输事业培养接班人的事业心和责任感,更要不断提升自己的道德品质和情操,提高自身的思想修养和业务水平。当前社会对于驾校教练员普遍缺乏认可,批评声音较多,究其原因,即教练员素质普遍低下。在机动车驾驶教学过程中,教练员怠工、偷工、浪费学员课时现象频发;面对学员初学驾驶的"笨手笨脚",动辄训人、"爆粗口";技能讲解粗略、示范不到位,心情持续烦躁、脾气经常暴躁,这些都让学员难以接近、望而却步。

另外,在当前学习机动车驾驶技能的学员中,有很大部分是高校师生和年轻白领,学员素质普遍较高,相应地也就需要较高素质的教练员。然而,就目前情况来看,驾校教练员多为从公交车、大货车等车辆退下来的中年驾驶员,未经严格的、专业化的教学培训即补充到驾校教学队伍中,因而"社会习气"较重,不能在教学过程中坚持"以人为本"。部分教练员的不规范教学与不恰当行为,给学员在学车过程中带来很大压力,严重打击了学员的学习积极性,甚至引发了部分学员中途"辍学""退学";有些学员更是为此而放弃从正规途径考取驾照,通过非法渠道置办驾驶证,最终为道路交通安全埋下隐患。所以,驾校及有关行政管理部门必须严抓教练员素质,以教练员职业道德建设作为规范驾校管理的首要突破口。

2. 教练员技能

俗话说,"师傅领进门,修行在个人"。领路人的作用不可低估,但只有合格的领路人才能真正发挥领路人的作用。作为师傅,首先要对传授的技能做到烂熟于心、信手拈来,如此才能达到授技予人的目的。以江苏为例,当下,江苏地区驾校共有 67000 多名教练,但并不是每一名教练都能正确掌握机动车驾驶的动作要领以及教学规范,很多教练员在拿到教练员从业资格证之后即放松了对自己的要求,在工作岗位上混混日子、消耗时间,而不是对教学方法进行深入的研究、学习。在驾校教学过程中,多数教练员撇开教学大纲,完全按照自己的套路教学,以致学员在面对不同的教学方法时无从选择,不仅打乱了学员已有的条件反射,而且使得学员技能动作地掌握不规范、不标准。

对于初学驾驶的学员而言,教练员所教的技能要领知识就是学员需要遵循的"金科玉律",学员多会尽自己最大的努力按教练的要求去做。然而,教练员的驾驶技能掌握水平与标准并不一致,版本多样。一个技能讲授到位、示范标准的教练员,必定有助于学员规范驾驶要领的获得;而一个驾驶技术掌握不到位、讲授随意性大的教练员,必定会让学员在驾驶技能的学习中无章可循,难以掌握规范的技能动作,影响学员各项驾驶技能动作之间联系的形成与稳定,进而影响学员机动车驾驶技能最终的熟练掌握。

3. 教练员授课

关于机动车驾驶培训教学方法与技术，上一章已经详细阐述，在此，简要谈谈教练员授课的技巧对于学员掌握驾驶技能的影响。实现技能的传递必须基于施教者与受教者的有效沟通，其沟通方式一般来说包括讲解与示范。机动车驾驶技能的学习尤其如此，不仅需要教练员详细的讲解，更需要教练员反复耐心的示范，如此，才有助于学员技能的提高。可以说，驾校教练员授课水平的高低，直接决定了学员机动车驾驶技能的获得与质量。适合从事教学工作的教练员，在教学过程中对于授课内容的安排、讲解方式与技巧的处理等都会控制得很好，学员易于接受；而有些教练员，虽有满腹的机动车驾驶经验，却不擅长表达，不适合教学，因而难以将“真经”传授于学员。

教师授课水平的高低有赖于教学内容、授课方式及其与学生的有效沟通等诸多方面。因此，驾校教练员首先必须充分掌握教学内容，严格按照教学大纲和教学目标拟定教学计划；其次，教学语言务必准确、规范，简洁凝练而富有逻辑，尽量使用普通话教学，减少因方言教学而造成的沟通不畅；再次，教练员在技能讲解、操作示范过程中应主动与学员进行沟通，而不是个人“独白式”的讲授，以便及时掌握学员的学习效果；最后，教练员在教学中应坚持循序渐进、逐步整合的教学方式，从而保证学员驾驶技能得以逐步提高、不断协调。然而，当前驾校普遍推行预约培训模式，教练员易动性大，教学标准难于统一，使得初学驾驶的学员难于找到遵循的标准，不利于其技能动作间联系的定位与条件反射的形成。

三、驾校因素

1. 教学设备

所谓“巧妇难为无米之炊”，机动车驾驶技能的学习离不开配套教学设备的保障。当前驾校均配备了满足驾校办学的基本教学设施，部分驾校甚至添置了一些利于教练员教学开展和学员驾驶技能形成的教学设备。但也有不少驾校坚持“最小投入最大产出”的“硬道理”，在驾校经营成本上严格控制、厉行节约，尽量少添置额外的教学设备。比如机动车驾驶模拟器，不仅有利于初学驾驶人员模拟机动车驾驶，而且有助于节能减排，但截至目前，我国大多数驾校配置不足，甚至没有配备。另外，多数驾校教学设施更新滞后，现有教学设备缺乏维护，不利于学员驾驶技能的学习。

教学设备不仅要完备，更要做到物尽其用。当前，一些驾校较为齐全地配备了各种教学设施，其中不乏一些先进的教学器材，但驾校更多地将其用来装点门面、应付上级领导检查、完成星级评估任务，较少投入到实际教学当中，甚至一些教学人员都未能完全掌握教学设备的操作与使用技巧，最终造成资源的闲置与浪费。教学设备是教练员与学员完成教学任务、实现驾驶技能传递的媒介，因而是驾校教学的重中之重，只有对教学设施进行科学合理配置、物尽其用，才能产生最佳的教学效果，才有利于学员机动车驾驶技能学习速度与质量的提升。

2. 驾校管理制度

制度是一种行为规则和活动空间、范围，它不仅约束人们的行为，又可为人们提供自由活动的空间[51]，驾校管理制度是促进和保障驾校正常运作的基础。当前我国驾培行业法制建设相对滞后，法律法规较少，管理缺乏力度与效度。在这种环境下，对于驾校自身的发展与建设,保留了相对较大的空间;但发展环境的不确定性,也让不少驾校学会了钻法律制度的空子,导致驾培行业发展的"乱象",比如盲目制定的恶性竞争策略,伤己不利人的价格大战,最终既不利于驾培行业的健康发展,也会影响到驾校学员机动车驾驶技能的教学。

此外,当前驾校内部的规范化管理程度较低,有些驾校虽然制定了管理制度,比如对于教练员的考核,甚至有详细的绩效考核标准,但在执行上依然力度不够,最终导致教练员工资差别不大,难以调动其工作积极性;有些教练员在教学中毫无责任心,态度恶劣,而驾校却缺乏有效的淘汰机制,必然会影响到学员驾驶技能的学习。另外,驾校普遍关注与效益密切相关的招生人数,却忽视了驾校内部管理制度的建设。殊不知,管理制度也是一种重要的价值,完善的管理制度,能够保证教练员工作的认真负责,调动其工作积极性,进而促进学员驾驶技能掌握的速度与质量,提高学员驾考合格率,必将带来较高的社会认可度,自然也就给驾校带来了源源不断的经济收益。

3. 环境氛围

课堂教学的环境氛围与教学质量的好坏有着直接的关系,良好的环境氛围是各项教学工作有序开展的必备条件之一。良好的环境氛围有助于教学效果的提升与教学目标的实现。驾校是驾校员工工作、生活的载体,也是学员学习驾驶技能的平台,其环境氛围包括看得见的诸如车辆学习的场地、规模,植被的覆盖及绿化面积的多少等外在环境因素;也包括诸如员工精神风貌、领导与员工关系、学员学习热情以及企业价值理念等内在环境因素。驾校环境氛围取决于其办学理念与办学水平,也是其办学生命力的直接体现,对于驾校的建设、教学工作的开展等各方面均起着至关重要的作用。

驾校看得见的环境规划,比如场地科目设置的紧凑程度就决定了学员在场地内的驾驶距离,影响到学员驾驶技术的充分发挥;驾校是否拥有花草树木以及花草树木的种类与多少所带来的色彩变化、空气的清新程度也会对教练员教学的态度与工作热情产生影响,且有助于缓解学员初学驾驶的紧张与不适。驾校的内在办学理念与核心价值观则是驾校的生命力之所在,优质的办学理念与核心价值,有助于塑造敬业的员工,而高工作满意度的员工将会全身心地投入到教学工作当中;低工作满意度的教练员只会把消极抵触的情绪带到工作中,给学员带来学习压力,打消学员的学习积极性,进而影响学员掌握机动车驾驶技能的速度与质量。

第三节　机动车驾驶技能形成的阶段

任何一项技能的学习都不是一蹴而就的。"运动技能的学习是一个复杂的神经过程,神经通路与突触的可塑性是运动技能学习的神经基础[52]。"动作技能的形成过程实际上是大脑皮层建立暂时神经联系的过程,这一过程是具有鲜明的阶段性。

金泰尔(Kintyre)在1972年提出了操作技能学习的两阶段模型,该模型主要基于学习者在每一阶段学习目标的不同而提出,"第一阶段也叫'最初阶段',这一阶段的技能学习者有两个重要的目标需要完成:一个目标是获得运动协调模式;另一个目标是在练习时学会区分所处环境中的受限条件与非受限条件。第二阶段也叫'后期阶段',这一阶段的技能学习者要获得三种主要特征:一是发展运动模式能力,以适应不同的操作情景;二是提高完成技能目标的一致性；三是学会经济有效地控制技能的方法[53]。”

费茨和波斯纳(P. M. Fitts, M. I. Posner, 1967)将人类学习动作技能的一般过程概括为三个阶段：认知阶段(cognitive stage)、联系形成阶段(associative stage)和自动化阶段(autonomous stage)。在第一阶段，技能学习者的注意力将集中在以认知为主的问题上；第二阶段，技能学习者的主要任务是使适当的刺激与反应形成联系；第三阶段，技能学习者已不需要将注意力集中在操作技能本身上，技能已成为自动化了的、习以为常的事情。

运动技能的形成是一个连续的、渐进的过程，根据运动生理学的条件反射学说，可将运动技能形成的过程分为：泛化、分化、巩固提高三个时相，或是泛化、分化、巩固提高与自动化四个阶段。也有人将之分为认识阶段、联系形成阶段和自动化阶段，或者认知、建立联系、巩固定位、自动化四个阶段。机动车驾驶作为一项基本的技能，其形成同样具有阶段性，根据《机动车驾驶培训教学与考试大纲》的要求，多数驾校将机动车驾驶技能的学习课程设置为：理论学习、模拟训练、基础路训、高级路训、考前训练这样几个阶段，并在不同阶段对学员有重点地进行训练。

基于此，本书将机动车驾驶技能形成的阶段归纳为：基本技能认知阶段、局部技能掌握阶段、技能联系定位阶段以及技能的自动化运用四个阶段。

一、基本技能认知阶段

1. 基本技能认知阶段驾驶技能形成的特征

机动车驾驶技能学习的第一项任务即基本驾驶技能的认知，任何人想要获得一项技能，首先必须要了解该项技能，清晰的认知是实现目标的前提。因此，驾驶技能学习者首先应理解自己的学习任务，了解机动车驾驶的特点与学习方法，并能够基于自身所具备的基础与条件，在大脑中形成一个达成目标的可行性方案。在驾驶技能形成的最初阶段，一些新异刺激会通过导入系统传入到大脑皮质，引起相关中枢神经元的强烈兴奋。但此时大脑皮质内的抑制尚未形成，兴奋与抑制过程依照大脑皮质本身的运动规律而扩散，条件反射暂时不能稳定确立起来。以致学员在驾驶学习中较为紧张、容易出错，多数情况下，甚至自己的动作出现了错误，都未能觉察到，具体表现为动作僵硬不灵活、多余动作多、动作不连贯、视野狭窄、能耗量大等。但经过教练员反复的动作讲解与示范，以及学员对于单一动作的多次模仿练习，这种紧张慌乱的现象将逐渐得到缓解。

机动车驾驶基本技能认知阶段的学习主要包括理论知识讲授、模拟训练(部分驾校无此项课程安排)以及实际训练三项内容。首先，学员将在老师的带领下进行6～12个学时(每学时60分钟)的课堂理论知识学习，内容会涉及道路交通安全法规、机动车基本知识等，最终将在学员头脑中形成初步的驾驶技能框架；其次，待科目一考试通过后，学员会在机动车模拟器上进行模拟路训，让学员感知驾驶技能，初步了解驾驶时应该注意什么，自己经常会犯什么样的错误等，并有机会对自己在理论学习中形成的动作意向进行检验；最后，学员将进入实际操作驾驶阶段，在该阶段，科目二和科目三可交叉训练，教练员会拿出一定的时间让学员熟悉机动车驾驶的各项操作要领，然后使学员能够准确地控制车辆的行驶位置、速度和路线，并能根据不同的道路交通状况安全驾驶。

2. 基本技能认知阶段驾驶技能教学的方法

根据学习者在基本技能认知阶段的生理、心理特征，这一阶段的主要教学任务即建立学员对于正确驾驶技能的表象和概念，使得学员在具体操作时能够尽量减少、甚至排除多余的动作，通过反复不断地练习初步掌握技能的操作规范。教练员在教学过程中，应抓住技术动作的主要环节，针对学生在练习中存在的主要问题进行重点讲解，而不应过多强调动作细节，动作示范力求熟练准确、轻快优美，简化动作要求，并加强指导和帮助，消除紧张害怕、缺乏信心的防御性反射。在这个阶段教学中，应以讲解示范法为主，伴以练习，让学生体会动作的过程和要领，初步建立动作的概念[53]。

从生理学角度而言，人们学习技能会涉及两个信号系统，第一信号系统借助于人体视觉感官直接刺激引起大脑皮质的机能活动，在大脑意识中形成整个技术动作的初步概念，并在中枢神经系统留下“痕迹”；第二信号系统借助于语言、思维、文字等引起大脑皮质的技能作用，留下“印记”。基于两个信号系统的作用，再加上反复的讲解与示范，就会在大脑皮质中建立条件反射，并不断得以强化，从而促使学习者快速正确地掌握动作技能。在驾驶技能的教学过程中，教练员应该充分注意到两个信号系统的作用，交替使用讲解与示范教学策略，与学员多沟通交流、勤示范演练，以建立并不断强化学员所学驾驶动作之间的联系。另外，学员也应该积极主动地参与到教学当中，仔细听讲、认真观察、积极互动、总结反思，不断去检验、纠正自己在习惯中形成的动作意向，而不仅仅是被动地接受灌输。

二、局部技能掌握阶段

1. 局部技能掌握阶段驾驶技能形成的特征

在局部技能掌握阶段，随着驾驶技能练习的持续和深入，学员对驾驶技能的内在规律已有了初步的理解，对所学技术动作的概念和分析能力，感知觉意识更加准确，大脑皮质的兴奋和抑制在时间、空间上日趋完善。学员在练习中的紧张程度有所降低，错误动作部分得到了纠正；并且，动作之间的相互矛盾和干扰也相应减少，学员能够比较顺利连贯地完成某些局部驾驶动作，初步建立了动力定型。然而，动力定型尚不稳固，当受到新异或强烈刺激干扰时，多余或错误的动作就有可能再次出现。因此，该阶段的教学任务主要是：保证学员能够在粗略掌握驾驶动作的基础上，进一步消除多余的、错误的动作；加深对驾驶动作各部分内在联系的理解，体会和掌握驾驶动作的细节；建立正确的动力定型，提高动作技能的协调性与稳定性，促使动作技能更加准确、完善。

机动车驾驶局部技能掌握阶段的学习主要分“基础和场地驾驶”和“道路驾驶”两个阶段，在此期间，学员将在教练员指导下具体学习机动车驾驶的每一项常规技能，包括倒车入库，侧方停车、坡道定点停车和起步、曲线行驶、直角转弯，以及在道路驾驶中的挡位变换、油离配合等。这些局部驾驶技能的掌握是机动车驾驶技能形成的关键，学员只有掌握了这些分散的、局部的动作技能，才能为其机动车驾驶技能的最终掌握打下坚实基础。这也是当前驾校为何投入大量时间、精力于局部技能掌握阶段的原因所在。

2. 局部技能掌握阶段驾驶技能教学的方法

局部技能掌握阶段的驾驶技能教学，重在纠错，以确保建立稳固、精确的动力定型。为此，教练员必须做到精细讲解、标准示范，学员必须做到勤于练习、善于思考。教练员要多运用直观的教具辅助教学,抓住关键仔细讲解;注重对于学员的启发诱导,让学员主动寻找适合自己的驾驶操作要领;在动作示范上,采用正误对比示范方法,加深学员对动作技能的理解。当在练习中出现错误动作时,可通过示范教学法、分步教学法进行,逐一克服,以建立起正确的、稳固的动力定型。在局部动作技能的学习中,教练员应根据每一位学员的学习效果进行具体指导,对于学员每一次的操作进行指导、评价,帮助学员将动作技能的标准内化为自己的认知。在局部技能的学习中,尤其要注重培养学员的自我学习能力,能够让学员针对具体情况进行动作的调整和转换,进而不会因为考试换场地、换车型而无从应对。

"从生理学观点讲解示范只能使学生对技术动作建立一个大致的概念,而精细的分析必须通过语言思维来实现[54]。"在动作技能形成过程中,条件反射的形成基于两个信号系统间的相互作用,语言在这个过程中发挥了很大的作用,也就是说,第二信号系统在动作技能的形成中起了主导作用。因此,教练员在教学过程中,必须注意观察学员第一、第二信号系统的活动,并能够运用恰当的语言予以适当的强化,以提高学员大脑皮质的兴奋性,发挥第二信号系统的作用,促进运动技能的形成。另外,根据学员的学习进度,揭示驾驶技能的内在规律,对驾驶技能的难点和关键点进行分析,以提高学员分析问题和解决问题的能力。

三、技能联系定位阶段

1. 技能联系定位阶段驾驶技能形成的特征

经过前两个阶段的学习,再加上技能联系定位阶段的反复练习,驾驶技能的动力定型已经基本得以巩固。大脑皮质的兴奋与抑制过程更加集中,各个驾驶动作联合成为一个有机系统,并且稳定下来,即便在环境条件改变和干扰刺激出现时,动作也不会轻易受到破坏。各项驾驶动作相互协调,并且能够按照操作顺序以连锁反应的方式实现。学员在完成驾驶动作时,意识的参与降到了最低程度,而且某些动作技能以自动化的出现,学员会感到非常省力、轻松和熟练。但是,机动车驾驶技能发展到这一阶段,并不意味着结束,仍然必须不断练习巩固、精益求精,使动力定型更加完善和巩固。否则,学员的驾驶技能就难以获得进一步突破,甚至还会在时间的流逝中消退。因而,学员在该阶段的主要任务就是技能的巩固联系。

机动车驾驶技能联系定位阶段的学习主要发生在科目三道路驾驶阶段,在该阶段,学员将会更多地在驾校综合路训道路或城市道路上进行练习,根据路况变化及时做出恰当反应,发现并消除自己在技能转换时的多余动作,或者进行有针对性的强化训练,逐渐消除自己在过去学习中的习惯干扰,进而掌握科学标准的驾驶技能操作要领。例如,已经掌握农用拖拉机驾驶的农民,驾驶自动挡小汽车在道路上驾驶时,仍想着先踩离合器后加减挡位,而自动挡小汽车并没有配置离合器,因而必须加以强化练习。

2. 技能联系定位阶段驾驶技能教学的方法

技能联系定位阶段的驾驶技能教学,主要任务即巩固发展已形成的动力定型。在该阶段,学员前一阶段掌握的局部驾驶动作将被综合成更复杂的动作系统,在练习过程中,教练员必须强化动作细节,进行精细分化,培养学员准确、灵活、连续驾驶机动车的能力。在教学方法上,可采用重复练习法、循环练习法或完整联系法进行教学,从而不断改进和提高驾驶动作的各个细节,强调动作技能的完整性、协调性、连贯性。比如,原定"百米加减挡"的练习,百米内完成合格,那么在训练时就可以要求学员在90米、80米甚至更短距离内完成,这样,就能很好地锻炼学员的技能协调性与连贯性。

另外,教练员还应指导学员加强驾驶技能理论知识的学习,进一步认知和掌握机动车驾驶技能动作的内在规律。技能联系定位阶段的一个显著特点就是学员心智技能的逐步形成和成熟,在学员操作技能不断提高的同时,教练员必须注重其心智技能的培养,培养学员对道路交通信息的观察、分析、判断和处理的能力,促使学员形成道路交通安全驾驶的知觉能力。

四、技能自动化运用阶段

1.技能自动化运用阶段驾驶技能形成的特征

随着学员驾驶技能的不断巩固和发展,一系列分解动作、局部技能逐渐被整合成为一个紧密联系的系统,各动作间的连贯性与协调性稳步增强,并且能够按照准确的顺序以连锁的方式实现,整个操作过程如同自动化完成。所谓自动化,就是在做某一动作时,能够在无意识的条件下完成。在该阶段,学员的视觉控制作用将逐步被肌肉感觉的自动化控制所取代,面对复杂路况,学员能够熟练地停车起步、变换挡位。然而,驾驶技能的自动化并非一直处于无意识条件下进行,当接收到外界异常刺激时,大脑皮质的兴奋就会提高,进而对习得的动作产生意识;另外,由于学员在驾校的学习时间有限,其自动化水平只能保持在较低层次。因此,在驾驶技能初步实现自动化运用后,仍应勤加练习、精益求精。

机动车驾驶技能自动化的实现主要发生在科目三考前训练阶段或者拿到驾照后的一段时间内。当驾驶技能实现自动化运用后,各动作环节间的条件反射已较为稳固。而稳固的动作技能可由大脑皮质的抑制区或兴奋性较低的区域来完成,这样,第一信号系统的活动就可从第二信号系统的影响下相对地"解放出来"。在自动化完成驾驶动作时,第一信号系统有限度地或干脆不向第二信号系统传递兴奋,这时动作就处在低意识或是无意识状态下。在驾驶技能实现自动化后,第二信号系统的活动就可摆脱第一信号系统的束缚,随着路况环境的变化,更加灵活地调整驾驶操作动作。如乒乓球运动员在熟练掌握各种基本技术动作后,就会根据比赛的具体情况,专注于战略战术的选择与运用,将已熟练掌握的单个技术动作组合成克"敌"制胜的"组合拳"。

2.技能自动化运用阶段驾驶技能教学的方法

技能自动化运用阶段的驾驶技能教学,其主要任务是:进一步巩固学员已形成的驾驶动作动力定型,使学员能熟练、轻快、省力地完成驾驶动作,并能在各种复杂的路况环境下灵活应对、运用自如。在教学方法上,教练员应对学员施以系统完整的驾驶技术练习,严格要求动作技术的连贯性和完整性;同时,综合运用各种练习方法,比如对抗竞赛练习、变换练习、循环联系等,促使动作更加熟练、准确和完善;另外,还可根据学员个人的具体情况,有目的、有针对性地进行科学训练,比如可以适当改变练习的环境、器材、条件以及动作技能的组合、运动强度等,以促使学员能在不同环境和条件下,正确熟练地完成技术动作,使已经形成的动力定型、驾驶技能的自动化程度得到更好的提高和发展。

另外,也可从以下几方面促进学员机车驾驶技能的自动化运用:第一,从始至终的严格、认真教学,教练员始终要坚持对学员进行标准化训练,注意观察学员每个动作的细节,发现不规范之处要及时予以纠正。第二,充分保证学员在驾校学习驾驶的课时,严禁教练员在学员上课期间"怠工""误工"、"拖沓"等浪费课时现象的发生。第三,教练员在教学过程中,要对学员正确、优美的动作适时予以言语激励,促使学员大脑皮质对于正确规范动作的条件反射更强烈,动作动力定型更稳固。此外,为实现驾驶技能的自动化运用,学员也必须严格要求自己,珍惜每一次练习机会,在练习中逐渐提升自己对于驾驶技能的认知水平。

机动车驾驶技能形成过程中的四个阶段是连续的、有机统一的,各阶段之间并无明显界限,每一阶段也无固定长短。在整个教学过程中,教练员应把它们看成一个完整的系统,采用循序渐进的方式,有计划、有目的、分步骤进行教学;对于各阶段训练时间与比重的安排,要视学员掌握技术的具体情况而定,切忌盲目无章、"一刀切"式的教学方法。总之,教练员要与学员携手合作,渐进完成每一阶段的教学内容与目标,不断提高和完善学员机动车驾驶技能,以便学员驾驶技能的形成,最终实现自动化运用。

第四节　机动车驾驶技能形成过程中的规律

所谓规律,是指事物之间内在的必然联系,决定着事物发展的必然趋向。机动车驾驶是一个复杂的操作系统,各动作之间的内在联系,决定了机动车驾驶技能形成的规律。虽然学员学习机动车驾驶技能的基础不同、能力有别,但在《机动车驾驶培训教学与考试大纲》的引导与规定下,当前我国驾校培训模式的同质化倾向较为明显,甚至具体方法和手段也大同小异,因而学员在机动车驾驶技能的学习过程中体现出较多共性,也就有共同学习规律可循。

一、技能学习遵循从局部单一到整体协调的规律

技能是人们通过练习而掌握了的自动化的、完善的动作系统,其形成是一个复杂的学习过程,尤其操作系统的最终建立与完善,需要我们掌握好每一个动作细节、协调好身体运动器官并强化相关的感知觉意识。机动车驾驶技能的学习即一个复杂的系统工程,学习者不但需要了解机动车的结构、操作零件的功能与特点,而且需要在机动车驾驶过程中保证自身肢体动作与机动车操作零件的高度吻合。因此,学习者在机动车驾驶技能的学习过程中,必须从局部单一的驾驶动作学习开始,充分掌握每一项动作的操作规范,进而建立各局部动作之间的联系,最终实现机动车驾驶操作动作的整体协调,达到掌握机动车驾驶技能的最终目的。

机动车驾驶技能学习从局部单一到最终实现整体协调是一项普遍的规律,基于此,可从以下几方面进一步完善学员机动车驾驶技能的学习:第一,正确认识机动车驾驶技能学习,坚持由简到繁的学习方法,在初学驾驶时,部分学员会因机动车驾驶学习的动态性、复杂性而对机动车驾驶学习预期难度较大,挫伤学习信心,所以,在初学驾驶时,学员应保持客观、理性,消除畏惧心理,从基础学起、步步为营。第二,扎实掌握局部单一动作技能,切勿盲目求快,学员在刚开始学习局部单一驾驶动作时,学习速度看似很快,实际上学员在动作细节地掌握以及动作的协调上存在很多不足,这时,学员一定要勤加练习、巩固提升,而不是一味求新、求快。第三,强化技能联系定位,注重反馈、反思、总结,技能联系定位阶段是机动车驾

驶技能实现整体协调的重要环节，在该阶段，学员应根据每一次练习的具体反馈情况，认真反思不足、总结经验，不断提升动作协调效果。

二、技能掌握进度遵循由快到慢、巩固提升的规律

一般说来，人们对于一项新的动作技能的学习，起初多会由于兴趣爱好使然，学习热情高涨、接受速度较快；然而，随着对动作技能的深入了解与学习，会遇到各种各样的技术难题与困惑，有时甚至长时间难以解决，那么，技能的学习与掌握也就自然会慢下来。机动车驾驶技能的学习同样如此。当前，以汽车为交通工具的群体正在迅速膨胀，汽车驾驶已成为年轻人必备的一项技能。因此，多数年轻学员对于机动车驾驶技能学习抱有非常高的热情，在基本技能认知阶段的学习领悟速度普遍较快；然而，当学员进入以高级路训为主要内容的局部技能掌握阶段或技能联系定位阶段后，复杂的细节问题与动作系统让学员短时间内难以掌握，学习热情因此明显下降，多次尝试的不理想、教练员的训斥，更让学员信心不足、情绪低落，以致部分学员完成科目二考前训练后，一些动作技能仍然不能较好地掌握。

机动车驾驶技能掌握进度的规律主要受两方面因素的影响：一是教练员对于学员驾驶技能的培养即遵循从简到繁、由易变难的循序渐进原则，因此，学员在第一阶段的学习中自然会比较顺利，自我满意度高；然而，当学员进入局部技能掌握阶段或技能联系定位阶段时，需要将局部单一动作整合成连贯动作，并且在广度和深度上都对学员提出更高要求，动作技能较为复杂、烦琐，导致学员在短时间内难以有效突破。二是学员从进入驾校学习到拿到驾照的时间普遍在三个月以上，有些学员因工作、学习较忙，时间跨度可能在半年，甚至一年以上，加上驾校教车辆数量有限、排队上课现象严重，导致学员上课间隔时间较久，前一阶段习得的技能在下一次课到来时可能就已经遗忘，久而久之，学员会发现驾驶技能学习颇费气力。为此，学员要对学习进度由快到慢有正确地认识，坚持科学练习，不断巩固提升。

三、技能学习遵循从机械模仿到灵活掌握的规律

技能学习的机械模仿是指学员在机动车驾驶学习过程中“唯书本论”“唯教练论”的体现，其驾驶技能的学习简单依赖教科书规定或是单纯依赖教练员的口述标准。驾驶技能学习的机械模仿，忽视了学员自主学习意识地培养，即便一时间内“学会”了某项技能，但换了车、换了场地，其机械模仿的驾驶动作就难以适用。技能学习的灵活掌握是指学员在机动车驾驶技能学习过程中“不唯书”“不唯标准”的体现，其动作技能学习注重在书本学习和教练指导下的自我认知与探索。初学驾驶时，学员一般都会机械地去模仿教练员的驾驶动作，尤其一些从未接触过机动车驾驶的学员，但随着他们练习次数的增多以及实践体验的丰富，起初的机械模仿意识会逐渐退却，而面对路况、场地、车型改变的灵活应变能力将逐步提高。

世界上没有永恒不变的标准，标准亦有时间和空间的局限。然而，初学驾驶的学员由于紧张和对车辆的陌生，急于找到驾驶车辆的标准，因而对教科书和教练员的“圣经”机械模仿，有些学员甚至因为教科书版本内容的不同和教练员教学规范的差异而感到苦恼。科目二考试通过率一直以来相对偏低的原因，其中很重要的一个方面就是学员学习驾驶技能的场地与驾考场地的分离。为此，学员必须在以下几个方面加深认识：第一，机动车驾驶技能

的学习,虽然较为复杂,但只要认真练习即能成功;第二,机动车驾驶技能的学习没有恒定不变的标准,其掌握进度与效率多会因人而异,应寻找最适合自己的学习方法;第三,教练员在学员驾驶技能的学习中扮演者"引路人"的角色,机动车驾驶技能的最终掌握关键在于自己。

四、技能学习遵循"做中学"与"学中做"相结合的规律

著名教育家陶行知先生提出"做中学,学中做"的思想,强调"教学做合一"的生活教育方法,并将"做"视为核心。在上一章中,我们也将"做中学"视作驾校教学方法的指导思想。单纯的理论教学只是空中楼阁,而一味地实践探索也难以掌握背后的真谛。对于机动车驾驶技能的学习而言,尤其如此,机动车驾驶技能的学习非实践教学而不可为之,该项技能的学习,首先要强调"做中学",在练习的过程中去体验机动车驾驶,并通过不断地尝试来克服不足,掌握机动车驾驶的能力。同时,机动车驾驶技能的学习也需要强调"学中做",在实践操作之余,学员应了解驾驶背后的基本理论知识,运用驾驶理论和经验指导驾驶实践,从而让实践更有目的性。因此,为更好地促进学员机动车驾驶技能的学习,应该坚持"做中学"与"学中做"相结合的教学策略。

为将"做中学"与"学中做"相结合的教学理念应用到驾校教学当中,可从以下几方面入手:第一,驾校应向教练员强调这样的教学理念,对教练员在教学中如何应运加以培训,帮助教练员理解并认可其重要性,从而保证"做中学"与"学中做"教学理念的贯彻落实。第二,坚持"做中学"在驾校教学中的优先性,机动车驾驶技能的学习重在实际操作练习,学员只有真正地去驾驶机动车,才能去体会驾驶的感觉、发现自己的问题,进而加以解决。第三,坚持"学中做"在驾校教学中的辅助性,机动车驾驶实践操作的背后是驾驶理论知识的指导,学员只有掌握了机动车驾驶的理论知识,才能对驾驶有更加清晰、完整的认识。第四,在驾驶技能教学中,教练员需与学员建立良好的教学合作关系,组成教学共同体,从而为"做中学"与"学中做"相结合的教学理念创造最佳的实施环境。

五、路况应变意识遵循从无到有、由弱变强的规律

意识是人脑对客观实际的能动反映,人们通过感观收集现实中的信息,并在大脑中进行综合、比较、分析,最终形成处理问题的方法。路况应变意识是指驾驶员在机动车驾驶过程中,基于路况环境的复杂变化,自觉选择和合理运用已习得驾驶技能的一种应激反馈和支配能力。初学驾驶的人,由于对机动车驾驶缺乏了解,面对路况环境的突然变化,一开始缺乏应对意识,但通过教练员的讲解以及自己的重复练习,这种应变意识就会逐渐培养起来;另外,初学驾驶的人由于各项操作技能未能在头脑中建立动力定型,缺乏联系,因而其路况应变意识一般比较弱,但随着练习次数的增加,各种路况应变模型就会在其头脑中逐渐建立起来,并加以稳固,当再次遇到相同的路况,驾驶人就会自动做出对应的动作。

驾驶人路况应变意识的强弱决定了其驾驶技能的高低,也决定了其行车的安全性。如何更好地培养一个学员的路况应变意识,以提升其驾驶技能和驾驶安全性,可从以下几个方面入手:第一,强化相关理论知识的教学,突出理论的可操作性,实现教学内容由抽象到具体、由模糊到清晰、由简单到复杂,循序渐进以不断加深教学内容的深度;第二,强化视听觉

感官刺激,增强学员视听觉接受能力,促成较为牢固条件反射的建立,以强化应变意识;第三,运用案例教学法,以生动、具体、鲜活的案例刺激学员的大脑皮质,以留下较为深刻的印象;第四,在课题或案例教学中,给予学员多种结果和可能的预设,通过循环反复的教学增强学员应对每一种结果和可能的思维能力,进而强化、提高其道路应变意识。

六、技能学习中的"高原期"现象与技能迁移规律

技能学习中的"高原期"现象是指学员在机动车驾驶技能学习过程中,其已学习技能在短时间内停滞不前,甚至有所退步的现象。在交通技工教育研究会和汽车专业华东区委员会所著《汽车驾驶教练方法》一书中,作者指出:在动作技能形成过程中,练习中期往往会出现进步暂时停顿现象,这就是练习曲线上所谓的"高原期"。这种现象普遍存在于学员的驾驶技能学习过程中,集中发生在高级路训后期以及科目二考前训练阶段。"高原期"现象是学员在机动车驾驶技能学习过程中的一种正常现象。该现象的出现主要是因为:第一,这一时期主要考察学员综合技能的灵活运用与协调配合,是技能联系定位形成的关键阶段,是对前面所学知识的检验与更高水平的要求,难度较大;第二,学员前后学习时间有间隔,技能的陌生与遗忘使得从局部单一动作学习到整体协调技能的掌握存在短时的过渡期;第三,当学员开始系统地操作动作技能时,面对技能要求的提高和突发情况的变化,会受紧张情绪的影响。因此,教练员在本阶段要对学员再次、甚至多次地详细讲解、示范动作技能,多鼓励、少批评;学员也需要正确认识自己,认真听取教练指导意见,勤加练习、总结反思。

一般说来,技能学习会受到学习者已有知识经验和技能的影响,可以说,只要有学习,就存在迁移。在日常生活中我们会发现,学会骑自行车的人更容易掌握摩托车的驾驶技能。在机动车驾驶技能的学习过程中,学员的职业类别会在一定程度上影响其驾驶技能的学习速度与质量。在某驾校,有甲乙两人同在一辆教练车上学习,甲是某汽车修理厂的学徒工,乙是某公司文秘,二人的驾驶技能学习速度存在明显差异,甲只需教练简单点拨即可,而乙则需要教练反复演示和指导。当下,驾校如何在驾驶员培训当中关注到技能迁移并能有效加以利用,对于驾校和学员都具有重要意义。为此,驾校可根据学员所从事职业对学员进行分类,然后根据学员职业配备师资,一种方法是将学校优质师资力量配备给对驾驶技能陌生的学员,保证这一类学员驾驶技能的学习进度;另一种方法,驾校可将对驾驶技能陌生的学员与对驾驶技能熟悉的学员组成学习共同体,通过学员之间的相互交流与学习,减轻教练员的工作压力。驾校也可根据自身实际情况选用具体驾培方法,促进驾校培训效率的提高,如此,不仅有利于学员驾驶技能学习速度与质量的提升,而且有利于驾校提高运营效益。

第六章

机动车驾驶培训学校集约化经营探析

近年来,我国机动车发展迅猛,学习驾驶的人数快速增长,驾培市场呈现出迅速发展的态势。以江苏省为例,截至2017年8月,全省私家车保有量达952万辆,随着学习机动车驾驶人员的增多,全省机动车驾驶培训学校也迅速上升为960多所,教练员67000多名,基本满足了社会对驾驶培训的需求。但驾驶培训行业也存在一些亟待解决的问题。因为这些问题的存在,影响到驾校培训行业的长远发展。本章主要结合调研的情况,剖析驾校的集约化经营问题,力图通过以下讨论,对当前驾培行业在集约化经营方面存在的问题,以及如何通过集约化的经营转型来解决这些问题做一梳理和探讨。

第一节　当前驾培行业发展存在的问题

所谓行业,一般是指生产同类产品、具有相同工艺过程或提供同类服务的经营单位或个体的组织结构体系。任何一个行业都遵循着由自然资源简单利用和低级的人工劳务输出,逐步向生产与组织的规模化、资本化、科技化转型,产品与服务品质亦在这一过程得以提升。伴随着机动车保有量的快速增加,江苏省的驾培行业的规模迅速扩张。无论从行业产值、服务范围、就业数量等方面而言,驾培行业对社会经济发展的影响已越来越大。但不容忽视的是,就整体而言,江苏省的驾培行业到目前为止,仍处在外延扩展的粗放经营阶段,集约化水平较低,无论在整体规划、行业管理、资源利用方面,还是在服务品质、品牌塑造、企业经营方面,仍存在较大的改进空间。通过对调研材料的分析,我们认为,江苏省驾培行业在集约化经营方面主要存在以下问题。

一、驾培市场发育不均衡,存在供需失衡的现象

伴随着近些年驾培需求井喷式增长状况,江苏省的驾培行业规模扩张很快。但同时,江苏省驾培市场的发育并不均衡,由于江苏省在经济发展水平方面存在着明显的地域差异,这就造成了省域内居民在消费能力、消费习惯的南北差异。就驾培需求而言,呈现出北饱和、南不足的态势。苏州、无锡、常州等苏南城市,居民对驾培行业需求旺盛,目前普遍存在驾培服务供给不足的问题,参训学员大量积压,很多驾校学员报名后,需要等待数月甚至半年以上时间,才能有机会上车练习。但在一些苏中、苏北地区,驾校培训能力却出现过剩情况。比如截至2017年7月21日,宿迁市共有驾校102所,其中一级驾校5所,二级驾校36所,三级驾校61所。全市已发放道路运输证的教练车2892辆,机动车驾驶教练员4187名,年培

训能力达20.8万人次,2017年上半年全市驾校共招生70479名,不及年培训能力的34%,培训能力严重过剩。

在我们对主管部门的调研过程中发现,尽管部分地方交管部门已经意识到了行业整体规划的重要性,并采取了诸如及时公布行业需求信息等措施,但就效果而言,并未从根本上改变目前这种供需不平衡的状况。而就驾校而言,很多投资决策行为也存在一定的盲目性。在我们调查驾校管理者当中,只有一成左右的驾校,对市场需求做过认真细致的分析。大多数驾校,在建立之初或扩大规模时,都是基于一个“学车的人会越来越多”的预期。这一预期,在需求旺盛的江南地区往往不会马上显露出供给过剩的问题,但在苏中、苏北地区,当大量驾培企业一哄而上时,供需矛盾就会比较突出。重复建设不但使很多驾校的经济效益欠佳,而且也浪费了大量的资源,最终导致驾校之间的恶性竞争与整个行业的服务品质下滑。尤其是,江苏省私人轿车的拥有量在经过前些年爆发性的增长以后,近些年来虽然拥有量仍在增加,但增速已经出现了放缓的趋势。这意味着,无论苏南苏北,在未来可能都会面临驾培市场逐步趋于饱和的状况。在这种情况下,如果对驾培需求不进行科学的调研与预测,任由驾培企业无序扩张,则供需矛盾会更加突出。

二、部分驾培企业规模过小,资源利用效率偏低

根据我国现行的《机动车驾驶员培训管理规定》《机动车驾驶培训机构资格条件》等文件规定,驾驶培训机构分为三级,其中,从事三级普通机动车驾驶员培训的,只需配备规定车型中的一种车型,且所配备的教学车辆不少于20辆即可。就江苏省的整体情况而言,除部分驾校实现了规模经营外,大多数驾校的规模都达不到一级驾校的标准,还有部分小驾校受制于自身的条件,只能采取挂靠大驾校的方式进行运营,这就使得实际的驾校规模还要更小。鉴于驾培行业对设备、场地的硬性要求,如果驾培企业规模过小,就会使得单位经营收入分摊的成本比例过高,企业经营过程中无法实现规模经济。驾培企业作为一种技能培训机构,除了具备作为一般企业的基本特征以外,在资源配置方面,还必须遵循教育教学的一般规律。靳希斌认为,教育资源具有整体性和不可分性,所谓整体性是指学校的有些资源必须同时投入与使用,而不可分性则是指某些资源和设备的购置和使用必须是一个自然单位,不能因需求不及而将其分割使用,如教室不可能只建半间,教师也不可能只聘任半个人。这样,学校规模的扩大,就有利于充分利用现有教育资源,降低教育成本。另外,教育的规模经济还必须考虑教育资源使用的适当性,即要使具有一定功能的资源用在恰当的场所。学校规模扩大,有利于教学设施和设备的专门使用以及人员的分工和专业化,有利于提高教学质量和资源利用效率[55]。

我们认为,教育资源配置的一般规律同样适用于驾培企业。近些年,由于驾培需求增加较快,在市场机制的作用下,大大小小的驾校如雨后春笋,层出不穷。在这些驾校中,相当一部分是办学力量薄弱的小驾校。一拥而上的结果是,整个驾培行业的办学规模偏小,集约化水平低,大量“小而全”的驾校不但使驾培资源无法得到充分的利用,也提高了行业监管与质量控制的成本。要改变这种状况,除了充分利用市场机制,实现企业间的优胜劣汰,提高资源整合与利用的效率,政府主管部门也应当充分发挥“看得见的手”的作用,提高行业准入门槛,优化企业竞争环境,充分发挥优质企业的优势,逐步淘汰效益低、质量差、规模小的“作坊

式”企业,提高整个驾培行业的集约度和资源利用效率。

三、考试能力与培训能力匹配不当,加大了考生考试成本

目前,机动车驾驶员的培训与考核采取教考分离的方式进行,培训主体一般为具有培训资质的驾驶培训机构,考核主体为政府交通管理部门。两类组织由于性质的不同,具有不同的组织目标和行为模式。作为驾培企业而言,获取经济收益是其组织行为的主要目的。基于此,驾校希望参训学员越多越好、培训周期越短越好、考试通过率越高越好。因此,扩充培训规模几乎成为驾培学校的本能反应。而实施考试的交管部门,承担着考核驾校培训质量,给予具备实际驾驶能力的学员以驾驶资格的责任。在这一过程中,如何严把考试质量关,通过考试促进交通安全与道路通畅是交管部门的主要目标。而考试机会的供给,亦受制于考试标准、考试场地、考试人员的限制,不可能因培训能力的扩张而同比例增长。行为主体的目的与行为的条件差异,使得考试能力与培训能力的不匹配,必然会面临诸多需要协调的环节。

调研表明,目前这两者之间的不匹配主要表现在两个方面,一是培训总量与考试消化能力的不匹配。该问题在苏州、无锡、常州等经济相对发达地区尤为突出。我们在苏州、无锡、常州地区调研时发现,由于培训能力大大超过考试能力,从而导致参训学员形成大量积压,约有三分之一的学员,考试等待时间要超过半年。二是培训与考试机构的空间位置的不匹配。这一问题突出表现在一些经济欠发达的市县,由于考点设置较少,对于一些偏远县、镇的居民来说十分不便,这就增加了驾校的安全保障压力与经营成本。以上问题的存在,不但影响了驾培行业资源配置效率,也给受训对象带来极大的不便,影响了整个行业的服务水平。我们的调研结果显示,“从练车到考试等待的时间长短”“练车的时间安排”“参训驾校服务网点的设置”“到参训驾校报名学车的便利性”这 4 个指标,学员满意度较低,这是调查过程中暴露出来的最需要解决的问题。

四、驾培企业品牌意识薄弱,经营能力与服务质量均需进一步提高

任何一个企业,自诞生起便要经营。而企业经营是否能够成功,主要取决于消费者是否能够认可企业提供的产品或服务。在长期的企业经营过程中,企业美誉度的树立实际上便是企业品牌的树立与传播。企业品牌作为一种关系,是基于企业和客户之间互相信赖的前提下而树立起来的。当一个企业的产品或服务得到消费者广泛认同的情况下,将有利于增加企业品牌对顾客的吸引力,提高企业品牌的识别度,使企业获得更大的市场占有率和更好的经营效益。而企业在推行品牌战略的过程中,也是企业提高产品质量,改进企业管理,变粗放外延管理为集约内涵发展的过程。品牌作为企业产品或服务的质量与商场价值识别标志,是企业参与竞争的无形资本。从企业发展的一般规律而言,在企业度过了初期的草创阶段以后,任何一个企业想要长久发展,必须以品牌树立、品牌推广与品牌维护为企业生存发展的首要任务。

但我们的调研却表明,目前江苏省驾校品牌经营的现状却不容乐观。消化积压生源和吸收增量生源是当前驾校经营过程中面临的主要问题。但就经营手段而言,无论是大小驾

校,很少有从品牌经营的角度去管理与经营企业,企业经营过程中,过于注重经济利益的获取,忽视企业形象的塑造与维护,这就使得企业行为表现出短视、盲目、过度逐利的特征。比如,大多数驾校仍然停留在外延式的粗放管理阶段,要么想尽一切办法缩减教学内容,缩短培训周期以消化积压生源。要么大打价格战,相互争夺生源,压缩必要的成本开支,从而落入低价低质恶性竞争的循环。更有甚者,不少驾校将招生或培训数量作为教练的考核指标,从而使教练将工作重点放在如何在最短的时间内招到更多学员并使之通过考试上,因而在教学上出现重数量轻质量、重应试轻实用的状况,严重影响学员的培训质量。这种情况导致,驾校的同质化问题十分突出。各类驾校缺乏自己的服务特色和品牌标志,驾校之间的竞争主要通过价格手段实现。有一部分驾校虽然意识到了品牌经营的重要性,但在方法和手段上还很单一,仍围绕着提升硬件条件、扩大办学规模、加大宣传力度等方面做文章,就其实质,仍未跳出外延扩张的经营思路。鲜有学校从差异化经营的角度,着眼细节,为顾客提供有特色、高品质特色服务的角度考虑品牌营造与企业发展。这种同质化的经营策略,反映了当前驾培企业经营能力、手段的不足,也是驾校企业低层次竞争越演越烈的原因之一。

第二节　集约化经营的内涵及要求

通过以上分析,我们可以看出,目前江苏省的驾培行业虽然发展很快,但仍存在很多有待改进的地方。即便在需求旺盛的江南地区,尽管驾培企业的整体效益目前来看还算良好,但不容忽视的是,这些驾培企业无论就经营方式,还是服务水准方面,仍存在诸多问题。而就江苏省驾培行业的整体状况而言,则仍处在外延扩展的粗放型增长阶段。我们的分析已经表明,这样的一种增长方式,是一种低效的、难以持续的增长方式,江苏的驾培行业要实现高效的持续发展,就必须实现向内涵扩大再生产的集约型增长模式转变,这是江苏省驾培行业提高行业服务水准、优化资源配置使用、提高企业经营效益,实现驾培行业良性发展的核心任务。

一、集约化经营的概念与内涵

所谓“集约”是苏联经济学家于1958年首次提出的一个经济学概念。针对经济运行和企业经营过程中的低效现象,苏联经济学家认为,可以在计划经济的制度框架之下,通过经营要素质量的提高、要素含量的增加、要素投入的集中及要素组合方式的调整来提高资源配置和经济运行的效率。目前,我国学者对集约化经营的认识不尽相同。有的研究者认为,集约化是相对外延扩展型的经济发展和经营模式而言,是以内涵发展为主要方式的增长和经营模式;也有的研究者认为,集约化是相对于粗放式的经济发展和经营模式而言,是以精细管理和质量改进为手段,以经济效益和社会效益提升为目的的经济增长模式;还有的研究者认为,单纯从外延扩展和粗放模式的对立面去界定集约化经营,未免过于狭隘,集约化经营实际上是一个综合体系,它不仅包括思想观念从消耗与粗放的传统观念转向节约与精细的现代经营理念,也包括经营管理手段的科技化、现代化转型,以及宏观、中观、微观层面的制度创新与保障[56]。

在以上观点中,我们倾向将集约化作为综合性概念予以理解的观点。作为一种经济现象,“集约化”是从观念到方法的集合,它不仅包括经营理念的转型,也包括经营方式的创新;不仅包括主管部门的宏观调控,也包括企业自身的调适;不仅包括行政手段的引导与规范,也包括市场手段的调节与运用。其目的在于通过要素的改进与组合方法的改进,转变经济运行与企业经营的模式,改进经济活动过程中的低效、无效问题,实现经济的高效有序运行,以最小的投入获得最大的经济效益和社会效益。与粗放式的经营方式相比,集约化经营更加符合企业持续发展的要求。集约化更加关注投入与产出的高效性,这不仅表现在对成本严格的控制上,还表现在对先进管理方法与生产手段的重视与应用,这使得企业在相同的资源投入条件下,能够以更小的投入实现更高的产出。为了实现生产要素的优化配置,集约化经营往往还具有规模化、集团化的特征。但需要指出的,集约化经营的规模化生产与粗放经营的外延扩张并非同一概念。集约化经营的规模化生产是基于效率的提升而实施的企业组织结构调整,在这一过程中,随着企业规模的扩大,企业的要素组合效率、生产效率、管理效率也同步提高。而粗放型的企业规模扩张则仅仅是生产要素的量的累加,在这一过程中,要素的组合方式并没有得到优化,企业原有的组织方式和生产方式也没有发生变化,企业的投入产出效率也并没得到提升。无论是生产要素的优化配置,还是管理、生产方式的改进,或是组织结构与规模的变化,其最后都要落实到企业产品与服务的品质上去。集约化经营要求企业转变简单外延扩大的经营思路,将强化内涵建设,为消费者提供更为合意、质量更高的产品与服务为企业生存与发展的根本。在这一过程中,逐步突显企业的竞争优势,提高企业品牌的美誉度,实现企业的可持续发展。

简言之,所谓集约化经营就是以获得更高的投入产出效益(包括经济效益与社会效益)为目的,通过经营要素的优化与合理配置,改进生产与管理方式,提高产品或服务的品质,进而获得竞争优势,实现企业的可持续发展的企业经营与发展模式。具体到江苏省驾校集约化经营问题上,所谓实现集约化经营的转型即是针对当前江苏部分驾校在经营过程中存在的资源配置不当、管理模式粗放、经营规模偏小、服务水准不高等问题,通过政府、行业组织、企业自身的制度改革与创新,推进整个驾校经营要素的优化组合,实现培训资源、考试资源的高效配置,促进驾校之间的良性竞争,在提高经营经营和社会效益的同时,为参训学员提供高标准、高质量的服务,使驾校经营向着精细化、高效率、现代化的方向转型。

二、集约化经营的要求

首先,在宏观思路上,要将过去“争地盘、开新头”的外延扩张经营思路转变为“练内功、提品质”的思路上来,着力于管理质量与服务品质的提高,尽快摆脱低价低质的恶性价格竞争状况。目前,对于大多的企业经营者,在对待行业和企业发展的问题上,仍或多或少地存在一些似是而非的认识,将“发展”简单地理解为行业和企业规模或产值的扩大,即混淆了增长速度与经营效益的关系。追求企业的发展速度本身并无不妥,但我们必须认识到,企业发展必须建立在效益提高的基础之上,在增长速度与发展效益的关系上,前者仅是实现后者的手段,后者才应是企业经营的目的。长期以来,我国在经济建设中都存在过分看重速度的思维惯性,因此,很多时候管理者与经营者都会将提升增长速度视为发展目的,从而简单地以粗放经营的方式拼设备、拼投资去追求一种人为的高速度。这就很难避免高速度、低效益的恶性循环。集约化经营从本质上说,是追求效益的增长方式,它不仅仅要求经济总量的扩张,更重要的是要求经济增长质量的提高。如果不能够在思想上真正实现从追求速度到追求效益的转变,也就无从谈起实现集约化经营。

第二,在产业布局和资源配置方面,在充分调研与论证的基础上,科学布局,整合资源,将有利于驾培行业集约增长的各种资源要素,使之合理地"内生"于驾培企业的经营当中去,同时通过资产并购、连锁经营等方式,集中经营要素,推进驾校经营集团化、规模化。比如,我们的调研表明,江苏省驾校的规模偏小是目前集约化经营过程中的一个突出问题。这一问题不但使企业成本难以降低,而且使整个行业的资源利用效率也难尽人意。以教学用地为例,驾校无论大小,都必须有符合标准的训练场地。但在当前,土地资源日趋紧缺,大量涌现的小驾校,对土地资源形成了挤占,如果生源不足,就会造成资源的浪费。集约化的经营要求有效地整合经营资源,实现资源的优化配置。基于这样的思路,可以打破一校一训练场地的训练资源配置方式,提高存量训练资源的利用效率,做好规划布局,合理调度培训场地资源,允许有实力、上规模的驾校发展大型的经营性教练场地,采取多校共用场地的方式,解决机动车驾驶培训行业实行规模化经营与土地资源紧缺之间的矛盾。通过这种集约化的资源配置方式,还可以解决驾校规模偏小带来的经营成本偏高的问题,提高经营效率。

第三,在企业经营的微观层面,引导驾校改进内部管理,采用更为先进的管理方法与经营手段,实现资源要素在微观层面的优化组合,以获得更高的经营效益。通过方法的改进而获得更高的效率是集约化经营的重要途径,在调研过程中,我们发现,采取了更为先进的管理与经营手段的驾校,其效益要明显好于管理和经营粗放的驾校。比如,面对学员积压的问题,一些驾校采取了增加模拟机训练时间,提高教练员培训技能等手段,采取电子计算机辅助管理系统提高管理效率等手段,均取得了较好的效果,学员考试通过率与培训速度明显高于未采取这类措施的学校。另外,对于驾校这类技能培训类,教练的教学经验与教学技能是企业的核心经营能力。有的驾校对教练技能提高十分重视,不仅严把教练的入口关,而且十分重视教练入职后的提高。在我们所调研的驾校中,有的驾校每天都在下班后召开教练员例会,在会上除了讨论常规管理的内容外,一个重要的环节就是教练员之间的交流。通过这样的交流,一些实用的培训方法和经验得到了快速的推广,一些常见的问题得到了充分的讨论并找到了解决办法,整个教练员队伍的培训技能不断得到强化,培训效率与收益都显著改善。在我们访谈过程中,很多企业负责人在谈到改进管理经营方式时,都有畏难情绪,有的还认为要进行改进,就必须大笔投入,添置高科技设备。从以上例子可以看出,诸如教练交流这样的措施,基本没有增加额外成本,但效果却十分显著。而有的管理者之所以存在以上认识误区,很大原因是其经营思路仍未从外延扩大的粗放经营思路转到内涵提升的集约化经营思路上来。

第四,努力提高驾校培训质量,建立以质量为中心,以全员参与为基础,以提高顾客满意度为目的,兼顾社会效益与经济效益的质量控制体系,并在此基础上,着力打造企业品牌,提高企业美誉度,塑造企业持续发展的核心竞争力。机动车驾驶培训作为一种技能培训,其质量控制必须符合系统性、全员性和全程性的要求。但很多驾校在经营过程中,往往都存在重教学保障轻后勤服务、重技能培训轻理论培训、重考试技能传授轻实际道路驾驶能力与经验训练等问题,在培训和服务质量上存在偏颇。集约化经营要求企业建立以顾客满意和增进社会效益为标准的,全员参与的全过程质量控制体系。这一体系,涉及驾校经营的所有方面,并以此为核心,构建企业持续、良性发展的保障机制。需要指出的是,这里所说的系统性与全程性,并不局限于驾校内部的经营管理。事实上,全面推进驾培质量提升,还需要职能部门在制度上和评价方法予以改进。比如,目前对驾校教学质量的考核主要依靠考试通过率,这就难免会使驾校在自身经济利益最大化动机的驱动下,采取应试教育的方法来培训学员,从而忽视道路交通法规与实际道路驾驶经验的培训,这无疑会对驾培质量产生负面影响。从质量管理的角度而言,这样的质量考核也是不完备的。目前交管部门对发生重大交通事故的,将倒追驾校是否存在违规发证的问题。我们认为,这是很好的举措,而且应当将这种责任倒追的范围予以扩大,将取得驾驶资格的机动车驾驶人员在参训后一段时间内的安全驾驶情况均作为对驾校考核的指标。这样的举措,将使驾校更加关注学员实际驾驶能力的训练,从而使驾校培训内容更加符合实际驾驶的要求。这样的质量评价方式,也更符合集约化经营对质量控制的要求。

这里需要指出的是,以上几个方面并非彼此孤立。要推进驾校的集约化经营,单纯靠驾校内部管理改进是远远不够的。如前所述,驾校的集约化问题,实际上是一个包括政府、行业组织及驾培企业在内的多主体共同参与的系统工程。在这个过程中,政府主要的职能是理顺管理关系,妥善处理政府管理与市场调节的矛盾,充分发挥"看得见的手"与"看不见的手"两种作用,优化资源要素的宏观调控,同时为市场运行和企业运营创造一个良好的制度环境,确保企业公平公正地开展有序的经营竞争。各类行业组织在驾校经营过程中则应发挥好监督、协调、沟通与自律的功能,努力做到既能在政府管理机构与微观经营主体之间起到沟通协调作用,又能发挥驾校之间互相监督、化解矛盾、协调经营行动的自治、自律作用,从而规范企业经营行为,降低企业经营的交易成本。各驾培企业作为集约化经营的微观主体,既是整合内部资源,提升经营效益的主要实施者,也是各类政策法规和市场规则的作用对象,宏观和中观层面的政策举措只有和微观层面具体情况相结合,才能将集约化经营落实到企业的具体经营行为中去,而企业的经营绩效表现,又可以为进一步的政策改进提供依据。

第三节 驾校集约化经营的主要形式

如前所述,集约化经营是改变当前驾校运营规模小、服务水平低、资源配置与利用效率低下等问题的有效手段。在这方面,各类驾校积极创新,采取组织重构、资源整合、改进管理等方式,摸索出了驾校集约化经营的多种形式,概括起来,主要包括如下几种形式。

一、依托优势驾校,盘活企业"壳资源"

一方面,有些小驾校,由于办学资质或办学条件的不足,往往采取依托优势驾校的形式开展驾培业务。这类小驾校,在形式上从属于优势驾校,但无论经营还是管理都相对独立,仅仅是借了优势驾校的"壳资源"而已。就目前的情况而言,优势驾校除提供经营资质外,两者之间还有技术、管理、经营方面的合作。最为常见的是,优势驾校在自身培训能力无法应对培训需求的情况下，会将生源分流到小驾校。小驾校在利用优势驾校资源的同时，需要向优势驾校缴纳“挂靠费”或“管理费”。

这种结合，两者之间不管是否使用同一企业名称，就其关系而言都是松散的，其实质是优势驾校向有购买意向的小驾校售卖经营资源的一种利益交换行为。在这一过程中，优势驾校并未直接介入小驾校的经营管理，两者之间的关系相对独立。从资源利用的角度而言，此类行为使得有限的资源得到了高效的使用，与此同时，存在此类关系的驾培企业之间，如果初期的合作比较顺利，也更容易开展进一步的合作。

但另一方面，由于存在着相关管理规定不完善、监管取证难度大、企业鱼龙混杂等问题，一些资质不全、办学条件缺失、管理混乱、师资薄弱的学校往往借这种途径，通过“打擦边球”开展经营，此类驾校难以保证培训质量，甚至严重损害学员利益和行业声誉。优势驾校与小驾校之间，由于并不存在实质的管理和隶属关系，因此，也不可能对被小驾校实施严格的监管。但一旦发生上述问题，由于存在合作关系，优势学校也难免要受到牵连，甚至还要承担一定的连带责任，往往造成“双输”局面。因此，对于此类问题，相关部门有必要进一步加强监管，完善相关的法律法规，规范挂靠双方的行为，在盘活行业经营资源的同时，尽量避免经营风险。而作为优势驾校而言，其自身也不应仅考虑经济收益，还应对小驾校的办学能力、管理水平、培训质量等进行认真与细致的调查与了解，在进行合作之前，通过签订具有法律效力的协议或合同，明确双方的权力与义务，规避在合作过程中可能产生的经营风险。

二、企业并购，实现经营资源有效整合

驾校之间的并购是指一所驾校由于扩展业务的需要，通过资本运作，部分或全部控制其他驾校的资产或股份，使之成为出资企业的一部分。就目前驾培企业的并购状况而言，大体上存在以下几种形式：

一是驾校之间的合并。在驾培行业竞争日益激烈的情况下，一些驾培企业，为了取得更好的竞争优势而采取的合并行为，驾校由多个法人变为一个法人，经营规模迅速扩大。其实质是资本在并购企业间的集中与整合，使得新成立的驾校可以迅速拥有原来各个被合并驾校的经营资源和竞争优势，使市场份额快速提高，从而增强了企业整体的竞争能力与盈利能力。但由于在并购过程中存在着信息不对称，以及并购后的新驾校存在着对旧有管理模式和企业文化进行改造等问题，因此，并购行为对于驾校而言，存在着较大风险。只有在并购前，对并购的目的、手段、形式、自身的资本能力和管理经营模式进行认真论证，对被并购驾校进行细致周详的考察，切实了解其经营情况，尤其是要对其已经存在或可能出现的问题做认真的调研分析，才能有效规避并购风险，实现企业良性运转。

二是交叉持股。所谓交叉持股是指不同驾校之间相互参股。这里的不同企业既指驾培企业之间相互持股，也包括驾培企业和非驾培企业之间的相互持股。就具体的形式而言，除了一般意义的股份制产权结构外，相当比例的驾培企业采取了更为灵活的形式，即按相互投资比例分享收益的形式。此类企业很多原本即存在着较深的资本联系或较好的合作关系，有的是家族企业，有的是某大企业的下属企业，在经营过程中，资本联系进一步深化，从而形成交叉持股的资本结构。这种交叉持股的形式，虽然有别于并购或控股，但却是企业间资本合作的常见形式。其优点在于，这种持股形式能使企业更好地分享彼此的资源和经营成果，

但另一方面，此类合作形式，亦会带来企业对自身控制力减弱或承担连带经营风险等问题，尤其是在当前民间融资相关政策法规还未完善的情况下，不规范的交叉持股还会对企业资金安全产生不良影响。

三、合作办学，形成多元化的办学格局

由于办学经历、软硬件条件、经营环境、管理模式的不同，各个驾校在经营过程中，都会面临不同的问题，同时也具有各自的优势和特点。这就为驾校探索不同的合作办学模式提供了可能性。目前，驾培行业的合作办学，一般分为两类，一是驾校间的办学合作，一是驾校与其他社会组织的办学合作。

驾校间的办学合作是指多个地位平等的办学主体，基于自身的资源条件和办学需要而采取的各种合作行为，包括场地共用、合作招生、联合培训等。与挂靠关系不同，合作办学的各办学主体之间，无论在形式还是实质上，都不存在隶属关系，彼此之间是完全平等的，各项合作事宜均是在自愿互利的原则下确定，并以具有法律效力的协议或合同予以确定。各驾校通过不同形式的合作办学，取长补短，在实现互利共赢的同时也使各自驾校的不同资源得到充分的利用。

除了驾校间的合作之外，驾校亦可与其他各类社会组织合作。在我们调研过程中，发现驾校和各类学校之间的合作最为常见，其中又以高校与职业院校为最常见的驾校合作对象。在与这些学校的合作过程中，驾校主要为此类学校的学生提供驾培服务，职业院校往往将合作驾校作为校外课程教学的场所，实施课程教学以弥补自身在设施设备及师资上的不足。普通高校往往与周边驾校达成学生技能培训协议，高校采取承认驾驶培训学分等方式，鼓励学生参加驾驶培训，确保驾校拥有充足的生源，而驾校则承诺给予学生一定优惠并确保培训质量。通过此类培训，学校拓展了技能培训的范围，提高了技能培训和相关课程教学的质量。而驾校则获得了更多的高质量生源，实现了更好的经济与社会效益。

四、品牌连锁，形成经营集团

连锁经营是指一些实力较强、信誉较好的驾校，依托自身的品牌优势，通过企业自愿结合、直营、加盟等方式，共享品牌和营销渠道，按照统一标准开展经营活动。在具体实施的过程中，江苏省驾校的品牌连锁呈现多种形态：有的是一些实力较强的驾校，通过开办分校实现自身经营规模与品牌的扩张；有的是一些较小的驾校，通过加盟大驾校，按照大驾校的管理要求和品牌标准，分享大驾校的营销渠道和管理经验；有的是一些实力相当的驾校，为了获取更好的市场竞争优势，自愿结合，以统一的品牌进行经营。与挂靠的经营方式相比，品牌连锁经营的各驾校之间，同样具有相对独立的经营自主权，但其责任与权利关系却更为规范明确。连锁经营是一种授权与被授权的合同关系，授权企业和被授权企业通过合同明确各自的法律权利和责任。一般而言，授权的内容主要包括品牌的使用和管理、经营资源的调配与使用、经营模式和管理经验的复制。通过品牌连锁经营，各分散经营的驾校有机整合，从而更容易形成规模优势。更为重要的是，通过这种方式，授权驾校的品牌优势和管理经营经验能够得到快速复制，与此同时，被授权驾校又能保持相对的独立性。这不但使企业可以

在短时间内实现有形和无形资产的快速扩张，降低经营过程中的学习成本和经营风险，同时也能较好维持各加盟企业的自主创新能力，为局部经验的积累与推广，进而实现整个经营集团的创新创造良好条件。

就以上四种主要的集约化经营模式而言，后两种模式更加符合集约化经营的要求，亦是江苏省驾培行业发展的未来趋势。

第四节 推进驾校集约化经营的现实困难

调研表明，无论是政府职能部门还是驾校经营者，尽管都已经或多或少地认识到当前驾校集约化经营的必要性，却又都表示在这一过程中存在着很多现实的困难。这些困难主要体现在以下四个方面：

一、驾培企业规模偏小，行业资源配置与利用效率不高

从集约化经营的角度，企业规模过小并不利于资源的合理配置与合理使用。如图6-1所示，新古典主义经济学认为，企业长期的成本曲线成U字形态，随着企业生产规模的扩大，成本曲线先向下运行，这一阶段为规模经济阶段，即图中 *AB* 段，达到最低点 *B* 后，即规模最经济后拐头向上，形成规模不经济，即右图中 *BC* 段[57]。

对于规模经济产生的原因，不同的学者从不同的角度都进行过分析，概括起来说，传统经济学认为，随着企业规模的扩大及先进技术、生产工具的使用，企业内部的分工和专业化得以进一步发展，生产效率进一步提高，从而使生产资料的价值能够在更大数量的产品上分摊而带来单位产品成本的降低而获得规模经济。新制度经济学引入了交易费用的概念，从另一个角度解释了规模经济与规模不经济的内在机制。科斯认为市场和企业是两种可替换的资源配置方式，两者运转都有交易成本，企业的生产则是为了通过外部交易的“内部化”节约交易成本。随着企业规模逐步扩大，企业内部管理成本会逐步抵消所节约的市场交易成本，当两者相等时即是企业规模的均衡点。换句话说，当企业规模扩大所节约的交易成本大于企业因此而增加的内部管理成本时，企业就是规模经济的，否则就是规模不经济[58]。

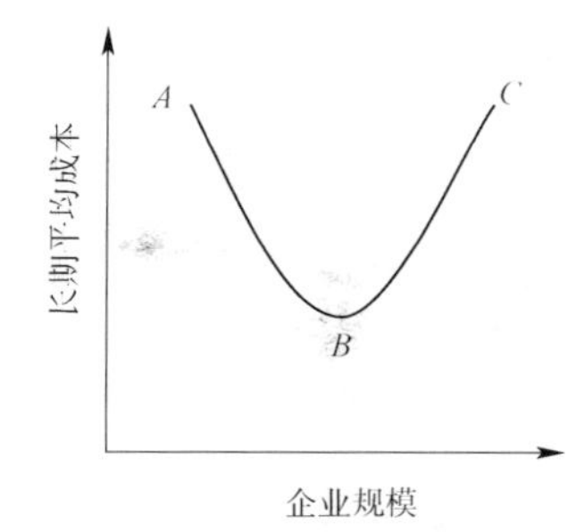

图6-1 企业成本-规模关联图

驾校的生均成本与驾校规模之间也存在着以上关系。调研表明，在经济发展水平相似的地区，即便是在生源饱和的情况下，小规模的驾校生均成本也要明显高于大驾校，其可能的原因在于，驾校不论大小，设备与器材的投入都必须符合标准。驾校规模大，招生数越多，生均摊薄的成本便越低。但就目前的政策而言，驾校配备车辆的下限只是一种车型，且仅需20辆教练车。现实中，小驾校比比皆是，这类驾校虽然符合办学标准，但办学效益却难令人满意。目前，针对此类情况，主要还是依靠市场机制优胜劣汰，但在这一过程中，由于配套政策的不完善，导致行业门槛过低，质量监管不到位，难以推进企业规模化、集约化经营，大量规模小、质量差的驾校难以有序淘汰，从而造成极大的资源浪费和行业服务质量低下等

问题。

二、政府职能部门对驾校经营质量的监管力度不够

获得预期的经济收益是驾校经营的主要目的，为此，驾校具有用最小投入获得最大利润的行为动机。目前职能部门对驾校经营质量的考核主要通过机动车驾驶员资格考试的通过率来体现，缺少过程监控和全面考察，这就导致驾校往往以应试为手段，对学员采取速成式培训。在培训过程中，为了实现“效率”，驾校往往只对考试涉及内容进行重点强化，对不考或考核比重较小的内容采取回避或忽视的方式处理。但与千变万化的道路行驶情况相比，考试内容只是对日常驾驶知识、技能的提炼与简化，通过考核也仅仅意味着具备了上路驾驶的基本条件。从确保交通安全与通畅的角度而言，驾校的授课内容与质量控制标准应该远高于考试标准，只有这样，才能确保大多数获得驾驶资格的驾驶员在实际上路以后，不会成为“马路杀手”。

我们认为，提高驾校培训质量，单靠驾校自觉自律是远远不够的。交通管理部门必须在制度上、措施上，加强监管，确保驾校培训质量提升。公安部于 2016 年 1 月修订发布了《机动车驾驶证申领和使用规定》，对驾驶证申领、交通违法进行了更为严格的规定，这样的规定对于提高驾校培训质量起到了推动作用。但即便按照这个被称为“史上最严交规”的规定，我国目前驾驶培训的质量标准仍低于很多发达国家。比如，新交规对科目三道路驾驶技能考试的历程要求为：“大型客车、中型客车考试里程不少于 20 公里，其中白天考试里程不少于 10 公里，夜间考试里程不少于 5 公里。牵引车、城市公交车、大型货车考试里程不少于 10 公里，其中白天考试里程不少于 5 公里，夜间考试里程不少于 3 公里。小型汽车、小型自动挡汽车、低速载货汽车、残疾人专用小型自动挡载客汽车考试里程不少于 3 公里，在白天考试时，应当进行模拟夜间灯光考试。”而在诸如美国、德国、日本等发达国家，非常重视道路考核。不但考核时间长，一般都要达到 40 分钟以上，而且考核内容全面严格，不但对实际道路驾驶过程中的各种规则、注意事项、操作技巧进行考核，而且标准执行近乎苛刻，一次通过率远低于我国。我们的调研过程中，很多小车学员反应，道路考试从上车到下车最多也就是十分钟的事情，就算是通过了，这么简单的考核了离实际道路情况还是相差很远。正因如此，不少学员在通过机动车驾驶员资格考试后，仍然无法很好地进行道路驾驶。这样的一种质量考核方式，也给很多规模小、条件差、师资力量不足的驾校留下了生存空间，使得很多驾校更愿意采取“价格战”“抢生源”的粗放方式进行经营，而不愿切实改善质量，走集约化经营之路。

三、经营资源的宏观调配缺乏科学性和预见性

前文所谈到的驾培市场区域不均衡、考试能力和培训能力不匹配为例，其中的核心问题即是驾培行业的资源配置不恰当。这种资源配置的不均衡，无论对于管理者、经营者还是消费者而言，都意味着成本的升高和效率的降低。一般而言，人们普遍认为市场是配置资源的最有效的手段，在逐利动机的驱动下，各类经营主体都倾向于将资源优先配置到更能发挥效用的地方去。而企业之间的竞争，又通过优胜劣汰，使得市场上能够生存并发展的企业都是

具备高效使用资源并获得经营收益能力的优胜者。基于此，自由主义的经济理论认为，政府不宜过分干预市场运行，市场自己的运行机制便可使资源自动实现优化配置。正因如此，在驾校经营过程中，要充分发挥驾校作为经营主体的积极性和主动性，使其充分发挥经营潜力，实现资源配置优化和经营效益提升。但另一方面，人们早已发现，虽然相对于资源计划配置的方式，市场机制在资源配置方面具有巨大的优势，但市场本身却并不是全能的，它也有“失灵”的时候。以驾校经营为例，上面提到的问题，作为微观经营主体的驾校难以通过自身的管理和经营改进予以解决。其原因在于，一方面，这类问题大多为宏观层面上的问题，由于信息的不对称以及职权范围的限制，企业无法直接影响区域资源调配或考试能力的供给。在逐利动机的驱动下，企业天生具有扩大市场占有获得竞争优势的冲动，但在市场制度保障和运行机制尚未完善的情况下，企业的这种扩张冲动难免不会造成资源配置的错位。另一方面，不同利益相关者的不同利益诉求，也使得经营资源的配置必须在宏观上予以协调。比如，在行为目的方面，驾校更加重视培训的经济收益，而政府主管部门则应更加重视社会的整体效益。而这两者之间，在很多时候、很多方面都存在差异。这种差距在很多时候，会造成管理层与企业之间在行动上的不协调，进而带来增加资源配置效率的降低。

正因如此，政府职能部门及行业组织在配置驾培资源的同时，必须将基础工作做扎实，切实摸清驾培市场的供需状况，对驾培企业形成正确的指导，而且应想方设法加强经营信息的发布，强化对企业经营的规范与引导，提高资源的配置效率。在加大宏观调控力度的同时，充分发挥市场机制作用，依靠市场机制配置培训机构优势资源。作为主管部门，必须认清，哪些问题是需要“市场之手”去解决的，哪些是需要通过“政府之手”去解决。政府既不能什么都不管，也不能什么都管，在具体的经营环节，应该给企业放权松绑，使企业充分发挥经营主体的积极性和主动性，在宏观层面，政府则需维持和维护一个公平公正、有序竞争、管理规范的市场环境，通过制度建设与行业引导，促进市场适度竞争，使那些管理规范、质量过硬、诚信守法、美誉度高的驾校获得更多的市场份额，获得更大的竞争优势；让那些管理混乱、质量低下、违法违规、名誉不佳的驾校难以生存，从而形成驾培资源分布合理，市场竞争有序，驾校健康发展的局面。

四、集约化经营的管理与利益分配机制尚待完善

就驾培企业的所有制而言，有国有、集体和私营3种。在不同所有制驾培企业之间实施资本、品牌、人才合作的情况下，由于管理体制的差异，必然会对这样的集约化经营带来影响。尤其是国有驾培企业和非公有制驾培企业进行合作时，无论在国有资产的评估与使用、不同类型人员的绩效激励与收入分配、主管部门与驾培企业关系、经营收入的核算与分配等方面，均存在大量问题有待解决。即便是相同所有制的驾培企业，在进行合作与集约化经营的时候，原来各个企业的管理权限与利益分配也都要做出调整，甚至于在企业完成了资产和资源的整合，由谁来充当“龙头老大”也往往成为不同驾培企业合作经营的棘手问题[59]。我们在苏北某市的调研过程中，曾就合作经营、企业合并等问题访谈过一些驾校经营者。在该市，由于驾培市场趋于饱和，因此很多驾校经营均面临诸多困难。但该市的国有驾校由于历史悠久，师资雄厚，质量过硬，因此在消费者中拥有较好口碑，反而出现学员过多难以消化的

情况。该驾校也曾寻求合作对象,希望通过兼并或连锁经营的形式扩大培训能力。但在谈判过程中,如何在不同所有制企业间实施统一管理及分配利润成为一道“拦路虎”。一个私营驾校的负责人认为,如果被国有驾校兼并了,虽然有可能从国有驾校的市场份额中“分一勺羹”,但也可能丧失对企业的控制权和利润的支配权。而国有驾校的办学机制也没有私营驾校灵活,在管理对接上也存在很多难以解决的问题。这类问题,如果没有相应的政策指导与规范,必然会对集约化经营形成严重制约,甚至使之难以实施。

而就驾校内部管理而言,集约化管理涉及资本、技术、人力资源、管理等多方面因素,是一个全局性、系统性的工作。集约化管理要求企业在管理过程中,运用现代化的管理方法和手段,对资源利用和经营过程进行全方位的计划、组织、调节、监督、控制,使各种资源利用符合企业经营在质与量上的要求。这意味着,企业在增长方式、投入产出方式、经营方式、资源利用方式、管理方式等方面都必须全面改革,并通过制度建设,形成分门别类、相互配套的制度体系,进而实现企业内部管理的提档升级。在我们的调研过程中,驾校管理者虽然对集约化经营的理念均表示认同,并认为集约化经营将是驾校发展的趋势,但在具体的管理工作中,却对集约化经营的系统性、科学性和复杂性认识不足。要么将集约化管理简单地理解为节约成本增加利润,要么借科学管理之名行经验管理之实,虽嘴上宣称提升管理水平,但却缺乏具体方法手段,决策执行仍靠拍脑袋和老经验。从一定意义上说,集约化管理的实质是管理的现代化与科学化,是对传统经验管理的提升。但从调研的情况来看,目前驾校管理的整体仍处于经验管理阶段,大多数驾校经营者的科学管理素养仍有待提高,距离现代企业管理的要求尚存较大差距。面对这一现状,除了企业经营者在经营过程中,不断通过自身的反思与总结,进而提升企业管理水平外,作为政府及行业管理部门,也应当认真回应驾培企业在提升管理方面的需求与愿望,通过诸如行业培训、专题研讨、政策修订等方式为企业经营者提高自身素质,改进企业管理,实现集约化经营提供支持。

第五节　实现驾校集约化经营的途径

基于以上分析,我们认为,当前驾培行业发展机遇与挑战并存。整个驾培行业发展至今,已经面临着一个整合提升的关口。无论从提高资源利用效率,提高行业经营效益的角度,还是为社会提供高品质、高水准的驾培服务的角度,外延扩张型的粗放经营方式都已经遭遇到了发展瓶颈。随着机动车保有量增速的减缓,行业内部的竞争将越发激烈,消费者也将面临更多的选择。在这种情况下,唯有走内涵发展的集约化经营道路,才能推进行业持续发展。在这一过程中,而要切实推进驾校的集约化经营,则应从以下几个方面予以改进。

一、树立质量优先的理念,摆脱粗放经营的模式

根据我们的相关调研,教学质量是学员参训过程中最为重视的关键环节。而以质量提升为抓手,全面提高驾培行业的管理经营水平,也是回应消费者需求,促进驾校集约化经营的必经之路。

首先,无论是各级主管部门还是驾校经营者,都需要树立正确的质量观。目前,驾驶资

格考试是学员培训质量考核的主要手段。正因如此，很多人都将驾驶资格考试的通过率作为驾培质量的唯一评判指标，这实际上是混淆了质量考核的目的与手段。驾培的最终目的是为社会培养合格的机动车驾驶人员，考试仅仅是实现这一目的的手段。驾校应试教育的做法，使驾驶员在走出驾校以后，还需要自己去学习和积累很多本应在驾校教授的知识、技能和经验，这就给道路交通安全带来了极大的隐患。媒体报道，通过分析2015年南京市交通事故，交警发现，驾龄1年以下的驾驶人引发的事故量，占事故总起数的13.6%；驾龄1年至2年以下的驾驶人，占事故总起数的6.5%；驾龄2年至3年以下的驾驶人，占事故总起数的8.6%；驾龄6～10年的驾驶人，占事故总起数的平均值为5.5%；而驾龄在11～15年的驾驶人，占事故总起数的平均值为3.3%，根据数据分析，驾龄1年以下的驾驶人引发的事故最多，而新手到了第2年后因熟悉了驾驶技能，引发事故数明显下降。交管人士认为，新手事故率如此之高，除了新手自身的问题，如开车经验不足有关外，还和一些驾校的“速成”教学方式有关[60]。因此，要提升驾培质量，首先要做的就是更正一些驾校经营者为考试而培训的培训质量观，应当将参训人员的道路安全驾驶能力与意识培养作为培训的主要目的，一切从实际驾驶的要求出发，彻底抛弃“速成”的应试教育模式，使学员真正学到道路驾驶的知识、技能与经验而非仅能应付考试而无实际用途的屠龙之技。

其次，加大教练员队伍建设，打造一支品德好、业务精、素质高的教练员队伍。在调研中，关于服务质量指标的调查问卷均显示，无论是驾培机构还是学员，对教练员的教学技能、方式、职业素养等都十分关注，相关指标的重要性值都较高。但在学员满意度调查中，“教练的授课技巧”“教练的脾气”却成为最需要改进的指标。就目前教练员队伍的现状而言，大部分教练员的文化水平并不高，多为驾驶员转行进入教练员队伍，教育教学知识欠缺。在实际教学过程中，教练员的表达能力、沟通能力都不能令人十分满意，相当一部分教练员教学方式单一，教学效果不佳，责骂学员、吃拿卡要的现象也时有发生。如何提高教练员的教学技能与综合素质，是驾校内部管理最为关键、最为核心的任务。为进一步提高教练员队伍的素质，无论政府职能部门还是驾校，都需要采取切实可行的措施。就政府管理而言，应进一步推进驾驶培训教练员的职业化进程，建立更为完善的职业准入标准和质量监督体系；进一步强化行风建设与监督，建立与完善投诉反馈与快速处理机制。就驾校内部管理而言，应建立完善的教练员考核监督、激励、培训机制，提升教练员队伍的文化层次与技能水平；开展符合本校实际的校本培训，对驾培过程中的突出问题、难点问题进行研讨，通过这种方式帮助教练员提高业务素质。尤其需要注意的是，当前对教练员的素质考核，一般都集中于教练员的驾驶技能考核，对教练员的教学技能考核力度相对不足。实际上，教练员不等于司机，尽管驾驶技能是教练员技能的必要组成部分，但如果不具备相关的教育知识与技能，也难以完成教学任务。因此，加大对教练员教学理论与技能的考核，与相关专业院校合作，强化对教练员的教学技能培训，均是提高教练员教学质量与水准的有效途径。

第三，实行全过程质量控制，全方位提高驾培质量。人们一般性地认为，提高驾校培训质量是驾校内部管理的事情。在提高培训质量的过程中，驾校固然是确保培训质量最重要的责任主体，但如果仅仅依靠驾校自身的自律，仍不足以全方位地确保驾培质量。从驾培质量控制的全过程而言，还需要相关职能部门充分发挥引导和监管的职责，全面、科学、充分地考核驾校培训质量。除了改革考试内容，严把考试内容，使考试更为符合道路驾驶的实际以外，政府职能部门还应该加强对驾培质量的过程管理，严格检验教学内容是否完整规范，重视对培训过程的质量跟踪，尤其是长效的驾驶培训质量跟踪评价机制，并将驾驶员取得驾照后的驾驶表现，作为评价驾校培训质量的重要指标。2012 年公安部就明确要求交管部门要建立驾驶培训质量倒查制度，规定每月汇总分析 3 年内驾龄驾驶人发生负主要以上责任交通死亡事故的情况，通报道路运输管理机构进行培训质量责任倒查，对存在考试合格率排名靠后、缩短培训学时、减少培训项目、参与买卖驾驶证等情形的，暂停受理报考申请等。我们认为，类似的举措，扩大了政府监管驾校培训质量的范围，将质量监管覆盖了学员的学习期和实践期，其效果要远远好于单纯的以考代评的质量评价方式。而作为驾校而言，则应进一步规范内部管理，采用现代科技手段，在完善硬件条件的同时，建立包括车辆使用、教学检查、师资激励等在内的规章制度，进一步规范驾校内部管理，确保培训质量，树立以质取胜的市场竞争理念，摆脱低价低质的经营套路。

二、严格驾校审批，合理配置驾培资源

我们的调研结果表明，供需不平衡是当前驾培资源配置的主要问题。当驾培供给能力远远超过需求的时候，往往造成驾校开工不足，生源竞争激烈，驾校效益下降；当驾培需求大大超过驾培供给能力时，往往造成学员积压，驾校降低教学标准，采取“速成”的方式加快学员周转。因此，从集约化经营的角度，对资源进行科学的整合与配置，是提高培训效率，提高经营效益的必要手段。

这就要求政府主管部门，要进一步做好市场调研与市场预测，合理科学地审批与布局驾培机构，提高驾培资源的利用效率，在坚持市场调节的同时，强化政府的宏观管理。在这一过程中，有两方面的工作值得进一步推进。一方面，是在周密科学的市场调研基础上，加强对驾校经营的引导。我们在调研过程中发现，目前各地运管部门都建立了驾培市场的预警机制，诸如苏州、泰州、宿迁等地，都曾发布过市场饱和，提醒投资者谨慎的预警公告。我们认为，这是一项值得倡导的举措。在今后的管理过程中，应进一步完善与充实政府信息发布的内容与方式，为经营者提供全面的信息与政策服务。政府相关部门，亦应根据此类市场信息，及时调整行业布局和市场准入标准，避免盲目扩张、重复建设带来的资源浪费。在条件成熟的时候，可以进一步扩大信息公布的范围与内容，比如，为消费者提供各驾校的办学能力信息、教学质量信息、在训学员信息等，使消费者能够更好地选择适合自己的驾校参训。同时，应加快学员周转速度，促进驾校关注自身培训质量，提高服务水平。

另一方面，主管部门应进一步优化市场环境，通过政策规范与政策引导，进一步优化驾培行业的资源配置，提高行业整体的集约化程度。针对当前驾校入门门槛较低，驾校规模普遍偏小的现状，主管部门首先应该严格驾校审批，在时机成熟的时候，出台地方性法规，抬高驾校准入门槛，严把驾校培训的入口关，提升行业增量的质量。同时，对于明显超出市场需求的扩张冲动，运用“政府之手”予以宏观控制，防止市场失灵带来的效率损失。对于驾培行业的存量市场，应充分发挥一些信誉好、质量高的大型驾校优势，鼓励相关驾校通过资本运作、资源共享、企业兼并、连锁经营等方式，实现规模办学，盘活现有资源，搞活经营机制，提高驾培服务质量与行业资源配置效率。

三、增加考试能力，改革考核方式，使之更加符合培养高质量机动车驾驶人员的要求

我们在调查中发现，学员考试等待时间过长，是学员对驾培服务不满的主要原因。其中，除需求旺盛以外，考试能力不足也是一个重要原因。目前，我国的机动车驾驶执照考试采取考教分离的方式，由交管部门负责机动车驾驶资格考试并发放驾驶执照。就目前情况而言，大幅扩张考试场地，增加考试人员以解决考试能力不足的问题并不现实。从集约化管理的角度而言，解决当前考试机会供给的问题应更多地着眼存量盘活，提高现有场地的使用效率，最大限度发挥场地潜力。这就要求政府主管部门，将提升考试能力作为改进行业服务质量的重要举措来抓，大力提高考试管理的集约化程度，在这方面，有一些举措值得尝试。比如，交管部门可以进一步探索跨区域调度考试能力的方式，缩短学员考试周期。调研表明，驾培市场在全省各地发育并不均衡，这就为跨区调度考试能力提供了可能。通过统筹安排区域间的考试资源，使考生能够以更快的流转速度通过各项考试，亦使不同区域间的考试资源得到更好的利用。这样的举措，在当前人口流动越来越频繁，规模越来越大的情况下，将为学员提供更大的便利。在这一过程中必然要涉及区域间的利益分配问题，政府主管部门应充分发挥宏观调控职能，强化驾驶考试的公益性，妥善解决利益的重新分配。而对一些大中院校相对集中的城市而言，异地学生学车是造成考试能力不足的重要原因，针对这种情况，驾培行业主管部门可考虑与教育主管部门与相关学校合作的方式，采取更为灵活的培训与考试方式，倡导学生利用寒暑假回原籍学车，化解所在地驾培与考试能力不足的矛盾。

四、强化品牌建设，积极探索企业集约化经营途径

在这一过程中，驾校需要以品牌建设为抓手，全面提升行业服务水准。在调研过程中，我们通过和企业负责人的访谈对企业品牌建设问题进行了了解。我们认为，当前驾校品牌建设还处在一个较低的水平。这表现在，很多驾校还未意识到品牌建设对于企业生存发展的重要性，驾校经营的同质性问题较为突出，个性化的特色经营手段较少，企业品牌辨识度较低，品牌连锁的集约化经营方式也不多见。由于驾培行业本身就是一个经营同质化程度比较高的行业，如果不能进行差异化的经营策略，则必然会带来以价格战为竞争手段的激烈的同业竞争。在这种情况下，不但行业整体利润均会被压制，同时整个行业的经营与竞争也会处在一个较低的水平上，无法实现高效率的投入产出，也无法为消费者提供合意的、高水准的服务。

我们认为，当前驾培企业加强品牌建设，其根本目的就在于改变当前同质化竞争的经营格局，针对消费者的不同情况，结合企业自身实际，充分发挥优势，以品牌树立与特色经营为突破口，增强企业的吸引力与辐射力，提高企业的美誉度与知名度，形成差异化的良性竞争格局。而要做到这一点，则需要从企业内部管理和政府宏观调控两个方面着手，对当前的驾培行业经营予以改进。

首先，就驾培企业内部管理而言，驾校管理者需要全面更新观念，以品牌树立和品牌经营的视角运营企业，以树立良好市场口碑和社会信誉为目标发展企业；加强驾培企业文化建设，树立企业文化意识，通过文化氛围、文化规范、制度仪式等方面的建设，增强职工的认同

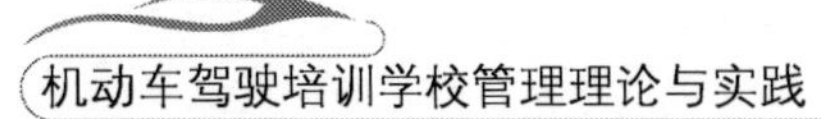

感与凝聚力,激发企业职工的积极性;改进管理手段,树立以人为本的管理经营理念,注重驾校的内部的思想教育与观念培育,积极采用现代化、正规化的管理手段提高管理效率;加强校际交流与对外宣传,提升驾校知名度,建立驾校良好社会形象。

其次,在政府宏观调控方面,政府部门在维持市场经济基本秩序的前提下,加强引导,推进驾培企业品牌建设。比如,相关职能部门可以通过树立标杆,对一些教学质量好,社会美誉度高的驾校予以扶植,充分发挥它们的辐射和榜样效应,扩大这些企业的品牌知名度。具体的措施包括加大对此类驾培企业的宣传力度,推进这类驾校扩大办学规模,依据此类企业制定相关的服务质量标准等等。通过这些举措,进一步提高这些驾培企业在行业发展中的话语权,提升这些企业的品牌影响力,提高这些驾培企业的市场占有率,对行业内的驾校发展形成引领。

第七章

机动车驾驶培训学校的规范化管理研究

新世纪以来,驾驶培训行业迅速发展,驾驶学校的规模及其教学和管理水平不断提高。但客观地看,驾驶学校的教学和管理水平也还存在多方面的不足,与社会现实要求存在一定差距。各种不足归结起来,突出表现为驾驶学校管理的规范化程度不够。因此,强化驾驶学校的规范化管理,便成为提升驾驶学校教学水平及驾驶人员培养质量的重要途径。本章主要从管理学的角度阐述当下驾驶学校管理存在的问题,分析这些问题的成因,指出规范化管理是驾校生存的前提,并对我国驾校规范化管理提出了具体的政策建议。

第一节　当前机动车驾驶培训学校管理的问题

驾驶学校的管理主要涉及两个方面:一是驾校外部的管理,即相关部门对于驾校的管理;二是驾校内部的管理,即各个驾校自身的管理。无论从驾驶培训行业的整体生态及其治理结构和方式,还是从驾校自身管理的结构和方式的角度看,当前驾驶学校的内外部管理都存在一些有待改进的问题。

一、驾驶学校外部管理的问题

1. 驾驶学校无序恶性竞争

随着学驾需求得到一定程度的释放,驾驶学校数量又不断增加,当下,驾校的生源虽源源不断,但已不像以往那样熙熙攘攘、拥挤不堪。绝大多数驾校,都不得不面临为吸引生源而相互竞争的问题。有序的竞争,自然有很多益处。如一些驾校实行车接车送、免费用午餐等方式,这些竞争手段,既提高了驾校的服务意识与服务质量,也为学员带来了方便与实惠。可惜,当前驾校的竞争更多的是一种无序竞争,说穿了就是价格竞争。

价格竞争的基本方式就是降低培训收费价格。目前江苏省机动车驾驶培训能力大大超过实际报名人数,大多数驾校存在教练车闲置、教练员待岗等问题,市场供大于求的现象突出,投资风险不断增大,这将使整个驾培市场供需关系严重失调,使得驾校的培训量超过实际需求量,生源不足成为一个普遍问题。为此,驾校之间通过降价恶性竞争,价格最低时培训费用仅为 1200 元,降价对于学员而言,看上去是一件好事,其实不然。正如一所驾校校长所言:“驾培收费不是太高而是太低,因为学费低导致驾校无法有效提高硬件和师资水平,只能靠有限的资源维持日益增多的学员的需求[61]。”

具体而言,驾校之间的无序恶性竞争,会通过以下表现降低学员的学习质量,损害学员的利益:一是“偷工”。一些驾校收取的培训费用,如果按照规定标准对学员进行培训的话,驾校连培训的成本都不够。驾校轻易不会亏本经营,一般在收取低额的学费后,往往在减少学员上车时间、减少培训项目、缩短培训周期等方面,千方百计地降低成本。二是“减料”。因为收取的培训费用较低,驾校就不可能用更多的资金投入到设备设施的改进以及人员工资上。相应地,驾校为学员提供的场地、车辆的质量和数量,以及教练员的水平和素质,也不尽理想,从而影响学员的学习质量。三是“栓套”。学员将费用交给驾校后,便被驾校套牢了。一些驾校不顾培训能力,通过低收费将大量学员招收进来之后,并不能及时地安排学员培训,形成学员大量积压的问题。加之,学员多的情况下,培训过程也会敷衍了事、草草收兵,导致学员考核通过率下降。而无论是排队等候的学员,还是考试不合格的学员,都没有办法退款,只能听从驾校的安排,有苦难言。四是“中途收费”。有些驾校先通过较低的报名费将学员吸引过来,然后再通过培训过程中收取保证金、油费、场地费、考试费、办证费等,额外收取学员费用,学员进退两难,只能吃“哑巴亏”。

“价格联盟”是价格竞争另一种特殊的形式。今年3月,有媒体报道甘肃庆阳17所驾校根据实际情况核算培训成本,驾驶员培训费用将实行统一收费标准:C1/C2车型一次性收费4600元,B2车型一次性收费8500元。消息称,该收费标准从2017年3月1日起执行。这种违反《中华人民共和国价格法》的价格联盟,目的是通过共同提价,改变整个驾培行业萎靡不振的状态。不过,由于各驾校实力不同,统一价格会造成新一轮的不平等竞争。同时,各驾校形成“统一价”既会导致经营服务差的驾校依赖“统一价”保护而生存,也会使基本条件、管理水平与服务质量较高的驾校得不到更好的发展[62]。更重要的是,“驾校联盟”在统一并提高价格的情况下,并不意味着驾驶培训质量的提升,学员付出更高的费用,获得的却是同样甚至可能是更差的服务质量。

2. 监督考评工作相对缺乏

相关部门对于驾校监督考评工作的不到位,也是当前驾校外部管理的主要问题之一。监督考评工作的不到位集中表现为两个方面:一是对驾校办学资格与方式的监督不到位。虽然绝大多数地区都在场地要求、车辆数量、资金投入等方面,对驾校设置的门槛与标准有明确的规定,但对于一些“打擦边球”或“明修栈道、暗度陈仓”的做法,却缺乏深入的监管。目前,一些地方的驾培市场中,由于教练员不能单独开展驾驶培训业务,他们便“挂靠”驾校,以驾校名义对外招生。驾校接受其挂靠后,按教练招收“徒弟”的人数向其收取管理费。由于缺乏严格的约束机制,一些教练员的诚信意识也不够,因此便出现了“黑驾培”的情况。有的人招来学员后不向驾校报告,将驾校“架空”,以此逃避管理;有的直接“飞单”,在彼此之间有偿转让学员;还有的用低价吸引学员,事后再额外收费,牟取暴利。这些情况都严重影响了驾培行业的良好秩序[63]。

二是对驾校教学内容和考试过程的监管不到位。一项关于江苏省驾校培训状况的调查表明,在教学大纲的执行方面,管理部门要求驾校按《教学大纲》规定的4个阶段进行培训,但在实际教学中一些驾校和教练员“重考试、轻培训”,没有按照规定学时进行训练。因为,科目一理论考试比较简单,很多驾校基本上都不重视,把理论学习全都压缩在第一阶段,而没有发挥理论教学在整个培训过程中的作用,尤其是对行车安全教育非常不够。科目三的训练时间则因为科目二时间占用过多而被人为减少。在路上训练方面,一些驾校的路上训练时间不够，导致考证后的新驾驶员，因技术不过硬、适应能力差、安全意识缺乏、不会在雨雪天气条件下驾驶而出现大量违章行为，造成追尾、刮碰事故频发。在考试过程方面，考试部门也缺乏一致的标准，各个学员路考的距离不够统一，虽然驾校学员考试的通过率都能达到85%左右，但这并不是学员培训水平的真实反映[64]。这些情况的出现，很大程度上正是因为管理部门的监管考评工作不到位。

2013年初曝光的湛江市车管所考官索取"红包"共计2100多万元的事件，更直接地显示出教学与考试监管过程中的黑洞。在此事件中，有39名考官涉案，他们与教练员之间形成了一条收送红包的利益链，首先由教练提前向学员收钱，考试时按桩考科目100元、九选科目小车200元、路考科目300元左右的金额送钱给考官[65]。相应地，考官收钱后，会给予考试学员更多的"方便"，确保他们考试通过。在此情况下，不仅考试质量无法保障，而且教练与学员还会放松平时的训练。

相关管理部门当然认识到监督考评的重要性，之所以工作有所欠缺，主要是因为这样几个原因：第一，监督考评发挥积极引导作用的机制还不甚明确。对于如何通过合理的监督考评工作引导驾校优胜劣汰，避免行业间的不良竞争，兼顾驾校利益与培训质量，把握并引导驾培行业的发展方向等问题，管理部门还没有找到合适的解决办法。第二，监督考评标准的操作性和实用性不强。各地都已经出台了多项对驾校工作进行监督考评的指标，但大多指标存在分类欠合理、表述不清晰、权值过粗糙等问题，加之评分标准受主观因素影响大，使得考评结果不能准确反映实际情况，从而影响监督考评标准的实用性与驾校的积极性。第三，相关管理部门在监督考评的权限上受到制约。如，学员培训过程中常出现教练员严重违法、违纪及无证教练车开展培训的情况，但相关管理部门并没有查扣教练车的权力，导致稽查部门取证难、处罚难的局面，往往是进行教育，而无法采取强制措施。第四，相关管理人员目无法纪，违规渎职，中饱私囊。

3. 管理部门之间缺乏协调

20世纪90年代初期，国务院明文规定公安和交通部门应按照政企分开的原则，实现党政机关与驾驶学校的脱钩。但后来因为业务管理的原因，一些驾校与相关行政部门仍然是明脱暗挂。为解决这一问题，各地政府又进一步推进"考培分离"。"考培分离"模式彻底改变了传统的驾培工作中，相关职能部门"既当运动员，又当裁判员"的模式，但也带来了工作分化之后的协调问题。

"考培分离"使驾校管理部门职能独立，而相对忽视了职能交叉与工作衔接。虽然相关文件明确规定："交通部门负责对驾校和驾驶员培训工作进行宏观方面的行业管理，包括制定管理规章、技术标准、教学大纲、负责规划布局和监督检查。"但是公安部门对驾培单位仍有一定的调控手段，操作性强、管理力度大，从而形成管理行为的交叉。在工作衔接不好的情况下，管理行为的交叉容易导致体检表、学员证、教练车证、教员证等证件的发放各自为政的局面。公安部门的特殊性又使一些信息无法分享，造成信息的不对称。这种信息不对称，容易产生制度上的漏洞，使驾驶员培训信息不对称，影响职能部门对行业的管理和决策，同时容易出现"假学时、假培训记录、假安全事故证明"等现象，极大地影响了交通驾培管理机构对于驾校的监督和管理。

事实上，驾培行业管理工作政策性强、涉及面广、技术性高、社会责任大，需要工商、税务、物价、监察、法制、审计、财政等部门的全力支持,特别是公安交警部门的支持。培训、考核、发证虽然实行了分段责任制,但是又有紧密的联系。所以,各管理部门在各司其职、各负其责的同时,也不能忽视相互间的协同配合。

二、驾驶学校内部管理的问题

1. 驾校发展缺乏长远目标

几乎所有的驾校经营者,在驾校发展问题上,都用尽精力,费尽思量。但总体而言,大多数经营者的努力都是被动的、着眼于眼前的。所谓被动,是说经营者的努力更多地是为了适应驾校之间的竞争,是为了不被其他驾校"打败",相信坚持下来就是胜利;所谓着眼于眼前,是说经营者的努力更多地是为了当下的利益,是为了多挣一分钱是一分钱,认为进入口袋的钱才是真正的钱。

换句话说,当前的驾校普遍存在着"走一步算一步""走到哪就是哪""赢了就是赚了,输了就是交学费"的心态,缺乏长远的发展目标。一项针对35所驾校的调查表明,尽管大多数驾校经营者都赞同,驾校在办学过程中不能完全以效益为准绳、以盈利为目的,但在谈及办学宗旨、发展趋势特别是驾校未来展望时,他们虽强调要在同行业中脱颖而出、赢得发展空间,但却没有相对具体的定位与驾校未来图景的清晰勾画[66]。

同时,该调查还表明,当前很多驾校都不太重视自身历史的总结与组织文化的建设。在历史总结方面,很多被调查者都强调,受体制变迁、人员变动等因素的影响,很难说驾校能够积淀出什么样的传统。驾校的流动性很强是一个客观事实,但这并不意味着驾校没有自己的传统。真正的原因,是经营者缺乏整理和提炼自身传统的意识、习惯与能力。在文化建设方面,许多小规模的驾校无暇顾及于此,不愿意在这方面花费心思、投入资源;大规模的驾校在这方面的工作也停留在表面。在众多被调查者,很少有人能够清晰地描述出自己所在驾校的典型特点与文化特质。当问及驾校工作人员有什么"共同愿景"时,驾校成员的回答大多是"都想多挣钱吧"[66]。这样的回答告诉我们,如果说当前的驾校存在一种文化的话,那就是弥散性的、浅层次的物质文化,在精神建设方面则乏善可陈。而正是这种浅层次的物质文化,使得驾校成员的眼光聚焦在眼前。

很大程度上,恰恰是因为缺乏长远的发展目标,使得很多驾校比较保守,不愿大胆尝试。很多时候为了看得见的蝇头小利,而牺牲一时看不见的美好未来,甚至是做出违规、违法、违纪之事。

2. 内部管理制度化程度低

当前的驾校在规模和层次上参差不齐,在管理方式上也不尽相同。有的驾校是个体老板式的,有的驾校是家族企业式的,有的驾校是合伙经营式的,有的驾校是股份合作式的。但总体上看,不管什么形式的驾校,内部管理的制度化程度都比较低。

一方面,不少驾校没有明确细致的管理制度,基本上是"无章可依"。特别是一些规模相对较小的驾校,一方面因为驾校的人员较少,事务相对简单;另一方面为了节省运营成本,除了校长总理驾校事务之外,几乎没有专职的管理人员,大多管理工作是由教练员兼任。因此,这样的驾校很少会依据制度进行管理,也很少会制定相关的制度。其更多地实行的是"人治",而不是"法治"。具体地讲,这些驾校在权力分配上,强调老板是绝对的权力中心,一切以老板为本，其他人几乎没有任何权力；在决策方法上，不讲究程序，完全靠老板拍脑袋进行决策，受老板个人视野和想法的影响，决策缺乏相对稳定的延续性；在用人方式上，不讲究能力，常常是任人唯亲，依个人好恶取人；在工作奖惩上，不讲究绩效评估，也少有预先确定的标准与方式，往往是依据老板的主观判断进行奖惩。

另一方面，一些上规模的驾校虽制定了相关制度，却缺乏制度执行力，存在“有章难循”的情况。可以发现，一些规模较大的驾校，不仅组织结构相对完整，如设有校长室、教务科、后勤科等；而且制度建设也相对完备，如普遍制定了教学管理制度、教员管理制度、学员管理制度、安全管理制度、财务管理制度、后勤保障制度等。客观地讲，这些制度在维持相关驾校正常运行方面，发挥了不小的作用。但这并不是说，这些驾校在制度管理方面做得很好了。针对公众反映最为强烈的教练员吃、拿、卡、要问题，大多数驾校都有制度明令禁止，且在开学时再口头要求与强调，在教练车上张贴“禁止教练收受学员财物”的标语。但正如一位学员所言，“对于禁止‘吃、拿、卡、要’，学校是做得不错的，只是‘上有政策下有对策’，一些教练不太自觉。”有驾校校长提到，“很多学员并不配合，再加上一些举报人没有明确指出是哪一位教练变相索要财物、索要了什么财物，因此很难查处。学校不可能派专人每天跟着出车，学员自愿送礼、请教练吃饭，驾校也无从得知[67]。”这种将责任推向学员的观点，虽然反映了一部分事实，但更多的责任则在于驾校没有切实将制度落实下去。

3. 组织成员整体素质有待提高

组织成员整体素质还不尽理想，是当前驾校内部管理面临的一个基本事实。这也是当前驾校管理的经验性、无序性、随意性等特征较为明显的原因所在。

首先，驾校经营者与管理者的素质还跟不上社会和驾校发展的需要。诚然，现实中不乏基本素养高、业务能力好、管理水平高的经营者和管理者，但这些人即便不是凤毛麟角，也是一小部分，大多数的经营者和管理者的素质都有待提高。具体而言，第一，就学历层次而言，不少驾校经营者和管理者的文化水平相对较低。第二，不少驾校经营者和管理者的职业道德素质有待提高。确保学员的根本利益，促进社会交通的安全与文明秩序，以及维持与其他驾校的良性竞争环境等，是驾校管理的几个主要职业道德要求。但在现实中，我们常常能够看到驾校经营者和管理者出于自身利益，不顾学员的培训质量，无视公共安全以及诋毁、中伤竞争对手等现象。第三，不少驾校经营者和管理者的专业技能有待提高。经营者和管理者虽不直接进行教学活动，但必须懂得与驾驶相关的道路交通安全、驾驶基本技术以及教育学和心理学等方面的基本知识与技能，应该是驾驶培训的行家里手。可以想象，在缺乏一定的业务知识和技能的情况下，经营者和管理者很难对培训过程中出现的问题做出准确的判断，也难以给出恰当的指导，从而影响管理的科学性与有效性。第四，不少驾校经营者和管理者管理技能掌握不足。抛开这些新校长不谈，其他不少具有一定管理经验的经营者和管理者，对于现代驾校管理的基本原理、决策的方式方法、驾校管理运作方式、财务管理的基本知识和程序以及相关的管理制度和法规等内容，也往往知之甚少。

其次，驾校教练员的整体素质还有待提高。第一，驾校教练员的学历水平普遍较低。虽然许多驾校对教练学历提出了高中以上的要求，但一方面这样的学历要求本身不高，另一方面即便是这样的要求在实施时都没有得到具体的监督和审核。学历水平偏低，一定程度上影响了教练员的技术理解与教学表达能力。第二，不少驾校教练员的教学态度和能力较差。

很多学员反映,教练员在教学过程中存在辱骂、吆喝学员,压缩培训时间,对待学员不够耐心,教学时只注重结果,不重视教学过程,搞题海战术等情况。面对学员背景和需求的多元化,面对教学和理论的疑难问题,越来越多的教练员难以起到专业的指导作用。第三,一些教练员的职业道德存在问题。有些教练员通过“红包”谋利,存在吃、拿、卡、要等不正之风;有些教练员责任心不强,在教学过程中违反交通规则,让无证学员在非允许路段驾驶;还有些教练员在教学时间之外擅自将教练车借给他人,或者自己不在车上,让学员独自驾驶上路,无视教学准则与交通安全等。

4. 管理的信息化程度较低

尽管驾驶技术培训是一项知识性、技能性的工作,但当前驾校仍属于劳动密集型的,以人力劳动为主,技术含量体现不足。而在管理方面,很多驾校也缺乏现代企业的特质,特别是管理信息化程度较低。譬如,很多驾校都没有自己的网站,对外宣传与沟通主要仍依赖传统的媒体和工具。即便有些驾校建立了自己的网站,也是比较简单,其功能主要是服务于招生宣传,建成后往往是常年不见更新。又如,不少驾校有关驾校管理的财务报表、教练员情况、学员情况、教学安排等数据的记录和存储,使用的还是传统的方式。即便是利用计算机进行记录与存储,也还停留在表层,只是用 Word、Excel 等工具进行简单操作,而没有建立专业的数据与档案管理系统。再如,很多驾校的学员报名登记、教练员的考勤考评、学习课时统计、学车与考试预约、车辆行驶记录、学员成绩统计等工作,基本上都是人工操作进行的,较少运用信息和网络技术,导致驾校管理的网络化、智能化、动态性、实时性程度很低。此外,在利用现代信息技术进行理论学习、虚拟驾驶、模拟考试等辅助教学方面,大多数驾校做得更是不够。因此,总体而言,当前的驾校管理仍然疏离于信息网络技术之外,而相对传统和相对简单粗糙的管理手段与方法,不仅影响着驾校管理的效率,也影响着驾校管理的科学性与有序性。

第二节　规范化管理:驾校管理改进的方向

当前驾校管理的问题具体表现为很多方面,但归纳起来则为一点:管理的规范化水平不高。相应地,改进当前驾校管理不足之处的基本出路,就是实施规范化管理,提高管理的规范化水平。规范化管理是一套相对成熟的理论,在现代企业管理的实践运用中取得了很好的效果,对于提升驾校管理的规范化程度有着积极的借鉴价值。概括起来,规范化管理的核心要求包括以下几个方面。

一、目标稳定化

企业发展要有目标。目标的设定具有三重作用:一是导向作用。目标可以让组织成员知道,组织发展的去路,不至于在发展过程中视听不清、茫然无措、盲目择路,而是始终能够坚持自己的信念、选择与道路。二是聚合作用。有了目标的指引,就可以将看上去纷繁凌乱的事务汇聚到一个焦点上;也可以将负责不同工作的人员凝聚在一起。三是激励作用。目标是一种刺激,是满足人需要的外在物,是希望通过努力而达到的成就和结果,它能够诱发人努力行动、积极向前的动机。

目标的积极作用并不是自然发挥的,而是有条件的。这种条件包括内容和特征两个维度。在内容上,目标本身应是合理恰切的,它不能违背基本的伦理要求,也不能脱离企业发展的现实基础。在特征上,目标则应具有稳定性。目标的稳定性展开来说,又涉及目标的明确性与长远性两个方面。

目标的明确性首先意味着目标必须清晰地加以表达。只有清晰表达的目标,人们才能够准确地把握其内容。事实上,模糊的目标,严格意义上也算不上目标,只能称之为想法。其次,目标的明确性也意味着目标是具体的。清晰的目标未必是具体的。尽管表达清晰,但如果不够具体,人们便不知道从何下手、如何下手,这样的目标也是笼统模糊的。再者,目标的明确性还意味着目标不仅仅是管理者的、口头上的,而是为所有组织成员所知晓和认同的。如果目标只是宣称的,不为组织成员所接受,这样的目标就是虚的目标、假的目标。

目标的长远性强调,企业目标虽要清晰具体,但不能鼠目寸光,而是要有远大的追求和长久的规划。中国有两句古话:一是"有志者立久志",这是说有志者要在确立长期目标的前提下,把战略措施变成短期目标去追寻和努力,并最终实现长期目标。二是"无志者常立志",这是说目标不断变化,结果是东撞西突,没有方向。企业如果没有长远打算,就容易随行就市,出现短期行为,并导致企业资源得不到合理有效的利用,因为眼前小利而忽视了长远的发展。

哈佛大学曾对一群智力、学历、环境等条件都差不多的年轻人,做过一个长达25年的跟踪调查,调查内容为目标对于人生的影响。最初的调查显示:被调查者中,27%的人没有目标,60%的人目标模糊,10%的人有清晰但比较短期的目标,3%的人有清晰且长期的目标。25年后的调查结果则是:3%的有清晰且长远人生规划的人,25年来几乎不曾改变过自己的人生目标,他们几乎都成了社会各界顶尖的人士;10%的有清晰短期人生规划者,大都生活在社会的中上层;60%的人生规划模糊的人,几乎都生活在社会的中下层面;那些没有目标和规划的人,则几乎都生活在社会的最底层[68]。组织的发展与人的发展是一样的,只有目标稳定,各项工作才会井井有条,才会有美好且能够实现的未来。

二、决策科学化

目标稳定化是规范化管理的前提,决策科学化则是规范化管理的关键。很多人讨论企业规范化管理问题时,都会强调企业员工按照规矩办事,却很少提及决策的规范化。其实,决策失误给企业发展带来的危害会更大。企业决策往往直接关系到企业的生死存亡,一般的失误会造成企业物质资源和时间精力的浪费,会使企业发展多走弯路;严重的失误则会关系到企业的生死存亡,一次失误就有可能将企业送入坟墓。在企业决策问题上,通常有"99=1"法则之说,即99次决策正确,实现了企业持续的发展,但1次决策失误,就很可能使企业由此一下子陷入困境,使99次正确决策所实现的发展化为乌有。

不少企业的决策都是由最高领导者做出的,这些最高领导者的决策方式往往是拍脑袋决策。而那种发扬民主,让广大组织成员参与进来的决策方式,有时候是集思广益,但更多时候只是另一种形式的拍脑袋,即大家一起拍脑袋。拍脑袋的决策方式,是造成企业发展不稳定的一个非常重要的原因。拍脑袋拍对了,企业可能获得一次发展,拍错了,企业就会蹉跎停滞。还有的企业甚至连什么时候拍脑袋的约束也没有,企业就只能像一只钻进黑布袋的老鼠,东拱拱,西拱拱,有幸撞上布袋口子,就获得一次生机和发展。若碰不上这个口子,就只能困在黑布袋里,待体力耗尽时,走向死亡。

企业管理要从“盲目”走向“理性”,从“人治”走向“法治”,要逐步实现规范化管理,就需要变“拍脑袋决策”为“科学决策”。决策的科学化首先要求建立健全企业经营决策体制,要合理划分企业内部各级组织和各类人员在决策过程中的职能,形成相对稳定的智囊参谋机构,明确个人决策与集体决策的关系与形式,建立决策监督与责任追究制度等。其次,决策科学化要求高度重视信息的开发和利用。只有决策者掌握大量、真实、可靠、有用的信息并对其进行细致分析之后,才可能做出科学的决策。因此,企业管理者要主动积极地通过网络、报刊、电视等媒体,政府部门的政策文件、行政公文,行业会议以及消息灵通人士等渠道,拓宽信息来源。再次,决策科学化也有赖于参与决策者个人素质与能力的提高。从权利的角度而言,凡是与决策事务有关联的利益相关者都应该参与到决策活动中;但从能力的角度而言,并不是所有人都适合参与决策的,决策参与者的素质与能力直接影响着决策科学化的程度。因此,所有希望参与、能够参与决策活动的人,都应该从知识结构、工作经验、业务能力、思维水平和心理状态等方面,提高自身的素质与能力。最后,决策科学化还要求决策程序的科学化。这不仅意味着要进行系统决策,而且要运用科学方法进行决策,把决策活动约束在既定的程序中,避免企业决策受决策人的知识结构、情绪波动、价值偏好的影响,使企业的任何决策,都是一种推动企业发展的最优选择。

三、组织系统化

一如骨骼、筋脉与血肉的天然合成,是人生命存在与发展的基础,组织系统化也是企业规范化管理,乃至企业生存与发展的基础。组织系统化涉及两个方面的要求:一是要建立完备的组织结构,二是要形成组织的系统关联。

组织结构的建立要处理好这样几个问题:一是实现工作的专门化。即一个人不是完成一项工作的全部,而是将一项工作分解成若干内容和步骤,每一个内容和步骤由特定的人完成。二是实现工作的部门化。一旦通过工作专门化完成总体任务的细分之后,就需要按照类别对它们进行分组,以便使从事相同或相似工作的人可以集中在一起。工作分类的基本方式就是部门化,即将承担相同或相似工作的人划归为一个共同的部门。三是明确命令链。命令链是一种不间断的权力路线,从组织最高层一直延展到组织最基层,澄清谁向谁报告工作。它主要是回答组织成员提出的这种问题:“我有问题时,去找谁?我对谁负责?”四是确定管理跨度。管理跨度是指一个主管所管理下属的人数。管理跨度非常重要,因为在很大程度上,它决定着组织设置多少层级,配备多少管理人员。一个主管所管人数过多,意味着管理的层级少,但主管对于下属的控制和指导会出现困难。反之,如果一个主管所管人数少,对于下属的控制和指导会更便利,但管理的层级会因此增多,上下级的信息沟通会更复杂。五是集权与分权的权衡。有些组织中,高层管理者制定所有的决策,低层管理人员只管执行高层管理者的指示;另一些组织则把决策权下放到最基层管理人员手中。集权和分权本身没有绝对的好坏之分,需要根据组织规模、事务性质、人员特点等情况,做出合理的选择。

组织结构只是组织的静态面,组织的有效运转,还有赖于组织各组成部分之间能够形成系统关联。也就是说,企业并不像小孩过家家一样,搬几块砖头,上面贴上标签,这块砖头代表人事部,那块砖头代表财务部,还有砖头代表研究部、办公室,最后再来几块砖头代表董事长、总经理等,把它们堆在一起就构成一个企业了。对于企业的生存和发展而言,最为重要的是,企业要在组织结构的基础上,形成一种系统思考。组织的各个单位、部门和岗位,要明确自身承担的目标以及自身目标与组织大目标的关系,要意识到自身的独立性与责任,更要确立“1 +1 >2”的系统效能观念,意识到自身只是组织网络中的一个节点,必须与组织中其他更多的节点发生广泛的关联与沟通,才能够更好地履行自身的职能,也才可能对组织发展做出最大的贡献。反过来讲,任何有违系统关联要求的个人主义、部门主义、本位主义,都将损害组织的整体效能,应当自觉摒弃、坚决杜绝。

四、权责明晰化

权责明晰化是组织系统化的基本保障。如果某部门或岗位,承担了与其权力不对应的责任,就会引发管理层、部门或个体之间由于职责不清而出现的互相推诿、扯皮、埋怨等问题。这不仅容易引起人事制度和管理上的混乱,使企业正常运行受到影响,有效资源得不到合理配置,严重的还会导致组织内部派系纷争,上演人事上的貌合神离、分崩离析的情况,破坏组织的结构与系统性。

权责明晰化的根本要求是,所承担的责任和所拥有的权力对等地进行界定,拥有权力者承担相应责任,承担责任者拥有相关权力。它要求做好岗位责任明确与合理授权两个方面的工作。

一方面,要明确岗位责任。权与责是两个不同的概念。权就是权力,责就是责任。所谓权力是指在规定的职位上具有指挥和行事的能力;所谓责任是指在一定职位上所应承担的义务。可见,权和责都是与职位相对应的,准确地讲是职权和职责。而且,职权的大小很大程度上又是依据职责的多少确定的。因此,要实现权责的明晰化,维持权责对等原则,首先就需要明确工作的岗位,以及各工作岗位的责任范围。这需要在组织总体目标和任务下,以“因事设岗、精简高效”为原则,整体考虑组织各项工作和人员的安排,在此基础上积极推进岗位责任制度。岗位责任制是要对不同部门和职位工作人员的职责,以书面化的形式逐项明确。这可以减少推卸责任和投机取巧的可能性,解决部门之间、层级之间、个体之间配合不默契问题,促进各组织成员工作表现评价的准确性与合理性。

另一方面,要合理授权。合理授权是贯彻权责对等原则的基础,一旦明确了相关岗位的责任,就必须赋予相应的权力。定责不能脱离权力,我们不能要求各组织成员只承担其责任,而没有其权力。授权的目的在于向组织人员提供一种手段,以便有助于他们去实现岗位目标。所以,授权时首先应从其岗位目标和工作任务出发,将实现岗位责任规定的目标与任务所需要的处理问题的权限授予下级。所授职权不应该大于或小于职责,大于时,就难以指导和控制;小于时,则会降低资源获取与支配的能力以及工作的积极性,不利于任务的完成。同时,与明确岗位责任一样,授权也要以书面的形式加以确认。尽可能避免口头授权。即使因为情况特殊而口头授权了,也必须通过一定的方式,用明晰的文字给予追记。

五、工作流程化

工作流程化是指组织要达成总体目标，每个单位、部门和岗位角色所承担的工作，都必须按照它们所承担的相应子系统的目标功能要求，确立行事的流程规范，并通过流程规范来协调关系，规范行为，以使组织管理由管理者个人随心所欲的无序管理或能人管理，过渡到以组织发展目标为导向的流程管理。

实行工作流程化，可以打破组织条块分割状态，且这种打破组织条块分割状态的方式，不是依靠正式的自上而下的权力，也不是依靠非正式的人际关系，而是建立在工作需要上。通过将整体工作分解成程序上紧密关联的每一个活动以及活动的每一个环节，组织成员之间的联系便成为一种必然要求，而且所有组织成员也自然会形成一个整体。因为，任何一个活动或环节的工作，都必须以前一个活动或环节的完成为基础。同时，最终的工作效果和质量，是与每一个活动和每一个环节都相关的。只要一个活动或环节出现问题，整项工作都要受其影响。如此，基于工作流程的设计，每一个组织成员既因为负责某一部分的工作而具有相应的权力，也因为其工作依赖于并对其他部分的工作产生影响，而对其他人具有相应的义务，组织成员之间的沟通、协调与配合会逐渐成为一种自觉主动的行为。

同时，基于工作流程的无条件的相互配合、相互支持、相互帮助的义务和责任，也使得组织成员不再有严格意义上的上下级之间的等级强权控制。每个人都是按照既定的流程要求进行工作，每个人的行为都是服从这个流程的要求。不再有让人难以容忍的上下等级分别，每个员工都平等地为组织的存在和发展做贡献。尽管为组织所增添的价值、所做的贡献仍然有大小之别，但在人格尊严上是完全平等的。权力和地位的差别是结果，不是原因。换句话说，是因为具体的人在这个流程中，做出了比他人大得多的贡献，使流程的其他承担人员从心底对他佩服、尊敬，从而使他享有比他人较高的地位和较大的权力。等级强权带给人的不愉快，通过工作流程管理的规范，可以最大限度地消除。也只有在这种情况下，组织成员才可能都成为对于组织存在和发展具有充分活力的细胞。

此外，工作流程化也是一种控制过程化的思想。传统组织管理的一个特点是，不管过程，只管结果。问题在于，当结果已经出现时，无论怎么控制也无法挽回其损失。过程是结果形成的前提，只有对过程进行控制，才能控制住结果。高效管理的一个最基本要求，就是在不良结果出现之前，控制过程。管理的目的也不是要惩罚人，而是要让组织成员积极努力、创造性地工作。工作流程化往根本处看，正是一种过程管理的思维。它力图基于工作过程的细致设计与安排，对具体的工作过程和环节进行规定与指导，关注事物发展过程中的控制，以避免不理想结果的出现。

六、考核客观化

奖惩是企业管理的主要方式，是规范化管理的基本手段。因为，每个组织员工都有自己的个人目的和利益，任何人都不是完全无私的，也不会一味地、无索取地为组织做贡献。组织管理说到底就是管理者提供诱因，以在个体目标与组织目标之间进行交换的过程。即，管理者提供诱因满足组织成员的个体目标，作为交换，组织成员则要为组织目标的实现做出自己的贡献。奖励与惩罚则是提供诱因，建立个体目标与组织目标平衡关系的基本形式。组织成员为企业发展积极努力，做出了贡献，就必须进行奖励，满足其个体的利益和愿望。组织成员工作不努力，给企业发展带来了不良影响，就要进行惩罚，降低其个体目标满足的程度。

企业从根本上讲，是人的聚合，而不是厂房设备和办公大楼的组合。企业发展虽以物质条件为基础，但最终是要靠员工的努力和贡献。可以说，没有员工的能动性和创造性的发挥，就不会有企业的存在和发展。而如果组织成员只能看管理者的眼色和喜好行事，无法预测自己的行为后果，他们要么会将心事放在“搞关系”、“拉帮派”上，要么敷衍了事、明哲保身，很少会积极地工作，为组织发展做贡献。因此，对于组织成员的奖惩，必须事先约定。做了什么、做成了什么，该受到什么样的奖励、多大的奖励；没做什么、做错了什么，该受到什么样的惩罚、多大的惩罚。这些都必须先行确定，有所依据。否则，组织成员不知道什么样的行为会受到鼓励，什么样的行为是被禁止的，不免会无所适从。

要保证奖惩有所依据，对于组织成员绩效的考核就须尽量客观化。客观化尽管未必都要以量化的形式加以呈现，但定量化无疑是客观化的最主要途径。如果对组织成员的考核以主观感觉和定性描述为主，就难以保证这种考核的准确、全面、公平与公正，它不能充分反映组织成员工作的真实情况及其对于组织发展的实际贡献。定量的考核则相对更加客观、准确，它不仅使得所有组织成员的努力和贡献具有可比性；也使考核不再完全是自上而下的工作，而可以是一种自我考核；且可以尽量避免组织成员对于考核结果的争议。因此，定量化可以促进考核的客观、公平、公正，并有利于增进考核的信誉度与有效性，从而为奖惩工作的合理化奠定基础。当然，考核定量化的积极作用也是有条件的，它要求定量工作本身的合理性。这一方面意味着在范围上，定量考核要尽可能全面地涉及相关工作的内容，要准确地反映工作的努力程度和绩效，另一方面也要注意，定量考核不能走向极端，对于不能量化或不适宜量化的工作，不可牵强量化。

七、管理标准化

老子曾说：“天下难事，必做于易；天下大事，必做于细。”这句话精辟地指出了，想成就一番事业，必须从简单的事情做起，从细微之处入手。一心渴望伟大、追求伟大，伟大却了无踪影；甘于平淡，认真做好每个细节，伟大却不期而至。一个组织的发展也是如此，只有从细微处入手，注重每一个细节，组织才有可能有整体的、健康的、长远的发展。同样，组织的规范化管理，也要从细节入手，每一个细节都有明确的规范，组织整体的规范化水平自然会提高。

细节的规范化管理，就是要为各项具体工作的内容和方法制定标准。它的核心精神是追求工作方法的科学化。它的基本思路则是，先根据严谨的研究工作，得出某项工作的基本过程与方法，然后以制度的方式将这些过程与方法明文确定下来，再让组织成员按照制度规定开展工作。我们知道，肯德基、麦当劳这样的快餐店取得了巨大的成功，其取胜之道即在细节管理上。肯德基和麦当劳的管理条例都有几千条，麦当劳为了保持食物的新鲜度，汉堡包制作 7 分钟后卖不掉就要扔掉。同时，这 7 分钟并不是随意制定的，而是经过科学测算的。这种深入毛细血管的工作标准化，既可以提升组织成员工作的科学性与有效性，也可以提高组织成员工作的预见性与整体性。一般企业即便因行业不同，不能制定像肯德基、麦当劳那样细致的工作标准,也一定要结合自身情况将工作尽可能细化、标准化。

细节管理的标准,不只是要为一般组织成员制定详细的工作标准,更是要将重点放在管理者管理行为的标准化上。没有管理者行为的规范化,为管理者实施管理确定必要的标准,其他的规范就很难落到实处。在现实中,对管理者本身的行为进行规范是一个普遍存在的薄弱环节。有很多人还陷入了一个误区:认为由管理者根据自己的偏好实施管理,并让管理行为变得变幻莫测的管理,是一种具有个性特征的艺术化的管理。管理行为是实施管理的过程基础,在组织管理中,抽去了管理行为的规范化,企业的规范化管理,也就只剩下一半的内容了。事实上,一般组织成员的工作规范是与管理者的管理行为规范紧密关联的,通过管理者管理行为的标准化,控制住管理者的管理行为,一般组织成员的工作标准也就容易得到执行了。

管理行为标准化强调的是,对管理人员实施管理的行为过程要求进行具体明确的界定。其包括如何公开、合理地行使管理权力,如何公正、经济地配置与使用资源,如何进行有效的沟通、授权,如何进行公平、客观的绩效考核,及如何对员工的积极表现和贡献进行公正的奖赏等,这些内容都必须有具体的行为标准。而且,这些管理行为标准,是对管理者提出的基本要求,不能随意地进行“创新”“打折”。管理者可以在此基础上做得更多、更好,但首先必须按照这种标准要求行事。

第三节　提升驾校管理规范化程度的策略

结合当前驾校管理的问题和企业规范化管理的一般要求来看,驾校内外部管理者可以重点考虑运用如下策略,改进驾校管理的问题,提升其管理规范化程度。

一、外部管理的改进策略

1.理顺关系,转变职能

受管理体制的影响,驾驶学校管理中一直存在着政企不清和考培工作过于疏离的情况,由此引发了各种矛盾和管理上的不规范行为。因此,提升驾校管理的规范化水平,首先需要理顺各种关系,转变行政部门的职能。

其一,要理顺管理部门与驾校的关系,消除政企不清的问题。在《中华人民共和国道路交通安全法》颁布之前,很多地方的驾驶培训主要由行政部门承担。《中华人民共和国道路交通安全法》第二十条规定:“任何国家机关以及驾驶培训和考试主管部门不得举办或者参与举办驾驶培训学校、驾驶培训班。”自此之后,驾驶培训中的政企关系逐步明确,但也仍然存在政企不清的问题。其主要表现有:行政部门虚拟一个驾校法人,对驾校能有实际操控作用;驾校场地从行政部门处租用,两者存在利益关系;行政部门将驾驶员考试放在某驾校的训练场地进行,该驾校因此享有特别照顾权;驾校为行政部门亲戚、下海同事或转制单位举办,与行政部门存在千丝万缕的关系等。对于这些现象,管理部门应以严于律己为原则,彻底退出驾驶学校的经营,以提升自身行政工作的合法性与信誉,确保驾培市场竞争的公正性。

其二,要理顺公安部门和交通部门之间的关系,避免考培过于分离的情况。交通部门要做好审查驾校资格和市场准入,规范驾校办学条件,规范培训市场秩序,严格教练员从业资格的监管和考核,监控驾校教学和管理等工作。公安部门要做好规范申请驾驶证受理、考试、发证全过程,实施对机动车驾驶人考试员的管理,严格考试科目、考试标准和考试间隔时间期限,依法治理考试、发证环节中徇私舞弊等违法行为等工作。同时,两部门要加强横向联系,求同存异,积极主动地对待各方关系,建立健全沟通协调机制。公安部门要按照有关规定,对未取得《机动车驾驶员培训许可证》和《中华人民共和国机动车驾驶员培训记录》的人,不予受理驾驶证考试申请;要联合交通部门开展驾培市场的整治,加强对驾校的招生行为、培养质量、收费价格的联合检查,打击取缔黑教练车、黑驾校等违规行为。交通部门要定期向公安部门通报驾校许可、教练员管理及驾校培训情况;要将公安部门提供的驾校考试合格率、考试组织情况作为驾校信誉、教练员信誉的主要依据;要根据公安部门提供的驾驶员考试情况及驾龄在3年以内驾驶员交通事故、违章情况,对驾培机构培训的质量进行评价。

其三,管理部门要积极转变职能,树立服务理念。无论是交通部门还是公安部门,都应当明确,自身的工作不是要对驾培行业进行“管理”,而是要为驾培行业服务。建设服务型政府,是我国政府职能的重大创新,同样也是对驾培行业管理工作的要求。驾培行业的管理部门要坚持以人为本、执政为民,为经营者服务好,为当事人服务好,让他们“安心经营、专心教学、放心学车”。事实上,也只有在职能转变、服务为要的背景下,各管理部门之间的关系以及管理部门与驾校之间的关系才能够彻底地合理界定。

2. 完善法规,合理规划

依法行政是加强驾校规范化管理的基本要求。近些年,我国驾培行业的法治工作取得了长足的进步。这既表现为《中华人民共和国道路交通安全法》《中华人民共和国道路运输条例》《中华人民共和国行政许可法》《机动车驾驶员培训管理规定》等全国性法律法规的出台与更新,也表现为《上海市机动车驾驶员培训管理条例》《江苏省机动车驾驶人培训管理办法》《杭州市机动车驾驶员培训管理条例》等地方性法律规章的制定。法制的健全,可以较大程度上避免管理不规范带来的问题。譬如,2013年3月1日起施行的《江苏省机动车驾驶人培训管理办法》规定:机动车驾驶培训实行学时制,学员有权选择教练员,并与驾培经营者约定培训时间,有权拒绝支付合同中未约定的培训收费;教练员必须遵守培训规范,文明施教,尊重学员,不得侮辱、打骂学员;驾培经营者不得超过备案的收费项目和收费标准收费,不得低于成本价恶意竞争,或者以其他价格手段扰乱机动车驾驶人培训市场秩序等。凡是违反相关规定者,将受到500~20000元的罚款。这些具有较强针对性的法规,对于驾校的经营与管理行为起到了很大的规范作用。

不过,就驾培行业的现实而言,我国驾培行业的法制化建设还有待完善。这首先表现在立法工作上。驾培行业中有一些突出的问题,还要通过立法加以解决。就此而言,我国驾培行业的立法进程还须进一步加快。其次,要积极开展相关法规的宣传与学习工作,切实推动法规的合理执行。要提高管理部门、驾校和教练员学法、守法的意识,以及用法、依法办事的能力,从而使相关法律从“纸面”走向“行动”。同时,也只有通过学法、用法才会真正推动法规的改进与完善。

合理规划驾培行业的发展,也是提升驾校管理规范化水平,整治不良竞争秩序的重要保障。驾校管理部门要通过规划工作确保驾培市场的规范有序、科学发展,避免恶性竞争,提高培训质量。具体地,应由交通运管部门牵头,公安及其他部门配合,对现有驾培能力进行分析评估,对今后驾培需求进行预测,根据国家法律法规以及有关行业标准,科学合理地编制全市驾培行业发展规划,以培育统一、开放、竞争、有序的市场生态,营造"总量控制、布局合理、供需平衡"的市场格局。制定行业发展规划时,应在充分调研、摸清底数的情况下,按照当地驾培行业的现实情况与特点,充分借鉴先进地区的成功经验,组织专门人士,进行科学严谨的论证。规划要突出三个原则:一是要适度规模,既要避免供过于求的情况,也要避免供不应求的情况;二是要优化结构,在遵循国家基本要求的基础上,要考虑不同地区、不同群体的特点和要求,促进服务提供的适应性与多样化;三是体现公平竞争,切实遵循优胜劣汰的法则,引导、支持、鼓励和促进资质达标、经营规范、培训质量高的驾校,坚决淘汰条件差、培训质量低、违规违法经营的驾校。

3. 严格监督,科学评价

在健全体制、宏观调控的基础上,驾校管理部门还应做好具体的监督与评价工作。就监督工作而言,主要应做好三件事:第一,严抓准入关。驾校的审批应按申请、立项、筹建、专家评审、发证等程序进行,在每个环节中,管理部门工作人员应严格按照相关法律法规和发展规划的要求,做好新驾校的准入审批与经营许可工作。第二,强化过程管理。驾校管理部门要建立驾培市场数据库,运用计算机技术全面系统地对辖区驾校的教学、教练员、学员、设备设施、结业考试、奖惩等情况实施网络化动态管理;要不定期地实地检查,通过询问、查阅、核对等办法,及时处理违法违规行为;要建立信息公开制度,定期通过网络、报纸、电视等媒体向社会公布全市驾校及其培训情况,接受社会对驾校与驾校管理部门的监督。第三,严打非法培训。打击违法违规行为是为了更好地保护和规范驾培市场良性发展。驾校管理部门应严格执法,该停止营业的,要坚决责令其停止营业;该没收所得的,要没收所得;该罚款的,要罚款;该改正的,要责令期限改正;该吊销经营许可的,要吊销;构成犯罪的,相关部门要依法追究刑事责任。

就评价工作而言,要大力推进驾培行业质量信誉评价制度,着力营造全行业守信用、讲信誉、重信义的良好环境,通过评价工作提高驾培行业的服务质量与社会满意度。评价工作的关键是研制合理的评价指标体系,该指标体系应尽可能地涉及驾校工作的各个方面。从大的方面说,对于驾校的评价应包括基本情况、经营管理、教学服务质量和教练员考评情况。具体地,"基本情况"方面包括制度建设(如管理制度、组织结构、岗位职责等)、人员配备(如管理人员配备、理论教练员配备、实操教练员配备等)、教练车(如数量、配置、性能等)、教练场地(场地驾驶教练场和场内道路驾驶教练场)和教学设施设备(如电化教学设备、模型教具、计算机设备、多媒体教室、教学实物等)等情况。"经营管理"方面包括制度的落实(如保障措施、教练员报备、岗位责任明确等)、从业人员管理(如人员的招聘与任用、教练员档案管理、佩戴统一标识、定期学习和培训、服务规范水平等)、教练车管理(如教练车维修保障、教练车档案管理、教练车报废与更新、安装规定标识、规定场所训练、安全情况等)、学员管理(如报名管理、合同签订、课程安排、档案管理、服务质量反馈、投诉处理等)、培训收费管理(如收费明码标价、出具发票或票据、收费投诉情况等)、安全管理(如安全检查、安全学习、训练事故处理与记录、责任倒查情况等)和日常检查情况(如教学检查、车辆车质车况检查)等。"教学服务质量"方面包括教学大纲执行(如按教学大纲教学、按规定填写教学日志)、培训质量管理(如教学评估质量标准、教学评估方法、教学评估结果运用等)、结业考试管理(如结业考评、结业证发放等)、考试合格率(理论科目考试、场地驾驶考试、实际道路驾驶考试)、诚信服务(如公示承诺内容、招生广告、承诺的落实等)、教学条件(如教练员资质、教学环境与设备等)和奖惩情况(如建立奖惩制度、被管理部门处罚情况、被新闻媒体曝光情况、获管理部门表彰情况、获新闻媒体表扬情况等)等。"教练员考评情况"方面包括考评组织机构(如建立考评组织机构、落实机构人员、按职责开展工作等)、考评客观规范(如日常评教评学情况、考评档案健全、按时完成考评工作、公示考评结果等)和监督检查(如考评结果运用、公示排行榜、考评工作投诉等)等。

为更好地实施监督、开展评价,一些地方除了落实国家相关法规、出台地方规章外,还制定了驾校信誉考核和教练员信誉管理的一整套制度,这些做法值得进一步推广。譬如,江苏省制定的《机动车驾驶员培训机构信誉管理制度》,围绕经营行为、培训质量、硬件设施、内容管理、教学管理、服务水平六个维度,分 A、AA、AAA 三个等级对驾校信誉进行评价。该省还制定《机动车驾驶培训教练员信誉管理办法》,从安全教学与行车情况、遵守法规情况、服务质量情况、职业道德情况、参加继续教育情况五个方面,分优良(★★★级)、合格(★★级)、基本合格(★级)和不合格(●级)四个等级,对教练员的诚信情况进行考核,并将之作为驾校考核与教练员奖惩的依据。从实施情况来看,这些监督与评价制度,在促进驾校规范化管理与教练员规范教学方面,起到了很好的效果。

二、内部管理的改进策略

1. 加强组织与制度建设

对于小规模的驾校而言,自不必有复杂的组织结构。但长远地看,"小而全"的驾校在今后的驾培行业中会逐渐被淘汰,或者说,小规模的驾校必定要往规模化、集约型方向发展。对于一定规模的驾校而言,组织结构的科学设计则是驾校高效规范运行的基础。从一般层面看,驾校的组织结构主要涉及高层管理结构和行政管理结构两个方面。

在高层管理结构方面,应设置股东会、董事会和监事会。股东会是驾校的权力机构,负责制定和修改驾校的章程,选拔和罢免董事会与监事会成员,审核和批准驾校的财务预算、投资及收益分配等重大事项。董事会是驾校的决策机构,负责选举董事长,执行股东会的决议,制定驾校的经营战略,任免驾校的主要负责人。董事长一般为驾校的法定代表人,并可以兼任校长职务。监事会是驾校的监督机构,对股东会负责,依照法律和驾校章程,对董事会、校长行使职权的活动进行监督,防止其滥用职权。

在行政管理结构方面,应设校长、办公室、教务部、财务部和后勤部等职位和部门。校长受董事会任命与委托,综理驾校所有日常经营活动,依照驾校章程和董事会授权行使职权,接受监督,向董事会负责。办公室主要是负责招生管理、注册报考管理、文件档案管理、对外宣传、人员管理、文件起草等工作。教务部主要负责课程设置、学时安排、教练员配备、教学考勤、结业考核、教学监督、教学指导、理论研究等工作。财务部主要负责收入管理、工资发放、经费预决算、成本控制、财务计划制定、财务分析等工作。后勤部主要负责教练车管理、教练场地管理、教学设备管理、培训环境安全管理等工作。

组织结构如果没有制度作为支撑,只能是空架子,徒有其表。要想组织结构真正流畅地衔接、运转起来,确保各项工作权责的明晰与对等,就需要健全驾校的各项管理制度。择其要者看,驾校的管理制度主要涉及教学管理制度、人员管理制度和财务保障管理制度三个方面。在教学管理制度方面,须考虑课务安排制度、文明教学制度、诚信承诺制度、安全教学管理制度、培训预约制度、培训计时管理制度、教学质量评估制度、结业考试制度、责任倒查制度、学员培训信息收集分析制度等。在人员管理制度方面,主要须考虑教练员管理制度和学员管理制度。教练员管理制度包括教练员教学规范、教练员行为规范、教练员教案检查、教练员工作考核、教练员进修学习等方面的制度。学员管理制度包括学员学籍档案管理制度、学员投诉受理制度、学员学习成绩评估制度等。在财务保障管理制度方面,须考虑财务管理制度、档案管理制度、车辆管理制度、场地管理制度等。

2. 深化流程与细节管理

驾校要进一步深化流程管理。一方面,要加强学员教学主要环节工作步骤的衔接与紧凑。学员教学是驾校工作的核心,它涉及这样几个重要环节:第一,学员报名。报名时,要真实、正确地录入学员指纹,驾校要与学员签订正式的培训合同,明确培训过程中双方的权利与义务。第二,理论培训。学员在参加理论培训时,领取理论培训的资料,包括统编教材、学员培训手册、学员管理规定等,同时发送学员 IC 培训记录卡。理论培训未达规定学时的学员,不得安排学员参加科目一考试。学员在考试前须在驾校进行模拟考试,合格后由教务部门安排科目一的考试。第三,技能培训。学员首先应在教练员的指导下,熟悉汽车装置、操纵机构与灯光使用等基本要领,为实车训练奠定基础。学员进入实车训练时,教练员和学员要按规定进行指纹确认,正确使用学员 IC 培训记录卡。每天训练结束后,教练员要及时将培训信息保存到驾校数据库中。学员模拟和实车训练结束后,双方须在培训手册签名确认,学员满学时并经测验合格后,方可安排参加正式考试。第四,学员评价。在特定区域放置满意度评价系统,并规定教练员不可进入该区域,由学员每次训练课结束后对教练员进行满意度评价,学员若不进行评价,将不能进入下一次课的预约。驾校也要结合学员的评价和投诉,进行确认及教育或奖惩处理,并将相关做法和结果反馈给学员。另一方面,学员教学工作各环节之间以及学员教学工作与其他工作之间的联系与衔接也要加强。学员招收与理论学习、科目一与科目二学习、科目二与科目三学习之间要在时间和工作步骤上建立紧密的联系,既要各自有明确的分工,又要形成工作上的连锁。同时,学员教学、教练员管理、后勤保障等工作也要形成严密的合路,建立相互关联、相互支撑、相互配合,而不是相互扯皮、相互推诿、相互牵制的关系。

加强流程管理,不能停留在面上。它还需要"深"下去,将每个环节的工作做细,也只有将工作做细才会在提高每个环节工作质量的基础上,形成合理的流程。深化细节管理,既表现为工作方法的科学化,也表现为服务方式的精致化。

就工作方法的科学化而言,在人员管理方面,驾校管理者要思考员工工作量是否合理,工作表现是否能够准确考核,组织是否有清晰有效的沟通渠道和方法,是否有帮助教练员分析教学效果的组织与机制,是否有提升教练员业务水平的学习或培训活动,是否能够对学员资料进行有效的归类整理等问题。在教学内容与过程方面,驾校管理者要思考是否在交通部规定基础上制定适合本驾校实际情况且更为翔实的教学大纲,教学大纲是否做到科学安排课程,重点难点突出,教学大纲是否能让每一位管理人员、业务员、教练员和学员了解,是否存在执教过程中衣着不合规范、吸烟、酒后执教、擅自离岗情况,是否存在以各种方式向学员索要红包、礼物,打骂学员,对学员冷嘲热讽情况,是否能够结合教学需要综合运用演示教学、情境教学、案例教学等多种方法,是否能够根据学员的差别因材施教?等问题。在后勤保障方面,驾校管理者要思考场地的每一个角落是否能够做到安全、有序、卫生,设备的每一个螺丝钉是否保障安全、经济与整洁,工资成本、油耗成本是否能够有效控制,水电开关是否及时完好关闭等问题。

就服务方式的精致化而言,对于员工,驾校管理者要从自身做起,严于律己,率先垂范;要细微体察、及时了解员工的工作能力、工作状态与工作感受;要重视在节日或员工生日时送上温馨的祝福或慰问;要注意开展部门或全校性的员工文娱活动,增强员工的归属感与幸福感;要尊重员工的工作及其业务的专业性,同时以合适的方式帮助他们提高自身的业务。对于学员,驾校管理者要多方面提升他们的学习体验。如,实行全面预约制度,通过电话预约、网上预约、现场预约等多种途径,为预约学习提供方便,并基于合理及时的调配,将单车训练人数控制在 2 人以下,确保学员单次实际训练时间,提高学习的效率;实行定点定时的校车接送制度,为学员学车提供方便、规范的服务;实行多样化的服务提供方式,根据学员不同的文化水平、年龄层次、工作性质、培训需求和经济条件,设置双休班、普通班、老人班、暑假班、经济班、方便班等;实行文明化、规范化服务,为工作和教学设置微笑、握手、礼貌用语等基本行为规范。这些细节如果做好了,必将使学习本身成为一件非常愉快的事情,不仅有利于提升学习的效果,也有利于形成驾校的美誉度。

3. 完善教练员管理工作

教练员是驾校的核心。教练员队伍素质的高低、业务水平的优劣以及工作热情与否,直接决定着驾校的培训质量与社会信誉。因此,教练员管理工作的完善,应是驾校规范化管理的重要内容。具体地,教练员管理工作的完善,须重点做好以下几个方面的工作。

第一,做好选聘与任用工作。驾校管理者首先要在源头上把好关,成立专门由驾校各部门人员组成的人事聘用小组,根据工作需要,选拔符合规定资格的教练员。然后,基于一定的岗位见习期或试用期,对拟聘人员进行深入考核与综合评定,优胜劣汰、宁缺毋滥。接着与相关人员签订正式的聘用合同,并结合他们的意愿与驾校工作的需要,将他们分配到相应的部门、岗位与小组。

第二,做好考核与奖惩工作。对于教练员的考核可分为这样几个方面:一是学员评价考核。可通过课后评价和毕业时整体服务评价,对教练员的教学行为与效果及综合素质进行评价。二是培训安全考核。对培训过程中发生的有责事故,要按相关规定对教练员进行处罚;对长期未发生安全事故的教练员,亦要按相关规定对教练员进行奖励。三是车辆维护考核。从检查、维护、清洁、保修等方面,对教练员的教练车进行定期检查和考核,以培养教练员勤检查、勤保养的良好习惯。四是违纪违规考核。为使教练员自觉遵守职业道德和驾校的相关管理制度,管理者要明确合理地制定违规违纪的惩罚条例,以对教练员培训和工作过程中的不文明、不规范、不合法行为进行约束。五是培训质量考核。要围绕培训任务与考核工作,根据学员的服务评价和考核通过率,对教练员的培训质量进行月度或季度考核。对达到考核要求的教练员,按照合格标准发放质量奖;对一次未达考核要求且总的未达要求次数不超过三次的教练员,不奖励也不惩罚;对连续两次以上达不到考核要求的教练员,要按规定进行相应处罚。

第三,要做好晋升与关怀工作。与其他工作不同,驾校教练员工作很少有晋升的空间,这也在很大程度上限制了教练员积极性的发挥。要改善这种情况,就需要为教练员创造晋升的机会,这一方面要求,驾校经营者和管理者能够积极地将优秀的教练员吸纳到管理团体中,以为更多的教练员提供榜样,让他们看到一点希望。另一方面更要求,驾校经营者和管理者设计出一套模拟晋升制度。对于上规模的采取股份制制度的驾校,可以采用股权激励的方式对优秀教练员进行奖励。对于一般的驾校则可以通过设置总教练、队长教练等职位,创造出晋升的空间。此外,一些驾校已经实施的星级教练员制度,也是一种可取的拟晋升制度。这种星级教练员制度是将教练员分为一星、二星、三星、四星、五星,根据职业素质和培训质量,对教练员进行星级评定,对于不同星级的教练员给予不同的待遇,且对长期被评为一星、二星的教练员进行培训或劝退。同时,除了晋升之外,驾校管理者更要对教练员进行普遍的关怀。驾校不能将教练员看作是机器或工具,而要认识到,教练员是有血有肉、有情有义的人;不能总是认为教练员是从驾校领取工资、获得好处的,而要意识到教练员在帮驾校创造价值、获得利润。对于教练员的关怀,既包括对他们生活的了解与帮助,情感的感受与体会,价值的发现与提升等,也包括对他们业务能力、职业素质、人生观念的指导。

4.优化薪酬管理的体系

薪酬管理体系的设计又是人员管理的关键。薪酬管理在吸引、稳定和激励员工方面,有着不可替代的作用。没有合理的薪酬管理体系,也就不会有规范的管理。当前的驾校薪酬体系中,较为普遍地存在着薪酬设定缺乏较为科学的岗位分析和岗位评价,过于依赖经验和管理者的主观判断;薪酬未能充分体现不同类型员工工作特点,教练员、招生人员的薪酬缺乏弹性,与一般管理人员和辅助人员的薪酬一样相对稳定;固定薪酬比重相对较高,激励的灵活性不够;不同工作负荷、工作质量员工的薪酬没有拉开合理的差距,有大锅饭的特征等问题。

从优化当前驾校薪酬管理体系的角度看,驾校管理者首先要明确这样几个原则[69]:第一,战略导向原则。企业的薪酬策略必须与企业战略相匹配。如,与追求成长战略的驾校相匹配的薪酬策略是,在短期提供水平相对较低的薪酬,但同时实行奖金或股权选择计划,保障员工在未来获得较高的报酬。第二,内部公平原则。驾校内部要根据岗位责任大小,工作性质差异以及工作效果优劣等,在薪酬水平和薪酬结构上加以合理体现。第三,外部竞争原则。驾校员工的薪酬不能低于外部从事相同或相似工作的人。第四,绩效相关原则。薪酬必须与驾校整体、部门团队和员工个人的绩效情况紧密相连。第五,激励性原则。在薪酬体系中,应设计浮动工资和奖金等奖励性薪酬。同时,应注意货币工资与失业保险、养老保险、医疗保险、公积金等待遇以及带薪休假、过节礼物、退休金等福利的关系。第六,经济性原则。确定薪资水平必须考虑驾校的实际支付能力和预期经济效益。薪酬水平必须按照"经济效益长一寸,职工福利增一分"的发展原则,保证企业的经营效益与待遇增长同步。

具体地,合理的薪酬体系设计须做好这样几项工作:首先,要进行全面客观的薪酬现状调查。调查内容包括驾培行业的薪酬水平与特点、驾校发展的现实状况、驾校当前的薪酬状况及问题、薪酬确定的影响因素等。其次,进行薪酬策略选择。这主要是根据驾校发展的总体战略定位,确定薪酬设计的具体策略。其包括薪酬水平策略和薪酬结构策略两个方面。

在薪酬水平策略方面,可依据驾校发展战略,在市场领先策略、市场跟随策略、成本导向策略和混合薪酬策略之间进行选择。在薪酬结构策略方面,可依据驾校发展战略,在高弹性结构、高稳定结构和调和型结构之间进行选择。再其次,要进行科学的工作分析与岗位评价。即,通过岗位分析和岗位人员素质分析,编写或调整岗位说明书,并运用排列法、分类法、评分法或因素比较法等方法,对岗位任务进行全面、科学、合理的评价。复其次,确定薪酬类别。根据岗位性质(如管理岗、技术岗、营销岗、操作岗等),确定薪酬类别(如年薪制、岗位技能工资制、提成工资制等)。最后,设计薪酬结构。根据岗位性质,设计不同的薪酬水平和薪酬要素。

5. 推进管理智能化水平

随着电子技术与信息网络技术的发展,很多驾校主动或被动地采用现代技术进行驾校管理,但正如上文所述,信息技术在当前驾校管理中总体上还处于辅助地位,其功能没有得到充分的体现。很多驾校只是简单地运用计算机记录、存储信息,通过网页发布信息,或是零散地运用一些管理程序,仍存在人员管理模块分散化、管理软件操作复杂化、软件架构简单化、信息收集与存储静态化等问题,其管理方式仍是传统型的。可以想象,未来的驾校必定是高度智能化管理的驾校,也只有高度智能化的驾校才能够在未来的道路上,走得更稳、更远、更加规范。

就现实而言,驾校管理智能化水平的提升,重点要实现两种转变:第一,是实现个别运用向全面运用的转变。最初,驾校在管理信息化方面,只是体现为运用计算机进行学员信息的管理,后来逐步扩展到课程的安排、财务管理、预约训练,以及训练过程中的监控与信息存储。今后,信息技术的运用还要进一步渗透,要使所有管理工作都能以信息技术为基础。要通过建立招生管理系统 CRM、协同办公系统 OA、触屏自主服务、学员网上预约、在线模拟考试等,提升报名、建档、财务、课时分配、学员报告、约车训练等工作的信息化与自动化水平。要引入驾培计时计程、指纹识别、视频监控、模拟训练、训练数据分析、GPS 定位监控等系统和技术,提高教学管理的智能化水平。第二,是要实现静态运用到动态运用的转变。既有的管理信息技术,特别是教学管理信息技术的运用,主要以本地存储为主,即存储在训练车上,等训练结束后再进行转存。如此,一些关键的工作过程就成了黑箱,无法准确、及时地掌握。今后,要充分利用无线技术,实现工作过程的全程、实时、动态监控。通过先进的微波传输系统与视频系统的高效整合,形成相关工作的无线实时视频监控系统,从而更好地监督与指导相关人员的工作,提高工作的规范性与效率,提升学员的学习质量。

第八章

各地机动车驾驶人培训法律规章的经验分析

近年来，伴随着经济社会快速发展和人民生活水平不断提升，驾驶人培训的市场需求与日俱增。针对这一新形势，各级交通运输管理部门正着手积极创造政策条件，营造公平发展环境，推动驾驶员培训工作的社会化、科学化和规范化，不断提升驾驶员培训服务与满足社会需求的能力与水平。本章旨在对交通部及部分省市制定和实施的机动车驾驶人培训相关重要律法规章和典型政策文件进行梳理分析、归纳总结，以增进相互学习和吸纳借鉴。

第一节　机动车驾驶人员培训法规制定和执行现状分析

前期研究中，我们主要通过对“中华人民共和国交通运输部”“交通行业标准信息系统”“公路水路运输交通法律法规查询系统”“北京市交通委员会运输管理局”“上海交通网”“上海市城市交通运输管理处”“浙江省道路运输公共信息服务网”“江苏交通”“江苏省交通运输厅”“江苏省交通运输厅运输管理局”等国家及省市权威门户网站中“政务公开”栏目登载的有关运管驾培方面的政策法规进行了收集和整理。与此同时，我们还得到江苏省交通运输厅运输管理局相关领导的帮助，为此项研究提供了涉及江苏省驾培行业较为系统的一手政策文件，使得对于本地区律法规章研究更为顺畅。

一、交通运输部立法体系建设概况

从我们检索和收集到的相关政策文件可见，近年来，我国关于驾培行业的立法工作正日趋加强和不断完善。《中华人民共和国道路交通安全法》、《中华人民共和国道路运输条例》（国务院令第666号）、《中华人民共和国道路交通安全法实施条例》《机动车驾驶员培训管理规定》、《道路运输从业人员管理规定》（交通运输部令2016年第52号）以及《机动车驾驶证申领和使用规定》等相关律法规章的陆续出台和施行，以及《机动车驾驶培训机构资格条件》和《机动车教练场技术要求（JT/T 30341—2013）》等交通行业标准的有效贯彻和落实，正标志着我国驾驶员培训行业已步入法制化、规范化和科学化的可持续发展轨道。

自《中华人民共和国道路运输条例》出台后，国家交通运输部先后制定了《机动车驾驶员培训管理规定》和《道路运输从业人员管理规定》两个配套文件，印发了《机动车驾驶培训机构资格条件》《机动车教练场技术要求》等一系列标准规范，并联合公安部发布了《机动车驾驶培训教学与考试大纲》，且对贯彻实施提出了明确要求，这一驾培工作的重大变革，不仅有利于两部门协调，更有利于驾驶员素质的提高，新大纲将安全与文明驾驶知识纳入机动车驾驶培训教学内容和考试项目,以培养学员安全文明意识为核心,以培养学员安全驾驶技能为重点,细化了各项操作的具体要求。随之各地也结合实际,相应制定出台了一系列地方性法规、标准规范和实施办法。

在驾驶员培训管理工作中,交通运输部与公安部等相关部门积极合作,共同推进培训管理工作科学健康发展。两部门在联合印发了《关于进一步加强客货运驾驶人安全管理的意见》《机动车驾驶培训教学与考试大纲》等一系列文件的基础上,还依据《机动车驾驶培训教学与考试大纲》的新要求,重新组织编写了《安全驾驶从这里开始》培训教材,该教材的实用性和可读性已受到了社会各界的广泛好评。这些政策文件的颁布无疑为各地深入贯彻执行素质教育大纲,推广实施计时培训模式,改革培训方法,开展规范化教学,提高培训质量和效果提供了有力的指导,更为大力提倡"安全第一、珍爱生命"的理念,普及安全知识,提高驾驶员素质提供了有效的保障。此外,这些规章条文始终着眼全局并紧跟市场发展需求、行业管理现状以及方方面面利益相关者的长远利益,始终强调与时俱进和不断创新的重要性。

现阶段,交通运输部更是要要求各地积极争取,进一步制定完善地方相应政策规章和标准规范,建立和完善激励机制和监管机制,为驾培行业健康有序发展创造良好的政策法制环境。各地区也积极响应交通运输部的号召,着手开展地方立法调研工作,确保法规、规章制度进一步落实到位,使得行业日常监管和行政执法工作进一步加强,促进行业的规范化发展。

二、各省市政策执行与落实情况

各省市正紧跟国家交通运输及驾培行业法律法规的精神,加强对主要内容的深化学习,并以此为依据,结合各地驾培行业的发展形势和地方特色,相应制定出台了地方性的法规、标准规范和实施办法。例如,《北京市道路运输条例》《上海市道路运输管理条例》《上海市机动车驾驶员培训机构资格条件(试行)》《浙江省道路运输条例》、浙江省实施《中华人民共和国道路交通安全法》办法、《江苏省道路交通安全条例》和《江苏省机动车驾驶人培训管理办法》等。当然,各省市结合本地实际制定的驾培行业政策法规还远不止这些,下面我们将就现有资料中比较典型的几个省市地区的驾培行业政策法规制度建设予以简要介绍。

1. 江苏省

就目前收集的最新文件而言,有关江苏省的驾培法律及政策文件汇集整理的最为全面。在这些文件中,主要有关于认真贯彻落实公安部、交通运输部《关于进一步加强客货运驾驶人安全管理工作的意见》的通知(苏公通〔2012〕278 号)、《关于推广应用机动车驾驶人培训与考试信息共享系统的通知》(苏公交〔2011〕231 号)、关于印发《文明交通进驾校"五个一"活动实施方案》的通知(苏公交〔2011〕162 号)、关于印发《江苏省重点车辆交通安全源头监管工作规范(试行)》的通知(苏公交〔2009〕25 号)、《关于机动车驾驶培训学校培训质量信誉管理有关事项的通知》(苏运驾〔2010〕273 号)、《关于培育和选树道路运输节能减排示范企业的通知》(苏运驾〔2009〕232 号)、《关于进一步推进驾校管理规范化工作有关事项的通知》(苏运驾〔2009〕132 号)、关于印发《机动车驾驶培训教练员继续教育实施意见》的通知(苏运驾〔2008〕233 号)、《关于进一步加强全省机动车驾驶人培训与考试管理工作的通知》(苏运驾〔2007〕439 号)、《关于开展机动车驾驶员培训机构规范化管理的通知》(苏运驾

〔2007〕389 号)、关于印发《江苏省机动车驾驶培训教练员管理办法(试行)》的通知(苏运车〔2006〕186 号)、关于印发《江苏省机动车驾驶培训学校培训质量信誉管理办法》的通知(苏运车〔2005〕193 号)、关于印发《道路运输驾驶员诚信考核办法(试行)》的通知(交公路发〔2008〕280 号)、关于印发《机动车驾驶员队伍整顿工作实施方案》的通知(公通字〔2004〕50 号)等。从这些文件中,我们大抵可以见证江苏省对于驾培行业发展所建立起的规章体系是比较全面的,这些文件颁发体现出江苏省既关注到驾培行业的宏观管理,又做到不忽视其细节安排,而且特别强调驾驶人培训中规范化的教育教学、信誉保障、安全落实、教练员的继续教育以及构建学员与驾校间和谐关系等重要问题。近年来,江苏交通运输部门认真贯彻交通运输部关于驾驶人培训管理的决策部署,紧密结合江苏实际,强化制度建设,深化部门合作,加大信息化技术应用力度,促进了驾驶人培训质量稳步提高,保持了驾驶培训行业持续快速健康发展。

江苏省始终坚持以法规制度建设作为保障和规范行业发展的基础性工作,重点建立了以《江苏省机动车驾驶人培训管理方法》(江苏省人民政府令第 76 号)为主体,以驾校择优许可、教练员管理、信誉管理等为补充的法规制度体系。首先,健全了教练员考评管理制度。制定实施了《江苏省机动车驾驶培训教练员管理方法》,在全国率先成立了江苏省机动车驾驶培训教练员考核中心,严把教练员从业资格准入关,通过考试淘汰不合格申报者,开展星级教练员和明星教练员评价,并进一步完善教练员继续教育登记制度,确保全省教练员继续教育率保持在 96% 以上。其次,健全了市场主体准入制度。建立了以驾校培训发展规划为指导的驾校择校许可制度,通过省厅制定的《江苏省机动车驾驶培训机构发展规划指南》,指导各地制定驾校发展规划,按照规划以招投标等公开择优方式许可驾校,引导驾校向规模化和规范化方向发展。再次,健全了质量信誉考评制度。自 2005 年江苏省制定《江苏省机动车驾驶培训学校信誉管理办法》以来,通过持续多年的信誉考核,江苏省现已培育了多所全国知名度较高的品牌驾校,使得驾校质量信誉等级成为管理部门给予增加教练车、预约考试等优惠政策的重要依据。与此同时,江苏省还开展了驾驶节能技术研究,制定了省地标准《汽车驾驶节能操作规范》,并自主研发了《安全与节能驾驶读本》,进而强化了对学员节能驾驶内容的培训,增强了学员的节能驾驶意识,提升了学员的驾驶操作水平。在驾校建设安全驾驶教育基地,开展安全文明交通进驾校活动,让学员实地参加公安交通值勤体验活动,大大增强了学员的安全意识。

省会城市南京,作为华东地区重要的交通主枢纽城市,也是城市交通车辆高度密集型的城市,始终将提高驾驶人安全意识、保证培训质量作为驾驶培训的重要内容,作为把好道路交通安全关的重要环节。在深入调研的基础上,几经修改,南京市制定出台了本行业全国唯一的地方性标准——《南京市机动车驾驶员培训机构教练员职业规范》,并且以此为重点,积极强化教练员继续教育工作,不仅编写了《教练员继续教育读本》,编制出培训计划、培训内容,邀请公安人员、安排优秀教师每年一次对参培人员进行有的放矢的专业培训,而且还将职业素养、社会责任、文明礼让、珍惜工作岗位等道德教育内容融入其中,使得培训更具素质提升功能。同时,作为驾驶培训最重要的教学工具,也是驾校培训能力的重要体现,教练车的无序增长将直接导致恶性竞争和培训质量的下降。为此,南京市高度重视根据驾培市场的实际需求把好教练车的准入审批关,积极与车管所配合,努力从数量上控制其无序增长;

并且制定下发了《关于开展驾驶培训学校教练车技术等级评定的通知》，组织开展了全市教练车技术等级评定，对检测不符合二级车技术等级的教练车，坚决不准其从事教学活动，以确保培训具有更高的安全系数。

2. 上海市

上海市始终坚持开展地方立法调研工作，努力确保法规、规章制度进一步落实到位。对驾培行业现有法律资源及执行情况进行全面梳理和综合评估，完成驾培行业地方立法调研报告和《上海市机动车驾驶员培训管理办法（草案）》，在全面贯彻落实《机动车驾驶员培训管理规定》的基础上，实行统一教学车辆标志标识，实施教练车技术等级评定制度。并在国家标准的基础上，结合上海市实际，制定了《上海市机动车驾驶员培训机构资格条件（试行）》，依法对培训机构实行许可准入，并依据经营项目和培训内容实行分类许可和资格管理。通过实施分类许可，基本平衡不同服务对象对学驾项目的需求。促进行业的合理分工和教学资源的合理配置，实现培训业务的专业化分工。此外，上海还进一步建立和完善执法机制，加大对违规行为的执法检查力度，维护行业正常经营秩序。对培训机构开展每年两次的《上海市机动车驾驶员培训机构交通事故责任倒查、培训质量排行综合考核》检查和考评，通过强化考核力度，促进行业培训质量、服务水平和综合素质的不断提高。并委托上海市质量协会用户评价中心进行顾客满意度测评，对培训机构开展每年一次的考核。建立结业考核员队伍，对学员进行阶段测评、结业考核。全面推行规范化教学评比活动，每年开展规范化教学竞赛，促进行业规范化教学的不断深入。各项规章制度得到有效落实，台账建立和各类档案管理日趋完善。

与此同时，上海市交通部门还会同公安部门及驾培行业协会开展行业调研，广泛听取行业内对规划的建议和意见，汇总整理行业数据和基本情况，构思今后的发展框架，提出了新的法规建设、政策引导、日常监管、管理人员和教练员建设、信息化和协会建设等主要任务。此外，为了规范行业内的承包经营行为、促进行业健康稳定发展，上海市还研究制定了《关于进一步促进本市机动车驾驶员培训行业健康发展的意见》。该意见由驾培行业健康发展的重要意义、指导思想与总体目标、主要措施和主要措施保障等 4 部分组成，重点是主要措施部分，分别从法规政策引导、培训机构规范经营、教练员素质提高、教学车辆规范管理、教练员与学员权益保护、考培密切衔接、科技水平提升、行政执法和综合考评强化等 8 方面提出了促进驾培行业健康发展的工作措施，并且从多部门联动及行业协会建设上加以保障。

并且，上海市根据《关于进一步加强客货运驾驶人安全管理工作的意见》，起草并颁发了《关于贯彻实施 <关于进一步加强客货运驾驶人安全管理的工作意见> 的通知》，形成了加强计时管理系统建设的实施方案，计划分批在科目一、二、三实现计时培训全监控。此外，上海市交通部门还与公安部门和行业协会共同完善《培训机构交通事故责任倒查、培训质量排行综合考核办法》，严把综合考评关口，在全市范围内通报批评结果，对存在问题的培训机构责令限期整改，特别是对交通事故责任调查中情节严重的培训机构，在扶强扶优政策上有所惩戒。

综上可见，上海市始终以完善法规标准，突出政策引导为抓手，结合《上海市道路运输管理条例》修改，完善经营规范、教学车辆管理和培训质量管理等制度，健全和完善驾培行业法规体系。尤其值得一提的是，上海市结合本市经济发展和行业发展实情，制定了《培训机构开业资格条件》和《＜机动车驾驶培训管理规定＞实施细则》，将教练员管理、教学车辆管理、道路运输驾驶从业资格考试管理标准和规范化。制定和完善了教练场和教学车辆调控政策，充分发挥了政策扶强扶优作用。与此同时，上海市特别强调要加强行政执法，纠正违法行为。多部门联动执法，定期研究行政执法工作，明确阶段性的执法重点。结合行业工作的难点、热点，逐步建立行政执法的长效机制，执法结果纳入培训机构综合考核，增强执法监督效应，确保行业有序、健康竞争环境的建立。

3.四川省

四川省机动车驾驶培训行业管理工作自1995年由公安部门逐渐移交到交通运输部门以来，严格行业标准，强化基础建设，创新管理方式，引导行业健康有序发展，为社会、为道路运输市场提供了大量合格的驾驶人才。四川省坚持以抓规划、搞调控，建立驾培行业良性发展机制为重点，从地方的法规规章建设入手，依据《中华人民共和国道路运输条例》修改实施了《四川省道路运输管理条例》和《四川省机动车驾驶员培训管理办法》，对从事机动车驾驶培训经营的申请条件给予了明确的规定，要求申请从事机动车驾驶培训经营的，应当符合有关国家标准、地方标准和道路运输发展规划；向所在地的市（州）或县级道路运输管理机构提出申请，道路运输管理机构应当进行公示，并按有关规定组织听证或者专家论证。如此一来，有效地防止了市场恶性竞争，保障了培训质量和行业发展，确保社会的稳定。

在严把市场准入关的同时，四川省还积极强化质量信誉考核工作。依据《中华人民共和国道路交通安全法》等法律、法规及规章的规定，结合实际，该省制定下发了驾校和教练员的质量信誉考核管理办法。各市（州）每年都严格按照相关要求开展考核工作，并及时将考核结果上报省局，省局在相关媒体上公式后予以通报。四川省相关部门还联合下发了《关于统一全省机动车驾驶培训教练车标识和车身颜色的通知》以明确规范地统一全省教练车的颜色和标识，便于有效管理。要求全省各驾校的所有教练车必须按统一的式样、规格、颜色、字体，在指定位置喷印驾校名称、自编号、教练车图形标识和“教练”“教练车”“准载人数”“96515”运政监督投诉举报电话等字样。凡是没有按要求喷印的车辆，公安机关交通管理部门不办理注册登记手续和发放教练车号牌，道路运输管理机构不予核发道路运输证。

为了认真贯彻落实公安部和交通运输部联合下发的5号文件精神即《关于进一步加强客货运驾驶人安全管理工作的意见》，四川省公安厅、四川省交通运输厅结合全省道路交通运输和安全工作实际，研究提出了该省关于贯彻落实《关于进一步加强客货运驾驶人安全管理工作的意见》的实施意见（川公发〔2012〕59号），省运管局和省交警总队联合下发了《关于加强机动车驾驶人培训和考试质量监督管理工作的通知》（川公交发〔2012〕109号），提出了具体的要求和操作措施。如：严格落实驾驶人培训和考试要求，规定各类车型的驾驶人实际道路驾驶培训里程，利用社会化资源在成都或有条件的地区建立考试中心和经营性驾驶教练场地，开展对大、中型客车、牵引车驾驶人集中进行培训和考试的试点，研究两个系统联网功能的扩展，依法严厉打击培训学时计时管理系统弄虚作假行为，驾校与学员签订全省统一式样的培训合同示范文本，推行培训预约制度，对驾驶培训机构资格条件进行复查，开展培训考试能力评估，尽快解决学员考试积压问题，公安机关交通管理部门对申请道路运输从业资格考试的人员出具3年内交通责任事故和交通违法记分的情况证明，公安机关交通管理部门建立的驾驶人数据库与道路运输管理机构建立的营运客货车驾驶员数据库实现信息共享,建立客货运机动车驾驶人退出机制等内容。

四川省为深入推进以"执法为民、优质服务"为主题的十项"惠民行动"之机动车驾驶培训质量年活动,规范机动车驾驶员培训经营行为,维护消费者合法权益,积极推行培训预约制度,2012 年该省以省交通运输厅和省工商行政管理局联合文件形式制定下发《四川省机动车驾驶员培训合同》(示范文本),供驾校与学员双方当事人在订立合同时使用。并借助驾驶培训学时计时管理系统的功能,实行各驾校与学员在网上签订培训合同的方式,要求在培训合同签订后驾校才能制发驾驶培训学员 IC 卡。而为了全面贯彻落实交通运输部《机动车驾驶培训教学与考试大纲》,加强学员道路交通安全意识的培养和安全驾驶技能的培训,提高培训质量,四川省在全省开展统一启用机动车驾驶培训学时计时管理系统的工作中,首要一步即是争取立法部门的支持,修改地方性法规规章。四川运输条例规定教练车应当安装学时计时仪,政府令也规定驾驶培训机构应当按规定安装和使用驾驶培训学时计时仪。而且,四川省物价局和交通厅积极沟通协调,出台配套的计时培训收费政策,联合下发了《关于加强机动车驾驶员培训学校培训收费管理的通知》(川价发〔2006〕70 号),规定了各车型培训的每学时收费标准,要求驾校实行计时培训、按学时计时收费。此外,在省交通运输厅的领导下,还制定了《四川省机动车驾驶培训学时计时管理系统管理规定》和《四川省机动车驾驶培训学时计时管理系统技术规范》。根据政府令关于道路运输管理机构和公安机关交通管理部门应当加强协调、配合,实施驾驶员培训学时计时、考试及质量跟踪系统的信息化管理,建立驾驶员培训与考试、事故调查和责任追究的衔接制度,完善信息互通和监督制约工作机制,提高培训、考试工作的规范化、科学化管理水平的要求,道路运输管理局还和交警总队联合下发了《关于加强机动车驾驶员培训与考试衔接工作的通知》(川运函〔2016〕222 号),对该省"机动车驾驶员培训学时计时管理系统"与"机动车驾驶人报名考试及质量跟踪管理系统"的联网运行做出了安排。之前,两部门还联合下发了《关于机动车驾驶人培训与考试系统联网有关问题的通知》(川公交发〔2011〕75 号),决定从 2011 年 6 月 1 日起,在全省全面启动两个系统的正式联网工作,并提出了具体的工作要求。系统联网运行的主要目的是道路运输管理机构和公安交通管理部门通过共享机动车驾驶培训学员的基本信息、培训信息、考试信息等,实现对学员报名、培训、考试全过程的监督,杜绝"学时缩水""代学代练"和使用伪造、变更的《培训记录》申请考试等违规行为的发生,达到切实服务学员、提高培训质量和工作效率、方便统计查询分析和科学决策,从源头上预防和减少道路交通事故。

4. 安徽省

安徽省也是全国最早一批将机动车驾驶员培训行业归口交通管理部门管理的省份之一。根据国阅〔1993〕204 号、国办发〔1994〕29 号文件精神,1995 年 7 月,按照省政府要求,该省交通管理部门就开始接手驾校管理,按照"先归口,后规范"原则,对全省驾校进行登记和重新办理审批手续,实施对驾校的统一归口管理。1996 年《安徽省道路运输管理条例》首次将驾培行业管理内容纳入相关条款,明确了交通管理部门职责,为行业管理提供了有力的法规支撑。安徽省始终从本省驾培行业实际出发,积极探索,以建章立制为重点,在提高驾校准入门槛、规范市场秩序上狠下功夫,有计划有步骤地改变驾校原有的小、散、乱、差局面。安徽省在推动驾培行业健康持续发展的进程中,坚持强化顶层设计,夯实行业管理的政策基石，把完善的制度建设作为规范化开展管理工作的前提和保证。特别是2004年“国道条”颁布实施以来，安徽省积极适应驾培行业发展的新形势、新要求，坚持“依法规范、优化服务、打造品牌”理念，以培训质量和诚信服务为主线，不断推进行业管理工作的改革和创新，提升行业服务水平和社会满意度。

为提高驾校规范化、诚信服务，该省不断摸索建立行业诚信和服务质量评价体系，2016年先后制定了《安徽省机动车驾驶培训教练员信誉考核办法》《安徽省机动车驾驶员培训机构质量信誉考核办法》，建立了教练员日常考核计分和综合技能考试相结合的考核制度，建立了涵盖驾校办学条件、教学质量两大类共计十项考核指标的驾校综合评价标准。该省在《机动车驾驶员培训管理规定》实施后，根据行业管理的新要求，结合行业发展实际，又重新修订了考核办法，使考核办法更加科学合理。由于驾驶学员来自社会各个阶层，培训需求呈现高质量多样化趋势，提高驾校的规范化服务水平是满足其需求的重要保证。为此，该省组织制定了《安徽省机动车驾驶员培训机构服务规定》《安徽省机动车驾驶教练员服务规范》，从驾校从业人员容貌举止、文明用语、服务设施、诚信行为、报名及投诉办理环节，再到教练员的行为准则、教学规范和教学管理等方面，提出了明确具体的要求，进一步规范驾校和教练员的经营行为和服务规则，提高驾校规范化服务水平。

经过十余年的发展，安徽省驾培行业取得了长足进步，市场秩序日趋规范，基础设施逐步完善，培训能力、教学质量和服务水平不断提高，基本形成了一个统一规范、公平竞争、优质服务、和谐有序的驾培市场体系。2007年开始安徽省着手对全省驾培行业相关情况进行了广泛深入的调研，并借鉴学习其他兄弟省份的先进管理经验，结合本省驾培行业快速发展需求，组织人员编制了《安徽省驾培行业发展规划》，“规划”经省交通运输厅审核并批准实施。“规划”明确了2008—2015年期间本省驾培行业发展目标、发展思路，提出总量、培训项目结构、服务质量、教学设施、技术进步和社会贡献六大指标，制定了支持和促进行业发展的政策措施。“规划”的出台为驾培训行业的长远健康发展，起到了引领指导和统筹的作用。

5. 福建省

福建省运管系统始终深入贯彻落实科学发展观，认真执行交通运输部和省交通运输厅有关驾培行业管理的一系列文件精神，抢抓发展机遇，创新发展理念，增强发展能力。经过全省运管工作者的不懈努力，驾培机构的资格条件逐步完善，部分资质条件未达到行业标准和地方标准的驾培机构逐渐退出市场，行业整体形象显著提升。教练员队伍进一步充实、壮大，为该省驾培行业扩大规模、提升档次打下坚实基础。近年来福建省还积极推动信息化建设，无论在道路运输从业资格考试还是机动车驾驶培训监管方面均实现了信息化管理，确保了管理手段的公正性和规范性，行业监管力度大大提高。并且，该省坚持依据交通行业标准和省地方标准对驾培机构实行审验整改，驾培机构的资格条件逐步规范，教学设施设备日益齐全，驾驶培训质量逐步提升。全省的道路运输实现又好又快发展，全省的驾培行业面貌发生了新的历史性变化。

福建省始终积极争取政策支持，加快推动省政府制定下发《福建省人民政府办公厅关于印发福建省道路交通安全综合整治“三年行动”实施方案和福建省道路交通安全集中整治大会战实施方案的通知》（闽政办〔2012〕137号），严格驾培机构的准入门槛，要求新申请准入的驾培机构许可除应符合《机动车驾驶员培训管理规定》及福建省地方标准《机动车驾驶培训机构资格条件》(DB35/T 1065—2010)相关规定,必须同时具备100辆以上教学车辆和教练场地为自有土地的资格条件。在福建省运管局制定下发的《关于加强机动车驾驶培训行业调控和资源整合工作的通知》(闽运管培训〔2012〕7号)中,提出“力争到‘十二五’末,实现全省驾培机构数量较现有减少三分之一以上,驾培机构教学车辆平均数达到100辆以上规模”的工作目标,明确要求各地市要按照新标准对新准入驾培机构进行许可,并督促各地市积极引导现有驾培机构逐步实行资源整合。强化各级道路运输管理机构加强统一认识、密切配合、严格执行,共同推进本省驾培行业的资源整合工作。此外,在考试考务管理上,福建省积极贯彻落实交通运输部最新发布的《中华人民共和国道路客货运输驾驶员从业资格考试大纲》(以下简称《考试大纲》),组织召开了道路客货运输驾驶员从业资格考试新大纲贯彻实施研讨会。根据新《考试大纲》在考试内容、考试形式和评分标准等方面的调整,对原从业资格考试相关评分细则及考试用表进行修订,并编制了新版《道路客货运输驾驶员从业资格考试考核员考评手册》,对具体的考试步骤和评分标准进行了细化,并在从业资格考试考核员业务学习会中加以宣贯学习,进一步规范全省道路客货运输驾驶员从业资格考试工作。

与此同时,福建省坚持加强推行标准化。自交通运输部下发了《关于印发交通运输企业安全生产标准化考评管理办法和达标考评指标的通知》(交安监发〔2012〕175号)后,省厅领导高度重视、积极响应,按照文件精神迅速部署,立即着手开展驾培机构的安全生产标准化相关工作。组织成立了《机动车驾驶培训机构安全生产标准化达标考评指标》(以下简称《考评指标》)专项课题组。课题组在参照交通运输部颁布的十六类交通运输企业安全生产标准化达标考评指标的基础上,结合驾培行业特色和福建省的实际情况,起草了《考评指标》,并多次组织专家组进行修订、完善,于2012年10月最终完成。《考评指标》涵盖了安全目标、管理机构和人员等16项参考指标内容,突出强调驾培机构安全生产工作的规范化、科学化、系统化和法制化,为福建省驾培机构抓好企业安全管理指明方向。并且积极开展试点实施工作。为进一步检验《考评指标》的合理性和实用性,在三明市组织开展了《考评指标》的试点实施工作,对全市43家驾培机构进行标准化达标考评。通过对《考评指标》及考评细则的宣传、讲解,各驾培机构及时对各自的安全管理工作进行调整、完善。最终全市驾培机构均通过考评,试点实施工作顺利完成,进一步强化了驾培机构的安全生产理念,为驾培机构提升企业安全生产管理水平创造了有利的条件。正因为近年来,福建省在驾培政策法规工作上做了的这些有益尝试,推动了驾培行业健康稳定的发展。

6.江西省

江西省始终坚持把“注重驾驶培训质量,把好道路交通安全第一关”作为肩负的神圣使命,把“提升驾培行业形象,为学员提供优质服务”作为不可推卸的社会责任,紧紧围绕“政策引导、规范管理、市场监督、行业服务”四个重点,努力促使本省驾培行业管理工作有新突破和新变化。针对前几年该省驾培市场存在的结构不合理、布局不科学、供需不平衡等问题,江西省坚持以行业发展规划为引领,切实加大驾培市场宏观调控力度。在充分调研的基础上,按照“优先发展一级驾校,适度发展二级驾校,严格控制三级驾校”的原则,科学编制了《江西省驾培行业“十二五”发展规划》,明确新增驾校的增长必须符合规划的要求。同时,在驾校的布局上大力推行“一个限制,两个鼓励”政策,即限制在驾校数量相对集中的城区发展新驾校，鼓励在城乡结合部位和偏远乡镇布点，方便百姓学车。通过两年的严格落实，使得该省的驾培行业结构有了明显改善。并且，江西省结合本地实际，在部颁行业标准的基础上，对新增驾校土地使用性质、教练车技术等级、训练场面积以及立项标准等方面进行细化，提高了准入门槛；加强新增驾校规划设计的前期指导，建立了新增驾校预审报备制度和资质条件审验专家评审制度，从源头上做到严把关。针对为改变前几年全省驾培行业结构“多、小、散、弱”的格局，该省加强从政策引导入手，在培训和考试计划下达及信誉考核结果运用上，按驾校类别实行差额化管理，并积极引导现有驾校通过加大投入及股份合作、兼并、重组等方式提档升级，鼓励驾校走集约化、规模化发展道路。随着上述举措的推行和落实，有力地促进了该省驾培市场的健康有序发展。

此外，江西省坚持以提高培训质量为目标，切实加大驾校经营行为的规范力度。为加强培训学时监管，提高机动车驾驶员培训质量，江西省公路运输管理局按照公安部与交通运输部联合下发的《关于进一步加强客货运驾驶人安全管理工作的意见》(公通字〔2012〕5 号)要求，借鉴外省先进经验并结合本省实际情况，制定了《江西省机动车驾驶员培训管理系统平台技术规范》，确保了计时培训管理系统的高起点和高标准。同时明确了省局“提要求、定标准、抓督导”，市处“招投标、促推进、抓落实”的工作思路，充分调动市级运管部门的工作积极性，既解决了资金筹集难、工作推进慢的问题，又有效解决了系统的后期维护问题，同时与省公安厅交警总队进行协调，对不按规定安装应用计时培训管理系统的驾校予以停训、停考，确保了计时培训系统全面推广应用。

而在加强教练员管理上，江西省公路运输管理局出台了《江西省机动车驾驶培训教练员管理办法》《教练员教学质量信誉考核办法》，严格规范了教练员从业资格考试，制定《教练员从业资格考试考务工作规范》，全面推行了教练员教学行为“五条禁令”，统一张贴在每台教练车上，并统一制作发放《学员投诉公示牌》，悬挂在驾校报名点，同时制定了《教练员教学质量月度排行榜考评办法及评分细则》及《教练员教学质量排行规范化手册》，对教练员教学质量排行工作实行“三统一”，即排行榜格式统一、评分标准统一、考核办法统一，完善教练员继续教育工作制度及考评机制，同时加强了对教练员持证上岗情况的监管，与公安交警部门共同把关，根据驾校教练车配备及教练员持证情况下达培训及考试计划，对教练员配备不到位的不予安排培训和考试，并利用指纹及身份识别系统，有效防止了教练员无证执教或持证不上岗的现象。同时加大了教练员违纪违规的查处力度，建立教练员黑名单制度，大力推行“学员选教练，学员评教练”制度，有效提升了江西省教练员队伍的综合素质。

江西省还率先聘请专业机构进行设计并制作《教练车标识规范化手册》发放到各驾校，统一了全省教练车标识。并要求教练车参照营运车辆的管理模式办理道路运输证，同时对教练车的档案进行统一规范，制定和完善了教练车日常维护和综合性能检测相关制度，确保了教练车的安全教学。与此同时，为了促进驾校依法经营，江西省道路运输管理局还联合有关部门聘请法律专家制定了《驾校学驾合同》及《教练员劳动合同》的格式范本，并在全省统一推广使用。通过签订合同，明确驾校和学员及教练员的权利、义务，有效减少了矛盾纠纷，建立了放心消费、和谐培训的学驾环境，切实保障了学员和教练员的合法权益。

同时，贯彻落实新《大纲》的要求成为江西省近来工作的重点抓手。自新《大纲》下发后，江西省道路运输管理局就迅速召开宣贯工作会，并及时编印新《大纲》和新《大纲宣传手册》发放到每个驾校,做到每个教练员人手一册。同时组织教学专家及时编印《教练员熟悉新大纲、掌握新技能培训资料》,举办驾校校长和教练员新《大纲》宣贯培训班,使教练员尽快掌握新《大纲》的新变化、新要求,提高教学能力。同时,督促驾校加快教学场地改建工作进度,及时调整教学计划和培训学时,确保新《大纲》的顺利实施。

江西省道路运输管理局在工作中还充分认识到门联动,齐抓共管的重要性。道路运输管理局在积极加强与相关部门的工作配合上取得了重大进展。一方面加强与公安交警部门的协调配合。为进一步加强驾驶员培训和考试工作的衔接,通过加强与省公安厅交警总队沟通协调,取得省公安厅交警总队的大力支持和配合,联合下发了《关于加强机动车驾驶员培训和考试质量监督管理有关工作的通知》,两个部门在加强驾驶员培训和考试工作中共同配合、共同把关:一是共同开展了驾校培训与考试能力的核定工作,并向社会进行公示;二是共同加强对驾校培训范围的监管,对超越培训范围开展培训业务的驾校,由运管部门通报交警部门停止受理学员报考。三是共同加强了新增教练车的管理。规定驾校新增教练车在上牌前须经过运管部门审核其教练车上限数后,抄告公安交警部门办理车辆登记和上牌手续。四是共同加强对培训记录的把关。公安交警部门在受理驾校学员报考申请时,严格查验和收存由运管部门审核签章的《培训记录》,对未提供《培训记录》的,不受理其报考申请。五是共同加强对培训和考试质量的监管。对经营不规范、培训质量不达标、存在重大安全隐患、质量信誉考核结果为 B 级的驾校以及未取得驾校经营许可的驾校,由运管部门及时抄告公安交警部门暂停或停止受理其报考申请。六是建立定期会商制度。定期召开座谈会,共同协商解决培训和考试管理工作中出现的新情况和新问题,同时加强信息沟通,建立工作协调长效机制。另一方面充分发挥省驾培协会的行业自律作用。通过与省民政厅沟通协调,成立江西省驾培行业协会,并充分发挥其桥梁纽带、行业自律和协调辅助等方面的作用,同时积极协调配合物价部门加强对驾驶培训收费价格的监管,对驾校收费标准上调实行备案制度,对行业垄断随意调价行为联合进行查处,防止驾培机构乱收费、乱涨价的现象,切实维护好学员的切身利益,促进了全省驾培行业和谐稳定发展。

第二节　驾培行业立法工作之研究和展望

一、明确发展思路,强化法制建设

作为驾培行业,无论是市场的发展,还是行业的管理,都应体现出“依法行政、合理行政、程序正当、高效便民、诚实守信、科技兴驾、权责统一”的原则。依法行政是管理部门的基本要求,而立法是前提,行政执法是手段。近年来,我国关于驾培行业的立法工作不断完善和强化,正标志着驾培行业已步入了法制化、规范化、科学化的健康发展轨道。根据驾培行业中出现的一些具体问题,通过立法来加以解决,是机动车驾驶员培训行业发展中依法管理的重要一环。因而,唯有在深入贯彻落实党的十八大精神,全面总结近年来机动车驾驶员培训工作的基础上,深刻认识我国经济社会发展对驾驶员素质提出的新要求,以培养安全驾驶、文明行车的高素质驾驶员为核心目标,才能有效地推进机动车驾驶员培训管理中依法行政的步伐,进而全面提升驾驶员培训质量和服务水平,为道路交通安全发展奠定坚实基础。今后一个时期,我国驾培行业的政策法规应充分体现出机动车驾驶员培训工作的总体思路,坚持以科学发展观为指导,坚持以素质教育工程为主要载体,突出培养驾驶员安全文明意识,培养驾驶员安全驾驶技能,全面改进机动车驾驶员培训工作,提升驾驶员培训工作水平。

二、剖析行业现状,提高立法针对性

立法工作要想更具针对性和有效性,还要求相关部门应勇于直面并认真研究当前我国驾驶员培训管理工作存在的问题和不足,并能尽快研究摸索出切实可行的解决途径和办法,将它们纳入相关律法规章中,确保在实践中得以进一步贯彻落实。在近期全国驾培工作会议上,交通运输部相关领导就明确指出了现阶段我国驾培行业发展中存在的“四重四轻”现状。这主要体现在:一是在培训内容上重驾驶技能、轻文明素质。驾驶培训与考试内容仅注重驾驶技能的培养和考核,突出技术性,“重操作技能、轻细节把关,重交规学习、轻文明教育”的现象较为普遍,特别是对文明素质和营运驾驶员职业操守培养关注不够,缺乏针对性的科学手段;二是在行业发展上重能力增长、轻市场监管。行业发展缺乏统一科学的规划引导,针对快速增长的培训需求,部分地区驾驶培训机构存在非理性扩张和无序发展现象,市场主体良莠不齐、诚信不足,具有引领示范效应的骨干品牌企业数量较少;三是在培训手段上重传统手段、轻现代手段。“一车多人”“师傅带徒弟”等传统教学培训方式较为普遍,电子模拟路考、网络教学、远程培训、计算机计时培训管理系统等新兴科技手段利用不足,行业信息化水平和管理效能有待进一步提高;四是对培训人员重管理约束、轻跟踪服务。对学员学习建立了严格的考勤制度,没有针对不同群体、不同层次学员设计科学合理的学习计划,导致节假日学员饱满、约车困难而工作日相对较少。部分驾驶员培训机构服务意识不足,培训方案对所有学员“一刀切”,个性化培训方案提供不足。部分培训机构经营行为不规范,存在违法违规行为等。上述问题无疑应当引起各地各部门的高度关注,切实采取有力措施予以推动解决。

三、细化工作重点,落实各项规章

针对现阶段驾培行业中的突出问题,相关部门已认识到强化实施素质教育工程、强化客货车辆驾驶员培训、强化培训规模宏观调控、强化培训市场政府监管、强化提升培训服务水平、强化教练员队伍建设、强化科技创新和节能减排不仅应当作为今后驾培工作的主要任务,更应当作为完善立法工作关注的重要方面和关键环节。

就素质教育工程而言,2016 年底,交通运输部和公安部就联合印发了《机动车驾驶培训教学与考试大纲》(以下简称《教学与考试大纲》),对驾驶员培训和考试方式进行了重大改革,进一步强化了对学员安全、文明行车意识和实际驾驶能力的培养,并要求各地采取有效措施,切实贯彻落实好《教学与考试大纲》。一要尽快调整培训教学计划、教学场地及设施设备,严格按照新《教学与考试大纲》要求,使用规范培训教材组织教学。二要加强素质教育和案例教育,突出安全驾驶、文明行车意识的培养,并贯穿到培训学习的全过程。三要落实实际道路驾驶训练内容和学时要求,让学员拿到驾驶证后真正能开车、会开车。四要大力推进规范化教学,建立一整套融知识、技能、意识、安全为一体的驾驶规范化教学体系。五要深入推进“文明交通行动计划”,继续开展好“文明交通进驾校”活动,使驾驶培训机构成为传播安全驾驶、文明行车理念的主阵地。

在客货车辆驾驶员培训工作中,营运性驾驶员安全责任重大,操作技能要求更高,是驾驶员培训“重点中的重点”。一要加强对大中型客货车辆驾驶员的职业道德教育,强化操作技能训练和模拟道路驾驶,突出案例教育,切实提高客货车辆驾驶员的综合业务素质。二要引导建立集中的大中型客货车辆驾驶员培训基地,提高培训场地和设施设备利用效率,保障客货车驾驶员培训质量。三要会同有关部门积极推进将大客车驾驶员培养纳入国家职业教育体系,依托具备条件的职业院校,培养高素质大客车驾驶员,鼓励客运企业通过委托培训等形式,参与大客车驾驶员职业教育,尽快解决目前大客车驾驶员量缺质低的突出问题。在此基础上,要逐步将大货车驾驶员的培养纳入职业教育体系。加强培训规模宏观调控,则要求各地要在充分调研的基础上,按照合理布局、有序发展的原则,科学制定符合本地实际的行业发展规划,最大限度地满足人民群众的学车需求。要在发展规划的指导下,严格市场准入管理,鼓励采用公开招标投标方式,择优确定市场准入主体,科学进行教学车辆投放,优化驾驶培训机构的市场结构和区域布局。要加强新增驾校规划设计的前期指导,从源头上严格把关,督促驾驶培训机构不断完善软硬件设施,提高培训服务能力。要建立市场投资预警机制,及时向社会发布市场风险预警公告,防止盲目投资导致培训市场发展失控过热。

此外,各地要进一步加强对机动车驾驶培训市场的监管,加强执法监督力度。一要组织开展专项行动,重点整治非法经营、挂靠经营、乱设报名点、虚假承诺等违法违规行为。二要定期开展驾驶培训机构培训能力评估,根据培训质量和服务水平确定其培训能力,并按照培训能力核定其招生数量。三要加强驾驶培训机构的安全管理,及时对教练场的安全管理、教练员的安全执教行为、教练车的安全管理、学员安全教育的实施情况、安全管理制度的落实情况进行检查。四要加强驾培考试路段的实际道路路况安全考核,督促驾驶培训机构完善相关措施,确保学员安全上路学车。五要注重发挥行业协会作用,支持协会的工作,通过协会组织开展的评优、竞赛、交流等活动,增强行业的凝聚力,促进行业规范经营。

并且,各地要进一步完善服务质量信誉考核机制,将驾驶培训机构增加教练车、扩大培训规模与质量信誉考核结果相挂钩,引导驾驶培训机构向规模化、集约化、品牌化方向发展。要继续开展创建文明诚信优质服务驾校、星级驾校等评优活动,培育和树立一批经营规范、服务优良、管理科学的品牌驾校,引领行业健康发展。要强化全行业服务意识,牢固树立“安全文明驾驶从这里起步”的理念,营造良好学风,吸引更多的社会公众接受正规驾驶培训。建立驾驶培训公共服务平台,及时宣传相关政策,提供各类信息咨询,方便群众网上择校、报名、预约学车。鼓励驾驶培训机构提供多元化服务,积极推广“先学后付、计时收费”培训模式,让学员从徒弟真正成为受尊重的消费者。要围绕学员关注的热点问题,在方便学车、合理收费等方面,采取有效措施,切实保障学员的合法权益。要积极配合物价部门,合理核定培训收费价格,有效防止培训机构乱定价、乱涨价。

再则,各地要严格教练员的从业资格管理,继续推进机动车驾驶教练员培养纳入职业教育体系,提高教练员职业地位和从业准入门槛。要完善教练员继续教育制度及考评机制,积极开展形式多样的教学竞赛、技能比武和教学交流等活动,广泛开展星级教练员评比等活动,提升教练员的综合素质和业务水平。要加强对教学过程的监管,规范教练员教学行为,特别是要让学员参与监督,建立以学员满意度为主要指标的评判机制,形成“学员选教练,学员评教练”的良性机制。要加强对教练员持证上岗情况的监管,建立教练员黑名单制度,对教练员计时培训造假、“吃、拿、卡、要”、乱收费和其他违规违纪行为及时处理,建立完善教练员退出机制。下一步,交通运输部将利用三年时间专门组织实施“教练员素质提升工程”,对所有教练员进行培训、考试,全面提升教练员的整体素质。在抓好教练员队伍建设的基础上,继续加强驾驶培训机构经理人、考试考核员等从业人员队伍建设,逐步推进驾驶培训机构经理人资格制度和考试考核员选拔制度的实施。

与此同时,各地要按照技术规范要求,全面推广应用计算机计时计程培训管理系统,建立行业监管平台,督促驾驶培训机构安装、使用企业应用平台,实现驾驶培训和管理的信息化,强化对培训过程的动态监控,确保培训内容和学时得到有效落实。积极推广“互联网远程教学”“情景模拟教学”等教学方式,引导驾驶培训机构采用科技手段,实现教学内容统一,教学资源共享,教学时间和空间灵活,教学过程生动有趣。要大力倡导绿色培训,引导驾驶培训机构注重培养学员节能驾驶技术,树立节能驾驶理念,养成节能驾驶习惯。要对教练员进行节能驾驶知识及操作规范的培训,规范节能驾驶教学。要推广应用节能教学设备,引导驾驶培训机构在保证教学质量的前提下,广泛利用网上培训、多媒体教学等环保教学方式,使用驾驶模拟器、天然气汽车等节能环保教练车型开展教学,推进驾驶员培训向节能减排方向迈进。今后这些重要工作任务的细节应认真落实于各省市地区相关的政策文本中,并应下大力气确保其有效落实。

四、坚持政府领导部门协调,强化思想认识,严格执法履职

加强法制建设,建立高效驾驶员培训管理体系,紧紧依靠党委政府的坚强领导,认真执行国家的法律法规,是搞好驾驶员培训管理工作的关键。这意味着应当统一思想认识,进一步增强搞好驾校和驾驶员培训管理工作的责任感和紧迫感,增强大局意识、责任意识,增强原则性、系统性、预见性、创造性,把思想认识统一到加快发展交通运输事业的高度,把驾驶员培训管理作为整个交通运输中的重要工作来抓,严格依法履职,严格按照交通运输部的统一部署和要求,加大工作投入,切实把各项政策落实到位。加强制度建设,建立运转有序的管理工作机制。搞好部门协调配合,建立联合执法机制,在驾驶员培训管理工作中,交通运输部门和公安部门应积极加强合作,在信息联网共享、联动执法监督、培训能力评估等方面密切合作,加强沟通,实现资源共享,最大限度形成工作合力,共同推进培训管理工作科学健康发展,为开展驾驶员培训管理工作创造良好的执法环境。

加强宏观调控,科学引导驾校发展。各地应通过制定和实施行业发展规划,优化驾校结构比例和网络布局。严格审核许可条件,严把驾校资质关,密切协作、加强监管,有效避免驾校泛滥化发展和恶性竞争的形成,推进驾培行业可持续发展。同时要推动驾校组织结构调整,推动驾培规模化经营,积极引导驾校以资产为纽带,通过各种有效形式,扶优扶强,实现驾培行业规模化、集约化、网络化经营。引导驾校从数量扩张向质量提高、由粗放经营向集约化经营,采取并购、联合、参股等方式组建规范化、规模化驾校,防止低成本重复建设和资源浪费。坚持信誉考核,树立行业标杆。为规范驾培市场秩序,提高驾校的安全管理和服务

质量管理水平,以强化驾校诚信经营、遵章守法为核心,以强化科技化和信息化为支撑,推进驾培行业安全服务质量考核制度化、规范化建设,坚持从资质条件、基础管理、经营管理、教学管理、安全管理、服务质量等方面,对驾驶培训机构的培训合格率、学员重大交通事故违章情况、教练员教学质量、安全服务质量信誉等定期进行考核,根据考评情况确定驾校的星级等级,并及时向社会公布考核结果。

在全面总结近年来驾驶培训工作的基础上,交通运输部就已提出把“培养安全驾驶、文明行车的高素质驾驶员”作为驾驶培训工作的核心目标,这完全符合驾驶培训工作面临的新形势新任务,符合社会的新要求新期待,并且更加明确了驾驶培训工作的发展方向、工作重点和管理思路,这将是驾驶培训工作今后一定时期长期坚持的工作方针。必须坚持“以人为本、安全发展”的理念,把安全放在最重要的位置,把培养安全文明驾驶员作为驾培工作的核心目标,这可以说是抓住了驾驶培训工作的要害。这就要求驾培行业的规范化管理必须要从驾驶员安全文明素质是道路交通安全的第一道防线、事关全社会道路交通安全水平和文明程度的战略高度,从培养高素质驾驶员是道路交通安全的重要保障、是提升人民生活品质的重要内容、是建设两型行业的重要环节全局高度,把握驾驶培训工作的核心目标,强化措施,改进管理,努力为社会培养有牢固安全意识、有良好文明素养、有严格守法意识、有熟练驾驶技能、有规范驾驶行为、有基础应急常识的合格驾驶员,夯实行业安全发展的基础。因而各省市地区必须结合贯彻落实交通运输部联合公安部等部门制定出台的一系列加强驾驶培训管理的政策措施,强化驾驶培训行业管理,规范驾驶培训机构经营行为。同时注重政府引导和市场主导相结合、科技创新和管理创新相结合、行业引导和部门配合相结合、典型示范和整体推进相结合,努力形成驾驶培训工作健康发展的良性工作机制。

第九章

机动车驾驶教学质量评估指标体系构建研究

近年来,我国机动车驾驶培训学校的数量越来越多,驾驶人员的培训规模越来越大,我国已经拥有了庞大的机动车驾驶人队伍,合格的机动车驾驶人对于保证道路交通顺畅、减少交通事故具有重要的意义。机动车驾驶教学质量直接决定着机动车驾驶人的素质高低,直接决定着道路交通安全状况与交通事故发生的概率。鉴于此,人们对机动车驾校培训的教学质量越来越关心,对于驾校培训的教学质量标准的要求越来越严格。本章主要基于机动车驾驶教学评估的内涵与外延,阐述机动车驾驶教学质量评估的指导思想、原则与意义,以测量与评价为方法工具,结合我国当前机动车驾驶教学的现状,全面构建教学质量评估指标,并就相关问题予以说明。

第一节　机动车驾驶教学质量的概念、内涵及其评估

一、机动车驾驶教学质量的概念及其内涵

教学质量最初并非作为一个词语提出,而是由教学和质量两个词汇组成。辞海中分别对教学和质量做了界定:教学是指教师传授和学生学习的共同活动。通过教学不仅使学生获得知识技能,同时也发展他们的认识能力,培养他们的思想品德;质量包括两层含义,一是指产品或工作的优劣程度。如建筑质量,技术质量。二是指量度物体惯性大小的物理量。最初作为"物质多少"的量引入,后来质量的值一般用物体所受外力和由此得到的加速度之比来表示。现在,教学质量作为一个整体词汇被越来越多的领域和研究人员使用,它不仅被认为是教师如何向学生提供线索或指导,学生参与(外显或内隐地)学习活动的程度,以及如何给予强化吸引学生学习。也通常被认为是教学对学生达到预期结果的促进程度,包括学习活动是否合理恰当,是否考虑了学生的特征(如年龄、学习先前知识、动机等),涉及众多的教学因素,特别是教师对学生和教学内容的处理,对学生学习任务和活动的组织地处理。

基于教学、质量、教学质量概念的界定,简单地说,所谓机动车驾驶教学质量,就是在一定条件下教练员教学与学员学习及其共同活动时体现出的好坏程度。机动车驾驶教学质量概念的提出与界定,赋予了机动车驾驶教学质量丰富的内涵,意味着机动车驾驶教学质量是多因素共同影响的结果,它不仅受到教练员教学、学员学习等因素影响,而且受到教练员与学员共同活动等因素影响;意味着机动车驾驶教学质量并非是静态质量标准的确立,而是质量标准确立与质量提高行为两者的统一;意味着机动车驾驶教学质量是一个不断提高、追求

卓越的过程;意味着机动车驾驶教学质量的核心在于促进学员学习质量的提高。具体而言,机动车驾驶教学质量具有以下内涵:

1. 机动车驾驶教学质量是教练员、学员、相互活动过程等多因素共同影响的结果

教练员、学员、共同活动是影响机动车驾驶教学质量的三大主要因素,教练员是机动车驾驶教学质量提高过程中不可或缺的重要因素,他们引导整个教学过程的开展,使教学过程顺利达到预定目标、完成规定的教学任务,同时,教练员的教学质量观、教学态度、自身素养、教学行为方式等也决定了教学质量的高低。其综合素养高、道德高尚必然会为学员的学习树立好的榜样,从而影响着教学质量的提高。学员学习,特别是学员的自主学习态度和自主学习能力在很大程度上也决定着教学质量高低,被动学习的学员必然制约教学质量的提高;相反,学员主动学习则会推动教学质量的提高。教练员与学员之间的关系及其他们的共同活动同样影响着教学质量,传统意义上“教练员为中心”的专制式的教学,虽然会使既定教学内容完成,也能固化知识的传授,但难能也很少能使学员自觉意识的形成和创造性行为的产生,唯有朋友式教练员和学员关系,因为充实着共同活动中的情感交流,同样极大程度上影响了教学质量的提高。

2. 机动车驾驶教学质量体现了质量标准确立与质量提高行为的相互统一

评判机动车驾驶教学质量的好坏需要一个合理的标准,只有建构了系统的质量标准系统,才能为教练员的教学、学员的学习以及教学活动提供评判依据,从而明确什么样的教学是规范的,什么样的学习是积极的,什么样的活动是高效的。机动车驾驶教学质量标准的建立,可以有多维角度,即可以从教练员、学员及其相互活动等维度去组成,还可以从人、财、物等构成要素去建构,也可以从教学输入、教学过程与教学结果等教学程序上去提出等。当然,仅有机动车驾驶教学质量等静态评估标准是不够的,还必须把静态标准与实际行动结合起来,真正发挥机动车驾驶教学质量标准对教练员、学员、教学活动的引导作用。这就要求机动车驾驶管理部门通过监督、检查、考核等常规活动,对机动车驾驶学校教学进行评估,从而有意识地将机动车驾驶教学质量标准转化为机动车驾驶学校、教练员及学员的日常行为。因此发挥社会监督评价作用,是系列标准内化为一种行为规范、一种行为习惯的重要手段。

3. 机动车驾驶教学质量旨在促进每一个学员学习质量和综合素养的提高

机动车驾驶教学质量的提高包含很多方面,既有教练员的知识、能力、态度、行为等方面的改善,也有机动车驾驶教学环境的优化、资源共享,机动车驾驶教学领导观念和机动车驾驶学校组织制度变革等。但究其根本,机动车驾驶教学质量好坏与否关键在学员学习质量的提高和综合素质的养成。学员学习质量既包括机动车驾驶知识的掌握程度,更体现为他们驾驶技能的熟练程度,而学员综合素养是基于熟练掌握知识、技能并在运用这种技能的活动中体现出来的。因此,任何只关注有多少学员拿到驾照的评价行为,是对机动车驾驶教学质量评估的歪曲和片面化,因而,正确的质量观是对学员知识掌握、能力提升、文明行为习惯形成以及综合素养达成等全方位的立体评价,唯有如此,才能培养出一个全面发展的机动车驾驶员,才能使机动车驾驶教学质量落到实处。另外,机动车驾驶教学过程中不仅要树立每一位学员都是教学对象的观念,而且要树立教学公平理念,所以不能因性别、年龄或动作技能不协调等因素产生教学歧视现象,作为优秀教员,更不能有意放弃那些自认为不可教的学员。

4. 机动车驾驶教学质量是一个不断提高、持续优化的永恒过程

机动车驾驶教学质量提高并不可能一步到位，而是一个从较低水平向卓越状态持续发展、渐次提高的过程。由此，不仅要我们的教练员应改变传统上经常采用的“催”“赶”“急”“骂”等教学行为，同时需要教育学员消除为早拿到驾照而存有的“投机取巧”与“速成”等心态，更需要改变机动车驾驶学校只顾“盈利”、忽视机动车驾驶学习规律等功利性行为，使机动车驾驶真正成为按教学规律办事。同时，正确的机动车驾驶教学质量观的确立，必须改变以往那种只关注或只评价教学结果的做法，而应更加关注教学过程，并把教学过程纳入评判教学质量高低的依据之一。这就需要机动车驾驶学校对教学过程严加管理，督促教练员不断优化教学过程，提高每一次教学的效率。

二、机动车驾驶教学质量评估

机动车驾驶教学质量评估是依据教学目标对机动车驾驶教学过程中的各种因素及其综合结果做出的科学判断。旨在为进一步改进教学及其相关工作提供可靠依据，使教学按一定方向高效进行并有序地达到既定目标。从主体上看，机动车驾驶教学质量评估可以是机动车驾驶主管部门、机动车驾驶学校，也可以是教练员自己，还可以是学员或与此相关机构或人员。不过，教学质量核心在教，在于教学内容的高质量完成，故此，机动车驾驶教学质量评估包括教学过程、行为评估和教学结果评估。而这种评估，包括考试、实践检测、座谈、问卷等。而且必须涵括考核式评估、监督性评估、自查式评估、反馈式评估等。机动车驾驶教学质量评估才具诊断性、导向性、激励性、调节性等。

1. 主体角度

从主体看，机动车驾驶教学质量评估由机动车驾驶主管部门、机动车驾驶学校、教练员、学员以及社会机构（人员）等进行。在机动车驾驶教学质量评估工作中，评价主体的选择与确定非常重要，不同的评估主体在评估活动中的角色和作用不同，对评估过程和评估结果都有着不同影响。为确保机动车驾驶教学质量评估科学、准确、公平、公正，务必构建包括机动车驾驶主管部门、机动车驾驶学校、教练员、学员以及社会机构（人员）等在内的机动车驾驶教学质量评估多元体系，使各评估主体从不同立场、角度对机动车驾驶教学质量进行评估。机动车驾驶主管部门的评估应注意多从考核、检查的角度出发，因其存在的权威性确保了教学质量评估的严格性和规范性，但在心理上也容易产生一些对立情绪，因而这一工作必须认真仔细；机动车驾驶学校评估主要是从改善教学领导与管理角度进行，对机动车驾驶教学质量进行评估是其应该承担的义务和责任，通过评估可以了解机动车驾驶教学质量水平，增强评估的可信度，因而这种评估必须同教练员的考评结合起来，否则会导致不公正现象产生。再说，教练员参与教学质量评估是发挥教练员主动主用的方式之一，因为有教练参与，这种评估行为和结果才可以使教学过程不断完善，水平不断提高。学员也是教学质量评估的主体之一，也是最有发言权的评估者，然而因为学员知识、经验不足，加上他们情感上的主观性容易使评估流于表面现象或受个人好恶影响而不准确。对于社会相关机构（人员）来说，因为不存在利害关系可以使评估较为客观、公正，但是因其面广量大，存在着难以操作的不足。总而言之，机动车驾驶教学质量评估的主体不是固定的，唯一的，应是一个全方位、多层面的主体体系，需要管理者，驾校领导者、教练员、学员乃至社会有关部门的共同参与和全面

投入。

2. 内容角度

从内容看,机动车驾驶教学质量评估包括教学行为评估和教学结果评估。教学行为评估主要是以教练员在教学活动过程中的行为为直接的评估对象,通常体现为教练员的教学质量观、教学态度、教学能力、教学方法以及教学过程中的人文关怀等等。对教练员教学行为进行评估有两大优点:一是所得到的评估结果具有较强的针对性,二是评估比较及时。当然,评估教练员教学行为是否规范首先需要有客观依据,而且必须是科学的,是与教育教学规律的客观要求相符的,同时还必须是合理的,是与教学目标、教学计划和教学标准相适应的。另外,对教练员教学行为评估要以促进教练员的行为改进为目的,而不能以评估为理由对教练员进行惩罚,要以评估结果提示他们改进教学行为。教学结果评估主要是以教学活动的最后结果,即学员的学习质量,包括学员的知识掌握、能力提升、文明行为习惯养成以及综合素养等作为评估教学质量的重要依据。教学质量高低最终要以教学结果的有效性来评估,但是真正依据教学结果来评估教学质量首先要对学员的学习结果情况有全面记录,不仅包括学员拿驾照情况,而且包括学员在以后的驾驶过程中所表现出来的行为等。

3. 类型角度

从类型看,机动车驾驶教学质量评估有诊断性评估、形成性评估、考核式评估、监督性评估及反馈式评估等。诊断性评估是指在教学活动开始之前,对评估对象的学习基础及学习准备程度做出初步测定,以便采取相应措施促进教学计划顺利、有效实施;形成性评估是在教练员教学活动过程中,为使教练员的专业水平继续提高而及时反馈信息,以便调整、完善教学活动,其目的是为明确教学活动中存在的问题而确定改进方向,及时改进教学活动,以期获得更加理想的教学效果;考核式评估也称结果性评估或终结性评估,是对一定时期内教学所应达成的结果进行评价,目的是对学员学习质量做出结论性评估,以此作为评判学员合格的依据。考核式评估是检测学员综合运用机动车驾驶知识掌握、能力发展程度的重要突进,也是反映教学效果和教学质量的重要指标之一;监督性评估是通过社会机构、人员或第三方介入教学过程,对教学活动规范性和教学结果有效性进行的评估,目的是发挥警示督导作用,促进教学活动规范进行,教学质量顺利达成;反馈式评估也可以成为多评估主体评估,是通过机动车驾驶主管部门、机动车驾驶学校、教练员、学员、社会机构(人员)或专家等所有主体根据自己所掌握的情况对教学行为和教学效果进行的全方面评估。评估者的评估会反馈到被评估者,从而使被评估者更为全面认识自己并自觉进行行为改善。

4. 方法角度

从方法看,机动车驾驶教学质量评估有考试、日常观察、行为测验、座谈法、实践检验法等。机动车驾驶考试是通过书面和现场操作等方式考察学员的知识水平和技能掌握程度。考试的目的不仅是为了考察学员是否达到学习目标,更是为了检验和改进学员的学习和教练员的教学,加强教学管理,完善教学过程,从而有效地促进驾校的健康有序发展;行为测验是教练(师)在教学过程中,对学员专项学习活动所进行的检测,通常由系列学习内容项目或任务构成,以学员完成项目或任务的技能掌握程度给予相应记分,以此判定学员是否能通过下一项目或任务的学习;日常观察通常具有考查或调查的含义,是一种有目的、有计划且常规性的活动,主要是指教练员对学员学习过程和学习效果所进行的审查,并以感知和经验对学员学习活动进行评断。这样做的好处是便于教练深入了解学员学习情况、促进学员改进学习行为提供直观依据;座谈法是在教练员主持下,选择一些代表性学员以某个问题为中心进行深入研讨的过程。座谈法不仅可以激发学员参与教学讨论的积极性,而且可以了解学员对问题的观点和看法。座谈法在机动车驾驶教学过程中还很少用,但是它具有收集信息快、探讨问题深入等优点,具有推动教学质量提高的作用;实践检验法就是在自然状态下对学员机动车驾驶知识掌握和技能获得进行检验的方法。对每个学员来说,不管是机动车驾驶知识的掌握,还是驾驶技能的获得或者是驾驶文明行为习惯的养成,最终都要通过学员的实践行为得到检验,因为只有在实践中继续加强学习、不断完善才能使他们的学习质量达到最优状态。

5. 功能角度

从功能看,机动车驾驶教学质量评估有诊断功能、导向功能、激励功能、调节功能、管理功能等。对机动车驾驶教学质量进行评估具有多元功能,一是诊断功能。机动车驾驶教学质量评估是对教学行为和教学结果进行分析、评价的过程,通过了解分析教学情况,对其成绩、不足、矛盾和问题等做出判断,对于教练员而言,不仅可以帮助他们估量教学目标实现的程度,而且能就教学效果不理想的问题再作必要补充;对学员来说,可以帮助他们了解找出自身学习效果好坏的原因,并制定应对措施;二是向功能。机动车驾驶教学质量评估是按照预先制定的教学目标所进行的评估,是检验教学目标完成情况,为评估对象指明努力方向的必须手段,借以促进学员按照所预设目标努力而达到标准。因此,作为机动车驾驶教学质量评估目标设立、体系的构建、内容的提出等都要体现机动车驾驶教学的方向性和客观性,以符合机动车驾驶教学发展实际;三是激励功能。科学合理的教学评估既可以调动教练员教学积极性,也可以激发学员学习的主动性,使教练员和学员把注意力集中在教学中来。而要使机动车驾驶教学质量评估发挥其激励作用,必须注意评估指标的制定要适合大多数被评估对象经过努力可以达到的程度,标准过高或过低都不利于被评估对象积极性的发挥;四是调节功能。机动车驾驶教学质量评估可以反馈有关教学信息,从而调节教学行为,使教学活动始终有效进行。这种功能主要表现为两个方面,一方面是评估主体为被评估者调节教学目标和进程,另一方面是被评估者通过评估了解自己的长处和不足,明确努力方向和改进措施,以实现自我调节;五是机动车驾驶教学质量评估管理功能。是指机动车驾驶教学质量评估使评估对象顺利完成预定任务、达到预期目的的约束性效果。教学质量评估指标体系可以内在地规范、影响评估对象的教学和学习等活动计划的制定、组织和全面实施。

第二节　机动车驾驶教学质量评估指标体系构建之指导思想、意义与原则

一、机动车驾驶教学质量评估指标体系构建指导思想

根据《中华人民共和国交通安全法》《中华人民共和国道路运输条例》等法律、行政法规精神,以《机动车驾驶员培训管理规定》中提出的“机动车驾驶员培训机构应当加强对教练

员教学情况的监督检查，定期对教练员的教学水平和职业道德进行评议，公布教练员的教学质量排行情况，督促教练员提高教学质量”“省级道路运输管理机构应当制定机动车驾驶培训教练员教学质量信誉考评办法，对机动车驾驶培训教练员实行教学质量信誉考评制度”等要求为依据，以充分发挥省级道路交通运输管理机构评估功能，树立机动车驾驶学校质量品牌意识，提高机动车驾驶教练员综合素养，从而促进机动车驾驶行业公平、公正、便民、安全等管理制度的最终形成。

二、机动车驾驶教学质量评估指标体系构建的意义

机动车驾驶教学质量评估指标体系因所具有的丰富内涵、科学体系、专业化系统建构，使其在机动车驾驶教学质量评估过程中具有独特的理论意义。

1. 理论意义

第一，机动车驾驶教学质量评估指标体系构建凸显了机动车驾驶教学质量的重要地位。机动车驾驶学校办学工作千头万绪，但是提高教学质量是其一切工作的核心，是学校发展的生命线。就是说，所有驾校，只有教学工作做好了，教学质量提高了，其他一切工作都能有序进行。对于任何机动车驾驶学校来说，数量增加、规模扩张就不再是问题，因而，向办学要教学，向教学要质量已成为所有机动车驾驶学校办学的基本策略。如果某所机动车驾驶学校仍旧盲目扩张，而不顾教学质量的提高为目的，那么终究会导致学校办学失败。机动车驾驶教学质量评估体系的提出为机动车驾驶学校提供了办学方向和线索，亦即要把教学质量的提高作为学校办学的战略任务和重要内容。只有有意识加强学校教学质量管理、提高教学质量才能优化学校办学的核心竞争力。

第二，机动车驾驶教学质量评估指标体系构建是提升机动车驾驶教学质量的需要。促进机动车驾驶教学质量提高是不争的话题，但是提高的方向在哪？目标是什么？如何提高等问题却一直困扰着办学者，针对这一点，机动车驾驶教学质量评估体系的提出与构建就为机动车驾驶教学质量提高提供了动力和方向。没有教学质量评估指标体系的教学质量提高是随意的、是不规范的、也是不统一的，因为那样，每个教练员都只会按自己理解的质量标准重复着经验式、效率低下的教学模式，不同学校之间也不可能有统一的标准，更难以进行良性竞争，或者说不可能具备竞争实力，尤其是当教学质量提高成为每个人或每所学校自由决定时，教学质量提高只是一句空话，必然不再有可比性了，严重影响着机动车驾驶行业的可持续发展。

第三，机动车驾驶教学质量评估指标体系构建为评价机动车驾驶教学质量提供了理论依据。构建机动车驾驶教学质量标准体系，是一项专业性很强的工作，并非由某个教练员、某所机动车驾驶学校或某个机动车驾驶主管部门所能决定的，而应该是由专业人员在遵循国家相关标准、制度规定，借鉴发达国家机动车驾驶教学质量标准成熟经验基础上，与相关者共同研讨、研究提出的。这一评估体系建构及其文本制定，不仅对机动车驾驶教学质量评估指导思想、意义、原则、主体、内容做出规定，而且对评估方法应做出明确规定，具有很强的科学性和可操作性，为机动车驾驶教学质量评价提供强有力的理论依据。

第四，机动车驾驶教学质量评估指标体系构建发挥了机动车驾驶教学行为改善的引领作用。机动车驾驶教学质量评估指标体系构建的引领作用，主要体现为这一体系应突破以

往机动车驾驶教学质量评估在思想、内容、方法等方面存在的缺陷,倡导在教学质量评估中形成新的评估观念、方法、手段、内容等。首先要树立正确的教学质量观,即把促进学员知识掌握、能力提升、文明行为习惯养成等综合素养提高作为衡量教学质量的根本标准。其次要改变传统机动车驾驶教学质量评估过于关注结果的现状,形成教学行为与教学结果相结合的评估模式。再次要改变单一的评估主体对教学质量进行评估的局限,形成多元评估主体并存的状态。最后要完善那种过多强调共性、重量化结果的评估方法,关照学员的个体差异和个性化发展,多采用体现新评估思想的、质性描述的评估方法和手段。

第五,机动车驾驶教学质量评估指标体系构建填补了机动车驾驶教学评估指标体系的空缺。评估机动车驾驶教学质量的优劣好坏需要科学的教学质量评估指标和系统的指标体系构建,但是到目前为止,我国还没有制定机动车驾驶教学质量国家标准系统,尽管有些省份在这方面做了一些尝试,但是还缺乏系统性、科学性和完整性。因此,系统构建机动车驾驶教学质量评估体系在我国还是首次,它是在借鉴、吸收发达国家和其他领域指标体系建构经验基础上,结合我国机动车驾驶教学实际情况提出的,弥补了机动车驾驶教学质量评估体系的空缺,对我国其他地区构建相应指标体系起到了示范带头作用。

2. 实践意义

机动车驾驶教学质量评估指标体系构建的意义和价值并非仅仅视为静态的文本,更为重要的是必须发挥指标体系在机动车驾驶教学过程中的实践作用,具体而言包括以下五个方面:

第一,对机动车驾驶行政部门而言,机动车驾驶教学质量评估体系构建为其监督、管理、评价、引导机动车驾驶学校办学和教练员教学提供了政策依据。尽管机动车驾驶教学质量评估指标体系还处在理论构建阶段,它的进一步完善还有待教学实践检验,但是当其对机动车驾驶学校办学和教练员教学发挥引领作用时,它将被机动车驾驶行政部门作为一门专项政策提出。既然机动车驾驶教学质量评估政策明确了教学质量评估的主体、内容、方法等具体内容,那么,这一体系必然会对行政部门在更大范围内、更大程度上起到监督、管理、评价以至引导机动车驾驶教学质量提升工作,同时可增强机动车驾驶教学质量提升工作的针对性、科学性和高效性。

第二,对机动车驾驶学校而言,机动车驾驶教学质量评估指标体系构建为其明确办学重点、加强教学质量领导提供了行政支持和专业支撑。既然机动车驾驶教学质量评估体系是在机动车驾驶行政部门大力支持下通过专业人员深入研究而提出的,就意味着规范机动车驾驶教学,促进机动车驾驶教学质量提高已成为行政部门重要的管理工作之一,不管是在行政引领、政策出台,还是在工作重点上,都会对机动车驾驶教学管理和质量提升进行倾斜,在方向上和具体工作过程方面为机动车驾驶学校的办学和管理给予最大程度的行政支持。同时,因为机动车驾驶教学质量评估质量指标体系体现了很强的专业性、科学性、系统性和完善性,预设了机动车驾驶教学质量提升的未来走向、发展目标,明确了机动车驾驶教学质量提升的影响因素、主要内容、重要指标等,所以,可为解决当前及未来机动车驾驶教学过程中普遍存在的问题提供借鉴,为机动车驾驶学校提升机动车驾驶教学质量提供强有力的专业支撑。

第三,对教练员而言,机动车驾驶教学质量评估指标体系构建为他们树立先进的教学理念、改善传统教学行为、提升综合素养提供了实践操作指南。机动车驾驶教学质量评估指标体系在对机动车教学质量概念、内涵及其评估进行系列理论分析基础上,关于机动车驾驶教学质量评估的指导思想、意义原则,关于机动车驾驶教学质量评估指标体系构建逻辑和主要指标内容等,实际为所有教练员设置了一个都能接受的系统框架,使所涉人员能在这个框架基础上达成共识,因而可避免教练员因学历、经验和背景差异造成理解上的歧义,理所当然,因为评估方法简单易行,那么,对机动车驾驶教学指标体系构建的其他问题都会迎刃而解。总的来说,机动车驾驶教学质量评估指标体系具有很强的实践操作性,所有教练员通过学习、反思都能掌握,从而为教练员确立新的教学理念、形成新的教学行为、提升自身综合素养提供了操作指南。

第四,对学员而言,机动车驾驶教学指标评估体系构建为他们明确学习目标、端正学习态度,掌握机动车驾驶知识、技能,形成文明行为习惯等提供了科学、规范的指导和引领。以往,机动车驾驶教学质量评估主要指标就是学员通过相关考试、拿到驾照,至于学员的学习目标是否明确,态度是否端正,其驾驶知识、行为技能是否真正掌握,文明习惯是否完全养成等,都没有被列为教学质量评估指标,由此带来了诸如,通过关系拿驾照、拿到驾照不会开车、会开车不去遵守交通规则等一系列问题,对社会安全带来了极大的隐患,机动车驾驶教学质量评估指标体系构建为每一个学习驾驶的人提供了科学依据,使他们认识到学习驾驶并非简单的技能操作、也并非是经验判断之下的非理性行为,而是需要在正确目标、态度指引下的知识掌握、技能形成、文明行为习惯养成和综合素养提高等都获得发展的过程。

第五,对社会结构(人员)而言,机动车驾驶教学质量评估指标体系构建为他们监督、评价、反馈机动车驾驶学校办学、教练员教学和学员学习等提供了载体和可能。机动车驾驶教学质量评估体系的构建和出台意味着机动车驾驶教学有了专项的政策规定,也体现了机动车驾驶教学需要规范化管理,任何违背政策规定和规范化管理依据的教学都需要得到监督,改正的。机动车驾驶教学质量评估指标体系构建,为社会各行业相关人员对驾校、教练员和学员进行监督提供了重要依据,也为社会各行业客观评价机动车驾驶学校教学质量、反馈评价意见、提出改进建议等提供了法律文本。

三、机动车驾驶教学质量评估指标体系构建的基本原则

1. 科学性原则

是否科学是评判机动车驾驶教学质量评估指标体系的重要原则之一,大量教学论研究证明,只有坚持科学性原则,才能确保教学质量评估指标体系符合机动车驾驶教学规律,从而使评估具有客观性、科学性和准确性,才能发挥评估指标体系对机动车驾驶学校和教练员的行为引导作用。科学性原则首先需要遵循机动车驾驶教育教学规律,坚持实事求是的态度,切忌主观臆断;其次要从机动车驾驶学校和学员客观实际出发,切勿用抽象的标准进行评价;三是要充分考虑到被评估对象的差异性,对每一所学校、每一个学员进行具体分析,做出客观的合乎逻辑的评价,切忌一刀切。

2. 系统性原则

机动车驾驶教学质量评估指标体系构建过程中,要把机动车驾驶教学、教学质量提高等看成是一个由多要素组成的系统,而不是各要素的简单相加,需要用系统思想和方法对影响教学质量的所有要素及要素之间的关系进行分析、判断。不仅要分析机动车驾驶教学质量的领导管理、教练员师资队伍建设、教学任务的完成,而且要分析教学任务完成的过程、学员

的水平和条件保障等，还要考虑到社会各界对教学质量的评价，只有把所有相关因素综合起来进行分析，才能使教学质量评估科学有效，也才能使教学质量评估指标体系发挥出其整体效应。最后还要考虑到机动车驾驶教学质量评估是机动车驾驶学校办学评估的一个重要组成部分，但并不是全部。

3. 过程性原则

机动车驾驶教学质量评估指标体系的构建要扬弃传统上采用的终结性评价理念，形成新的过程性评价理念。过程性评估既要评价机动车驾驶教学最后质量的达成，也需要评价机动车驾驶教学的过程性质量，如是否成立教学质量评估组织、是否组建教学质量评估小组，是否在教学过程中确立了教育公平理念、每一位学员是否有同等的机会、教学资源是否让所有教练员和学员共享，是否应建立教学信息网络等等。指标体系过程性原则的遵循不仅有利于相关人员了解机动车驾驶教学过程中存在问题及改革创新举措，也应有利于督促机动车驾驶学校、教练员和学员明确过程性责任和义务。

4. 人本性原则

“以人为本”是所有教学必须遵循的最基本原则，其具体表现在尊重人上，这也是教学质量提高的重要表现。在机动车驾驶教学过程中，教练员不仅要尊重自己，尊重自己的知识、技能和人格，而且要以学员为中心，尊重每一位学员的人格尊严，尊重他们的个性化需求，同时尊重他们提出的创造性学习行为，切忌以教练员职位和自身的经验而鄙视学员、挖苦学员。特别是对那些个别落后的学员尤其是女性学员更应给予更多的人文关怀，想方设法鼓励帮助他们克服因学习困难而带来的自卑心理。人本性原则还需要确立学员主体意识，允许学员有自己的想法，而不是把自己的老一套、已有的经验教强加给所有学员。

5. 发展性原则

发展性原则主要表现在两方面：一是指机动车驾驶教学质量评估体系本身的不断完善。一个合理的机动车驾驶教学质量评估体系不是固化不变的，而是根据机动车教学实际能做到不断调整、完善和优化，是在体系运行过程中，通过恰当地方法以及不断调整教练行为使体系经常保持最优结构，发挥最佳效能，达到最高质量。二是指机动车驾驶教学质量评估体系应该以促进教学质量提高、学员未来发展为宗旨。一个经得起时间考验的机动车驾驶教学质量评估体系，是以机动车驾驶教学质量最终目标的实现、以教练员教学能力持续发展、以学员未来实际操作水平和综合素养提高为导向的，是在促进所有人员都能健康发展的基础上建构的。

6. 可操作性原则

相对于理论创新来说，机动车驾驶教学质量评估指标体系建构的意义，更在于理论指导下的实践活动，在于指导机动车驾驶教学实践行为改善和提高机动车驾驶教学质量为最终目标。因此，机动车驾驶教学质量评估指标体系中各级指标的提出、分值的赋予、评估细则的制定以及评估方法的采纳等，不能仅从理论上的最优化着眼，而必须立足于机动车驾驶教学实际、教练员自身教学特点和学员需求等实际情况出发。机动车驾驶教学质量评估体系的可操作性还应体现在机动车驾驶学校、教练员能在指标体系的引导下改进教学行为、提高教学质量，在此条件下，学校应该为教练员创造性地实施教学留有充分余地。

第三节　机动车驾驶教学质量评估指标体系构建目标、内容框架与思路

一、机动车驾驶教学质量评估指标体系构建目标

机动车驾驶教学质量评估体现构建主要为达成以下目标：

1. 帮助机动车驾驶学校明确机动车驾驶教学质量发展目标

机动车驾驶教学质量目标是机动车驾驶学校在一定时间内意欲达到的教学质量水平或努力想取得的预期质量成果。每一所机动车驾驶学校，不论其规模大小，设备齐全与否，都应根据自身办学条件、社会普遍要求和学员个体需求，清醒认识自身的长处、优势及其不足与缺失，做到准确定位，以确立自身发展目标。特别是机动车驾驶学校领导更应在充分理解学校发展目标后，让教学管理人员和教练员共同研制出教学质量目标。

2. 督促机动车驾驶学校健全教学质量组织机构

教学质量的确保和提升是建立在健全的质量管理机构存在基础之上的，只有建立了完善的教学质量管理、组织和监督机构，才能为机动车驾驶教学质量提升提供好的机构保障。因为机动车驾驶教学是一种专业性极强的行为，既需要有教学领导者的参与，也需要教练员的相互合作。因此，在建立机动车驾驶教学质量组织机构过程中，需要更多考虑组织之间交流、合作的方便，使所有教学组织机构的人员成为团结、合作整体的一员。

3. 促进机动车驾驶学校加强教学质量的过程管理

教学质量的提高不是一蹴而就的，而是需要经历一个过程。需要根据机动车驾驶教学规律和发展过程，对其进行动态管理、阶段考核和即时评级等，同时，应充分认识到教学质量的提高是一个螺旋式循环向上、不断优化的过程。因而教学质量的过程管理需要教练员有足够的信心、耐心和持久投入的意志，从而坚信自身有提升教学质量的能力、宽容学员暂时的停滞不前，并努力投身到提升教学质量的行为中去。

4. 使机动车驾驶学校把提升教学质量当作一种文化

把机动车驾驶教学质量当成文化既是一种理念，也是机动车驾驶学校进行质量管理活动的基础和灵魂；是一种物化形态的管理系统，是机动车驾驶学校将单纯的质量管理转换为系统的教学质量组织机构的动态过程；同时还是一种管理行为，是机动车驾驶学校在质量管理理念指导下，在搭建完善组织机构基础上的一种常规教学行为。因此，机动车驾驶学校要想形成质量文化，必须形成新的教学质量观、教学质量管理观，并把新的观念融入学校组织完善和行为变革过程中去。

二、机动车驾驶教学质量评估体系构建的内容框架

完备的机动车驾驶教学质量评估体系一般由评估内容、指标体系、评估要点、评估分值和评估方法等核心要素构成。评估内容即确定从哪几个方面进行评估；评估指标即衡量各要素好坏的标准；评估要点与分值即各要素所占的重要程度；评估方法即采用何种方法对各要素进行评估。具体而言：

评估内容主要有机动车驾驶教学质量提升的环境条件、教练员、学员、教学过程和结果评价等,环境条件是教学质量提升的前提,也是教学质量提升的保障,更是教学质量提升的重要表征内容。好的环境条件有助于教学质量的提升。教练员是机动车驾驶的教学主体,教练员知识储备、技能条件、道德素养等是决定着教学质量高低的重要因素之一,好的教练员团队也是驾校教学质量高的充分体现。学员是机动车驾驶学习的主体,他们学习的目的态度、知识技能、行为习惯等等都与其学习效果紧密相关,正确的学习目的态度、扎实的知识学习、熟练操作技能的掌握以及良好的行为习惯都是高水平教学质量的重要体现。教学过程与结果评价共同构成了教学质量评判的过程性和结果性依据,使教学质量提升不仅是学员学习结果的达成,更重要的是在获得高比率考试合格率的同时要提升教学过程的质量。

基于评估内容,提出了机动车驾驶教学质量评估的指标体系,分为一级指标、二级指标。基于评估内容,提出了机动车驾驶教学质量评估的指标体系,有一级指标 12 项,二级指标 30 项。其中,环境条件包含的一级、二级指标分别是物质环境、制度(文化)环境,理论教室(理论教学实验室)、教练场地、教练车、信息网络化、组织机构、制度机制等;教练员包含的一级、二级指标分别是队伍建设、教学行为,数量结构、入职资格、继续教育、知识传授、技能培养、道德熏陶等;学员包含的一级、二级指标分别是目的态度、知识技能、行为习惯,学习目的、学习态度、知识学习、技能获得、规范行为、养成习惯;教学过程包含的一级、二级指标分别是资源配置、人文关怀、学习机会,配置合理、动态优化、尊重学员、承认差异、真诚服务、学习时间、可能机会等;结果评价的一级、二级指标分别是学员学习质量、教学质量满意度,考试合格率、安全事故发生概率、机动车驾驶行政部门评价、学员评价、社会机构(人员)评价等。

评估要点共有 100 条,包括了机动车驾驶教学质量提升的各方面,如,包括理论教室的面积、教练场面积是否达标,教练车的数量、类型、装置与保养是否符合要求,是否建立教学网络交流平台,是否设置教学管理组织机构、人员、岗位职责,编写教学计划、教案和培训教材,是否制定并实施完善的教学管理制度,教练员的年龄、性别结构是否合理,是否达到相关学历要求,是否取得入职资格条件,教练员知识传授是否科学、通俗易懂,技能操作讲授是否准确,是否具有高尚的道德情操,学员的学习态度是否积极、学习行为是否主动、是否形成了良好的机动车驾驶行为习惯,教学过程是否体现合理的资源配置、强烈的人文关怀,是否做到因材施教,学员学习机会是否平等、学习结果是否令人满意,机动车驾驶行政部门、社会机构等对驾校和学员驾驶行为是否满意等所有方面内容。根据评估要点的重要程度赋予了各要点不同的分值,分值在 0.5 ~3 分之间。

评估方法主要有资料、文件查阅,访谈、座谈、调查问卷、观察、实地考察等,评估过程中既需要对驾校的相关制度文件、学校介绍、宣传材料、相关教学记录等进行翻阅,而且需要对教练员、学员、社会相关机构(人员)等进行调查、访谈,召开座谈会深入了解驾校教学质量管理、教练员教学质量提升行为和学员学习结果、行为等方面情况。同时还要通过实地考察、教学观察等方式对教学质量提升的环境条件、具体教学行为等进行分析评价。

三、机动车驾驶教学质量评估体系构建的思路

1. 机动车驾驶教学质量评估体系建构遵循的基本理念

机动车驾驶教学质量评估体系在建构过程中蕴涵着一些新的教学领导理念,首先使全

面合理的教学质量标准系统成为一种现实,使教学质量有了科学的评价标准和依据。其次实现了教学质量评估从关注结果到过程与结果统一的取向转型,再次更加强调了教练员、学员作为教学质量提升主体的重要性,并通过对弱势群体的关照努力体现教学对公平追求,同时,使机动车驾驶的安全意识、安全行为变得极度重要。

第一,机动车驾驶教学质量评估必须有合理完备的标准系统为实践评判操作依据。机动车驾驶教学质量评估体系繁杂,是一项专业性很强的工作,需要有科学合理的标准为方向引领和实践操作依据。为此,机动车驾驶教学质量评估体系的建构必须吸纳多方专家共同参与,研制出标准框架,提出标准体系建构的主要内容、指标体系、评估要点、分值与方法等。同时还要在遵循国家机动车驾驶教学质量基本标准和监测制度的相关规定,借鉴发达国家、发达地区教学质量标准体系建设的经验。只有提出了合理完备的机动车驾驶教学质量评估体系,才能对机动车驾驶教学质量进行科学评估,并推动我国机动车驾驶教学质量获得进一步提升。

第二,机动车驾驶教学质量评估体系构建必须凸显人的主体性。教练员和学员是机动车驾驶教学质量提升中的最重要主体,教练员的主体性不仅体现为,在机动车驾驶教学过程中,他们在遵循国家、地区、驾校相关教学制度规定基础上,能够借助多种教学资源进行独立教学的权利。而且体现为教练员有确立新的教学理念、创新教学方法的自由,根据教学内容不同,基于学员差异和环境条件变化等采用灵活的方式进行教学。学员的主体性主要体现为,每一位学员在学习过程中都享有人格独立,学员之间、学员与教练员之间不存在人格差异。还体现为他们能够对知识学习、技能获得有自己的理解,能够自由表达自己的学习想法和主张等。对教练员和学员来说,他们主体性的凸显都是建立在其综合素养的提高基础之上的,这需要教练员在注重知识传授、技能培养的同时提升自身的道德素养,需要学员在学习知识、获得技能的同时形成良好的行为习惯,只有综合素养得到全面提高才能使他们的主体性彰显得更为明显。

第三,机动车驾驶教学质量评估体系构建必须在注重教学质量结果的同时,强化对教学质量提升过程的关注。以往,机动车驾驶教学质量评估过于关注学员考核结果,忽视了学员在各个时期取得的进步和付出的努力,是一种结果导向的评价。机动车驾驶教学质量评估体系建构过程中应该改变单一的结果导向,实现结果评价与过程评价的统一,体现机动车驾驶教学质量提升的过程性。为此,机动车驾驶教学质量评估体系中务必要有体现教学质量提升过程的评估内容、指标体系和评估要点等,使教学质量的提升成为实在的教学行为。以机动车驾驶教学质量评估体系为引领,加强教学过程管理,在教学过程中不断调整、完善教学行为,从而使教学质量提升成为一种必然。

第四,机动车驾驶教学质量评估体系构建必须体现公平公正,且体现对弱势学员的特别关照。为避免教练员因接受某些学员的钱物贿赂或受情绪影响给学员造成学习机会不均等,机动车驾驶教学质量评估体系建构中必须提出要使每一位学员学习时间合理、学习机会均等,任何有偏向的做法都是不被允许的。在确保每位学员学习机会均等的同时,可根据学员实际情况或学习要求进行差异性教学,通过提高教学难度满足学习能力强的学员的学习需求,或通过额外指导帮助学习能力稍弱学员跟上教学进度。在体现教学公平公正的过程中,教练员特别需要对弱势群体,如女性、年龄较大或动作技能较差的学员给予特别辅导和关照,增强他们的学习自信,积极参与到学习过程中来。

第五,机动车驾驶教学质量评估体系构建必须确立安全第一意识,务必做到安全驾驶。人员安全是机动车驾驶教学过程中务必强调的意识,任何不能确保人员安全的驾驶教学行为都是错误的。不管是教练员,还是学员,都需要把安全意识放在教学的第一位。安全意识的确立、安全行为的形成是建立在对自己驾驶行为的严格要求基础上,严格要求自己遵守交通规则,在学习驾驶过程中,教练员要时刻强调这一点,学员也必须在安全意识指导下,形成良好的驾驶行为规范。

2. 机动车驾驶教学质量评估体系建构的思路

机动车驾驶教学质量评估体系建构必须在先进的教学领导理念指引下,明确建构思路:文献研究——理性反思——框架搭建——专家指导——共同研讨——形成初稿。

(1)文献研究:对国内外关于机动车驾驶教学质量及其评估体系,机动车驾驶政策文件、机动车驾驶实践案例等文献进行分析研究,为机动车驾驶教学质量评估体现构建提供参考依据和理论源泉。

(2)理性反思:基于文献研究,通过理性思考,明晰机动车驾驶教学质量的概念、内涵及其评估,理清机动车驾驶教学质量评估体系建构的指导思想、意义与原则,确立机动车驾驶教学质量评估体系建构的目标、内容框架与思路。

(3)框架搭建:结合文献研究和理性反思,提出机动车驾驶教学质量评估体系的评估内容、指标体系、评估要点、权重分值与评估方法等,是搭建的框架尽可能全面合理。

(4)专家指导:邀请专家对机动车驾驶教学质量评估体系的内容框架进行专业指导,完善机动车驾驶教学质量评估的内容、结构等。

(5)共同研讨:与机动车驾驶行政部门、教练员、学员、社会人士共同研讨,形成机动车驾驶教学质量评估体系的内容框架修改意见,进一步完善机动车驾驶教学质量评估体系的建构。

(6)形成初稿:通过专家指导和共同研讨,完成机动车驾驶教学质量评估指标体系初稿。

第四节　机动车驾驶教学质量评估指标体系及相关说明

一、机动车驾驶教学质量评估指标体系

教学质量评估指标体系见表9-1。

表9-1

评估内容	一级指标	二级指标	评 估 要 点	权重分值	评估办法
环境条件(14分)	物质环境(6分)	理论教室(理论教学实验室)	理论教室总面积和学员人均使用理论教室面积是否达标	0.5分	①查阅驾校编制的相关介绍。 ②查阅驾校引发的宣传小册子
			理论教学实验室是否符合规定要求	0.5分	
		教练场地	教练场面积是否达标,是否都按规定要求配置设施、设备,并按规定要求设置	0.5分	
			实际道路驾驶教练路线长度和训练科目是否满足教学大纲要求	0.5分	

续上表

评估内容	一级指标	二级指标	评估要点	权重分值	评估办法
环境条件（14分）	物质环境（6分）	教练车	教练车数量、类型是否符合驾校办学要求	0.5分	③浏览驾校网站，了解设施设备和信息网络化情况。 ④实地考察驾校的物质环境建设情况
			教练车技术状况、训练辅助装置、技术参数等是否符合要求	0.5分	
			是否有统一的教练车标识，是否按规定进行定期维护与保养	0.5分	
		信息网络化	是否具有可运行多媒体理论教学软件并可记录学时的计算机单机或网络教学系统	0.5分	
			是否开设供教练员网上教学交流的平台	1分	
			是否有供学员上网学习、查找资料或进行网络评价的平台	1分	
	制度（文化）环境（8分）	组织机构	驾校是否设有专门的教学管理组织机构，是否设置教学领导、教学管理人员、教练员或教学辅助人员等岗位职责	1分	①访谈了解驾校教学组织机构建设情况。 ②查阅驾校关于教学管理制度建设文件。 ③查阅驾校编制的教学计划、教案和培训教材等。 ④考察驾校教学领导、教学管理人员、教练员等对教学岗位职责的熟知情况。 ⑤通过教练员、学员了解驾校制度实施情况
			教学管理理念是否先进，符合机动车驾驶教学发展要求	0.5分	
			是否把提高机动车驾驶教学质量作为教学管理的根本要求	0.5分	
			是否制定教学计划和教案、提供统编培训教材	1分	
		制度机制	是否制定并实行包括安全员岗位责任、教练车安全、安全监察、安全教育、安全事故应急处置等教学安全管理制度	1分	
			是否确保教学管理制度执行到位	2分	
			在教学管理制度面前，是否做到"人人平等"	1分	
			在检查教学管理制度落实情况时，是否做到奖惩有度	1分	

续上表

评估内容	一级指标	二级指标	评估要点	权重分值	评估办法
教练员（25分）	队伍建设（7分）	数量结构	理论教练员和驾驶操作教练员数量是否符合要求	0.5分	①统计分析驾校教练员的数量、结构。②查看教练员的学历证书、考试入职资格证书等。③以测试形式考察教练员的知识技能达标情况。④查阅机动车驾驶专家讲座记录。⑤访谈了解教练员脱岗培训内容，并查阅教练员脱岗培训记录
			教练员队伍年龄结构是否合理，是否做到老中青相结合	0.5分	
			教练员性别结构是否合理，是否有一定数量的女性教练员	0.5分	
		入职资格	教练员是否身心健康	1分	
			教练员思想品德、学历条件、知识技能等是否符合规定要求	1分	
			教练员是否达到规定的学历要求	0.5分	
			教练员入职是否都经过严格的资格考试，取得入职资格条件	1分	
		继续教育	是否定期邀请机动车驾驶专家给教练员做讲座	0.5分	
			教练员每年是否进行至少一周的脱岗培训	1分	
			对学历不达标或知识技能水平不高的教练员是否有接受继续教育的机会	1分	
	教学行为（18分）	知识传授	教练员是否教学大纲、培训流程等告知学员	1分	①查阅教练员使用的培训教材。②随堂听评理论教练员授课情况，了解教练员的知识储备及教学重点、难点的把握情况。③查阅教练员的教学记录
			教练员是否按规定使用统编培训教材	1分	
			理论教练员是否按教学要求进行课堂授课、是否具有很强的言语表达能力，能否做到概念明确、判断准确	2分	
			教练员在传授重点、难点和热点知识时，是否借助多媒体等教学辅助设备，做到通俗易懂	2分	
		技能培养	教练员是否规范、清晰讲解训练科目，帮助学员理解驾驶操作过程	2分	①访谈教练员，了解技能培养的整体情况。②座谈学员，了解教练员对学员技能讲授情况
			教练员是否重视讲解示范相结合，为学员建立动作映像	2分	

续上表

评估内容	一级指标	二级指标	评估要点	权重分值	评估办法
教练员（25分）	教学行为（18分）	技能培养	教练员是否提醒学员注意技能操作的准确性，并对学员的模仿练习给予及时评价、反馈	3分	③观察教练员对个别学员技能培养和示范指导情况。④通过学员了解教练员对学员技能学习过程的指导、反馈和评价。⑤查阅教练员的教学记录
			教练员是否鼓励学员及时整合分段动作，形成整体技能	3分	
		道德熏陶	教练员是否爱岗敬业，尽职尽责	1分	①问卷调查教练员对教学岗位的热爱和职责的履行情况。②座谈学员，了解教练员的榜样示范、服务奉献的教学精神
			教练员是否严格要求自己的言行，以身作则，为学员树立榜样	1分	
			教练员是否具有一定的奉献精神，甘愿为学员服务	1分	
学员（25分）	目的态度（5分）	学习目的	学员是否以获得机动车驾驶执照为主要目的	0.5分	①通过访谈、问卷等形式调查了解学员学习的目的动机。②通过教练员观察学员的学习，分析潜在的学习目的
			学员学习目的是否在于学习机动车驾驶知识、掌握机动车驾驶技能，形成良好的机动车驾驶行为习惯	1分	
			学员是否把机动车驾驶学习过程作为为提高自身素养的手段	0.5分	
		学习态度	学员对机动车驾驶是否有正确的认识和理解	0.5分	①座谈教练员，了解学员对机动车驾驶学习的基本看法。②观察学员是否主动解决学习过程中遇到的问题，能否不断调整完善自己的学习行为
			学员是否以积极的心态参与学习全过程	0.5分	
			学员对学习过程中遇到的各种困难能否主动加以解决	1分	
			学员是否对自己的学习结果有较高的期待	0.5分	
			学员能否在学习过程中不断调整自己的学习行为	0.5分	

续上表

评估内容	一级指标	二级指标	评 估 要 点	权重分值	评估办法
学员（25分）	知识技能（10分）	知识学习	学员是否明确了机动车驾驶的相关概念和训练项目	0.5分	①通过测试，了解学员对机动车驾驶相关知识的掌握情况。 ②访谈学员，了解他们对机动车驾驶知识的看法。 ③观察学员学习过程，分析他们是否把知识的学习运用到技能训练过程中去
			学员是否学习掌握机动车驾驶理论知识	2分	
			学员是否能熟练说出机动车驾驶的专业术语	0.5分	
			学员能否熟练运用所学习的机动车驾驶理论知识	1分	
			学员能否全面了解并熟练运用机动车驾驶安全知识	1分	
		技能获得	学员机动车驾驶技能获得是否建立在理解的基础之上	0.5分	①座谈学员，了解学员对知识学习与技能获得关系的理解。 ②对学员某项技能的形成进行个案研究，总结技能形成的规律。 ③观察学员机动车驾驶技能获得的过程，评判技能形成的熟练程度
			学员是否准确掌握了机动车驾驶操作过程	1分	
			学员是否反复练习机动车驾驶操作技能	1分	
			学员是否熟练掌握机动车驾驶操作技能	2分	
			学员机动车驾驶操作技能是否成为一种自动行为	0.5分	
	行为习惯（10分）	规范行为	学员是否养成机动车驾驶的规范意识	1分	①访谈学员，了解学员对机动车驾驶交通规则意义的认识。 ②观察学员学习行为，判断学员是否有强烈的规则意识。 ③通过教练员了解学员遵守规范的学习行为
			学员是否做到机动车驾驶规范意识与行为的统一	0.5分	
			学员是否处处遵循机动车驾驶交通规则	3分	
			学员违反机动车驾驶规则能否主动接受惩罚	0.5分	
		养成习惯	学员是否把机动车驾驶要求作为自己的行为准则	1分	①访谈教练员，了解学员良好习惯养成情况。 ②调查了解学员对自身驾驶行为的严格要求情况。 ③观察学员学习行为，判断是否形成了良好的习惯
			学员是否对自己提出具体而严格的机动车驾驶要求	1分	
			学员能否持之以恒地履行机动车驾驶行为准则	1分	
			学员能否对自己机动车驾驶行为进行监督，形成良好行为习惯	2分	

续上表

<table>
<tr><th>评估内容</th><th>一级指标</th><th>二级指标</th><th>评估要点</th><th>权重分值</th><th>评估办法</th></tr>
<tr><td rowspan="15">教学过程
(20分)</td><td rowspan="5">资源配置
(5分)</td><td rowspan="3">配置合理</td><td>驾校能否合理配置教练员、教学设施设备和教学资金等</td><td>1分</td><td rowspan="5">①查阅驾校申请材料和购置设施设备证明等。
②调查了解教练员合理运用教学资源的情况。
③访谈教练员,是否重视把自己作为教学资源加以开发并运用。
④访谈学员,了解教练员动态完善教学资源的能力</td></tr>
<tr><td>理论教练员能否合理利用教学大纲、教材、图片、课件等,能否使用多媒体理论教学软件进行授课</td><td>1分</td></tr>
<tr><td>实践教练员能否有效利用自身资源、教具和基础设施等进行技能传授</td><td>1分</td></tr>
<tr><td rowspan="2">动态优化</td><td>驾校能否在教学管理过程中不断调整、完善相关教学资源</td><td>1分</td></tr>
<tr><td>教练员能否在教学过程中创造性运用各种教学资源</td><td>1分</td></tr>
<tr><td rowspan="10">人文关怀
(10分)</td><td rowspan="3">尊重学员</td><td>教练员是否尊重学员的人格,不侮辱学员</td><td>1分</td><td rowspan="3">①访谈学员,了解教练员对学员人格和价值的尊重。
②访谈教练员对学员个体价值的认识和承认程度</td></tr>
<tr><td>教练员是否尊重学员的个性化想法</td><td>0.5分</td></tr>
<tr><td>教练员是否承认学员的主体价值</td><td>0.5分</td></tr>
<tr><td rowspan="4">承认差异</td><td>教练员是否认识到性别、年龄、个性特长等对学员学习存在差异</td><td>0.5分</td><td rowspan="4">①通过座谈,了解教练员能否根据自身特长、兴趣点进行差异性教学。
②访谈女性、年龄较大学习者,了解教练员对他们的关爱程度。
③访谈学习能力较强的学员,了解教练员对他们提出的差异性要求</td></tr>
<tr><td>教练员能否根据学员的性别、年龄差异进行有针对性教学</td><td>1分</td></tr>
<tr><td>教练员能否对男性、年轻、动作技能强的学员提出更高学习要求</td><td>1分</td></tr>
<tr><td>教练员能否对学习较弱的女性、年龄较大的学员给予特别关照</td><td>1.5分</td></tr>
<tr><td rowspan="4">真诚服务</td><td>教练员是否做到以学员安全为首要职责</td><td>1分</td><td rowspan="4">①访谈学员,了解教练员对学员知识学习、技能掌握和习惯养成的关注程度。
②调查了解教练员的教学服务意识。
③访谈学员,了解教练员教学过程中的服务行为</td></tr>
<tr><td>教练员是否能做到不向学员索要钱物等</td><td>1分</td></tr>
<tr><td>教练员是否能做到不故意刁难学员</td><td>1分</td></tr>
<tr><td>教练员是否真正做到以学员的知识掌握、技能提高和行为习惯养成为主要任务</td><td>1分</td></tr>
</table>

续上表

评估内容	一级指标	二级指标	评估要点	权重分值	评估办法
教学过程（20分）	学习机会（5分）	学习时间	学员从报名到正式接受培训的间隔时间是否合理	1分	①调研了解驾校对学员学习时间的合理安排。 ②通过访谈，了解学员自由安排训练时间的可能。 ③调查了解学员整个学习时间的长度
			学员能否自由预约安排训练时间	0.5分	
			学员实际训练时间安排是否公平合理	1分	
			学员能否根据自己训练情况决定整个培训时间长度	0.5分	
		可能机会	所有学员是否拥有均等的学习机会	1分	①访谈了解教练员给予学员学习的机会。 ②通过座谈，了解每一位学员的学习机会均等情况
			学员训练是否不受教练员情绪影响	0.5分	
			学员能否根据训练情况申请额外的训练机会	0.5分	
结果评价（16分）	学员学习质量（8分）	考试合格率	学员公安考试总合格率	2分	①调查统计驾校学员考试总合格率和各科目合格率。 ②调查统计学员发生的交通事故和人身伤害的概率
			学员公安考试各科目合格率	2分	
		安全事故发生概率	学员发生交通事故的概率	2分	
			学员发生人身伤害的概率	2分	
	教学质量满意度（8分）	机动车驾驶行政部门评价	机动车驾驶行政部门对驾校教学质量管理制度和教学质量管理提升行为是否满意	1分	①查阅机动车驾驶行政部门对驾校教学质量的评价意见。 ②座谈了解学员对驾校教学制度建设、管理行为和教练员教学行为的看法与评价。 ③调研反馈社会机构(人员)对驾校、教练员和学员的评价
			机动车驾驶行政部门对驾校教学质量结果是否满意	1分	
		学员评价	学员对驾校教学制度建设、教学管理和教学施舍设备是否满意	1分	
			学员对教练员的教学态度、行为是否有投诉	1分	
			学员对自我学习结果是否满意	1分	
		社会机构(人员)评价	社会机构(人员)对驾校教学整体情况的评价是否较好	1分	
			社会机构(人员)对学员驾驶行为是否满意	1分	
			社会机构(人员)对驾校、教练员的投诉情况	1分	

二、关于《机动车驾驶教学质量评估指标体系》的几点说明

《机动车驾驶教学质量评估指标体系》主要包括环境条件、教练员、学员、教学过程、结果评价等五大方面，评估内容的确定是以机动车驾驶教学质量提升为核心，旨在通过评估这几大方面实现推动机动车驾驶教学质量提高的目的。

首先，做到了以人为中心，发挥了人在提升教学质量上的重要作用。学员是机动车驾驶教学过程的重要主体，教学质量的提高主要体现为学员机动车驾驶知识的掌握、技能的获得、良好行为习惯的养成，所有环境条件的创设、教练员素养的提高、教学过程的公平与机会均等、教学结果的评价等都是围绕学员发展展开的。

其次，突破了单一的结果评价模式的局限，强化了机动车驾驶教学质量管理的过程性评价。加强教学过程管理，提高学员考试合格率的同时，培养学员安全驾驶意识，规范他们的学习行为，使安全、规范的机动车驾驶教学成为每位学员良好的行为习惯。

再次，重视量化标准的同时，使质性标准成为一种评价依据。如，指标体系中不仅要确保理论教室、教练场地面积达标，教练车数量、教练员数量结构等符合规定要求，同时提出了教练员的道德素养、学员的学习目的态度和良好行为习惯养成，还对教练员与学员之间的人文关怀等进行了规定。质性标准的提出使驾校、教练员等在遵循硬性规定基础上，实现自主、个性和特色发展提供了空间。

最后，《机动车驾驶教学质量评估体系》的研制，为机动车驾驶教学质量提高提供了方向性指导和评价依据。该体系的出台为驾校和机动车驾驶评价提供了一个方向性指导，使教学质量成为人们评价驾校和机动车驾驶好坏的根本标准，改变了以往主观、随意性评价。全面合理标准的提出也使评价更为客观科学。

具体而言，环境条件以物质环境和制度(文化)环境为一级指标，具体对物质环境的理论教室(理论教学实验室)、教练场地、教练车和信息网络化，制度(文化)环境的组织结构、制度机制等进行了评价，重在考查驾校的物质条件是否达标、制度建设是否健全、组织保障是否到位。

教练员以队伍建设、教学行为为一级指标，其中以教练员的教学行为为重点，特别强调教练员的知识传授、技能培养、道德熏陶等综合素养的具备。教练员的整体评价为25分，而教练员教学行为为18分，分值比重为72%。教练员素养的高标准和要求为驾校重视教练员队伍建设、提高教练员综合素养奠定了基础，为教学质量的提高提供了强有力的人力支撑。

学员内容的一级指标为目的态度、知识技能、行为习惯，并提出了学员的学习目的、学习态度、知识学习、技能获得、规范行为、养成习惯等具体要求，其中以学员的知识学习、技能获得和规范行为、良好的行为习惯为重点。为学员明确机动车驾驶学习目的、端正学习态度、获得扎实熟练的知识技能，养成良好的驾驶行为习惯指明了方向。

教学过程的一级指标为资源配置、人文关怀、学习机会等，具体对驾校教学资源的合理配置、动态优化，教练员对学员的尊重、承认学员学习差异、真诚为学员提供服务，确保每一位学员合理的学习时间、均等的学习机会等进行了规定，从而使教学质量提升在教学过程的各环节得到了体现和落实。

结果评价的一级为学员学习质量、教学质量满意度，具体有考试合格率、安全事故发生

概率、机动车驾驶行政部门评价、学员评价、社会机构(人员)评价等。考试合格率、安全事故发生概率的高低与相关人员对驾校、学员的评价基本上是一致的,合格率高、事故率低,相关人员对驾校和学员的评价相对较满意。

《机动车驾驶教学质量评估指标体系》可能存在的问题:

一是复杂性问题。评估体系中包括主要内容、指标体系、权重分值和评估方法等多个方面,仅二级指标就有30项,评估要点多达100条,评估方法也是复杂多样,不仅要问卷调查、座谈访谈,甚至要实地考察等,使得评估任务十分艰巨,如何在有限时间内对机动车驾驶教学质量进行有效评估确实难度较大。

二是针对性问题。指标体系中提出环境条件、教练员、学员、教学过程、结果评价等内容是否是针对机动车驾驶教学质量开展的,是否也适合评价一所驾校的整体办学。为此,如何提出更有针对性的教学质量评估内容和指标是一个急需讨论和解决的问题。

三是全面性问题。仅从100条评估要点就可以看出,评估体系涉及面广、基本上对机动车驾驶教学的所有方面都有规定,全面铺开的评估掩盖了机动车驾驶教学质量提高的关键内容和要素,如何做到全面评估的基础上重点考察是一个必须面对的问题。

四是可操作性问题。评估体系的复杂性为其付诸实施带来了很大挑战,很难在机动车教学质量评估实践中全面加以实施。再加上,大量质性标准的存在也为评估体系的运用带来了很大的难度,评估者主观、个性、随意性的评价无法避免。

参 考 文 献

[1] 田玉宝,吴忠民.驾校培训收费的调查与思考[J].中国价格监督检查,2012(6):18-19.

[2] 殷宝存.对驾培市场特点、问题和对策的思考[J].交通企业管理,2010(2):70-71.

[3] 孙庆仁.谈如何做合格的驾校汽车教练员[J].中国西部科技,2004(16):161.

[4] 林素清.机遇与挑战并存——驾校市场竞争力的提高策略探析[J].大观周刊,2011(42):55.

[5] 付昂然.驾校的运营管理策略管见[J].运营管理者,2011(21):105.

[6] 曹承军.谈机车驾驶培训车队的安全管理[J].交流与探讨,2003(12):77.

[7] 范立.驾校经营导航[M].北京:人民交通出版社,2011.

[8] 张本发.陪驾陪出一路商机[J].大众商务,2003 (10):13.

[9] 邵秀梅.论驾校的细节管理与有效执行[J].科教文汇,2009 (1):175-176.

[10] 孙庆仁.谈如何做合格的驾校汽车教练员[J].中国西部科技,2004 (24):161.

[11] 李忠华.提高服务意识,做一名称职的教育服务者[J].考试周刊,2011(27):16-17.

[12] 吴洪宝.责任倒查:驾驶人源头管理的有效举措[J].公安学刊,2005(1):60-61.

[13] 董磊,潘赢.迎接全面社会责任管理时代的到来——IQNetSR10 社会责任管理体系认证简介[J].认证技术,2013(4):31-33.

[14] 袁东华.对学习汽车驾驶技能行为过程的研究[J].辽宁警专学报,2008(7):84-85.

[15] 埃德加·沙因.组织文化与领导力[M].马宇红,王斌,等,译.北京:中国人民大学出版社,2011.

[16] C·I·巴纳德.经理人员的职能[M].北京:中国社会科学出版社,1997.

[17] 付立宏,袁琳.图书馆管理教程[M].武汉:武汉大学出版社,2005.

[18] 薛新田.浅议企业组织结构的选择与设计[J].企业管理,2003(4):34-35.

[19] 张鹏宇.组织结构之研究——以 A 公司为例[D].北京:北京邮电大学,2011.

[20] Gareth R. Jones. Organizational Theory: Text and Cases[M]. Addison- Wesley Publishing Co., 1995.

[21] 理查德·L·达夫特(Daft,R. L.).组织理论与设计精要(Essentials of Organization theory Design)(2nd ed.) [M]. South-Western College Publishing,2001. -北京:机械工业出版社,2002.

[22] H·法约尔.工业管理与一般管理[M].迟力耕,张璇,译.北京:机械工业出版社,1999.

[23] Henry Mintzberg. Organization design:fashion or fit [J]. Harvard Business Review,January-February 1981:103-116.

[24] Rechard B. Chase, David A. Tansik. The Customer Contact Model for Organization Design [J]. Management Science,Vol29,No.9, September,1983:1037-1050.

[25] WATZLAWICK, P., BEAVIN, J, H, AND JACKSON, D,. Pragmatics of Human Communication[M]. New York: W, W, Norton,1967:62.

[26] Perrow, C. A. Organizational Analysis: A Sociological View[M]. California : Wadsworth, 1970:75.
[27] 成思危. 复杂性科学探索[M]. 北京:民主与建设出版社,1999.
[28] 范国睿. 复杂科学与教育组织管理研究[J]. 教育研究,2004(2):52-58.
[29] Larry E. Greiner. Evolution as Organization Grow[J]. Harward Business Review50 , July-August 1972:37-46.
[30] John P. Kotter. What Effective General Managers Really Do[J]. Harward Business Review, November-December,1982:156-167.
[31] Ron Zemke. The Service Revolution: Who Won[J]. Management Review, March 1997: 10-15.
[32] David E. Bowen , Edward E. Lawler III . The empowerment of Service workers: What, why, How, and When[J]. Sloan Management Review, Spring 1992: 31-39.
[33] 罗珉. 组织设计:战略选择、组织结构和制度[J]. 当代经济管理,2008(5):1-8.
[34] 迈克尔·哈默. 超越再造[M]. 沈志彦,等,译. 上海:上海译文出版社,2007.
[35] 王宏峥,王晓敏. 图书馆现行组织结构分析与改进[J]. 湖南省图书情报学研究生论坛,2011(2):36-39.
[36] 张积家. 心理学[M]. 山东:青岛海洋大学出版社,1994.
[37] 张力为. 运动心理学[M]. 上海:华东师范大学出版社,2003.
[38] 皮连生. 教育心理学[M]. 上海:上海教育出版社,2004.
[39] 周大经,曹春荣. 道路交通心理[M]. 上海:上海交通大学出版社,1994.
[40] 阿·斯米尔诺夫. 心理学[M]. 朱智贤,等,译. 北京:人民教育出版社,1956.
[41] R. M. Gagne. 学习的条件与理论指导[M]. 皮连生,等,译. 上海:华东师范大学出版社,2001.
[42] 黄希庭. 心理学导论[M]. 北京:人民教育出版社,1991.
[43] 交通技工教育研究会,汽车专业华东区委员会. 汽车驾驶教练方法[M]. 北京:人民交通出版社,1993.
[44] 刘浩学,陈克鹏. 汽车安全运行心理学[M]. 北京:人民交通出版社,1998.
[45] 何树林. 用教育心理学知识探讨机动车驾驶人驾驶技能的形成规律[J]. 职业时空,2010(8):158-159.
[46] 杨玉炎. 汽车驾驶技能形成规律的探索[J]. 中国职业技术教育,2006(9):32-34.
[47] 樊秀娟,宋文义. 技能训练要心智技能和操作技能相结合[J]. 中国职业技术教育,2007(5):38-39.
[48] 朱伟,朱昌荣. 运动技能形成的规律与体育教学方法的研究[J]. 教育与职业,2009(35):107-108.
[49] 张履祥,葛明贵. 普通心理学[M]. 合肥:安徽大学出版社,2002.
[50] 郑石桥,马新智. 管理制度设计理论与方法[M]. 北京:经济科学出版社,2004.
[51] 邓树勋,洪泰田,曹志发. 运动生理学[M]. 北京:高等教育出版社,2001.
[52] 武任恒,杨国柱,万树巍. 西方操作技能理论研究的新进展[J]. 教育学术月刊,2010

(8):90-94.

[53] 王健. 运动技能本体论及其对中小学体育与健康课程的教学启示[J]. 天津体育学院学报,2004(12):1-4.

[54] 朱伟,朱昌荣. 运动技能形成的规律与体育教学方法的研究[J]. 教育与职业,2009(35):107-108.

[55] 靳希斌. 教育经济学[M]. 北京:人民教育出版社,1997.

[56] 谢地. 产业组织优化与经济集约增长[M]. 北京:中国经济出版社,1999.

[57] 曼昆. 经济学原理[M]. 北京:北京大学出版社,1998.

[58] 罗纳德・科斯. 现代制度经济学(上)[C]. 北京:北京大学出版社,2003.

[59] 陈翠萍. 论驾培行业的发展战略[J]. 交通企业管理,2007(3):40-41.

[60] 王茸. 新手事故率高与驾校"速成"有关[N]. 南京日报,2013-02-05[DB/OL] http://www. yangtse. com/ system/2013/02/05/016190543. html

[61] 陆静. 北京驾校尴尬知几许[J]. 运输经理世界,2009(7):17.

[62] 陈翠萍. "驾校联盟"是否一剂良药[J]. 运输经理世界,2009(z1):104.

[63] http://hi. online. sh. cn/content/2011-01/11/content_4336793. html

[64] 李姗姗. 试析驾校管理的若干问题及其对策[J]. 交通企业管理,2012(5):71-72.

[65] 人在驾校漂,谁能不挨刀[EB/OL]. http://news. ifeng. com/opinion/gundong/detail_2013_02/05/21942519_0. html

[66] 金惠. 驾校可持续发展的现实困境与新路向[J]. 交通企业管理, 2012(9):28-30.

[67] 主动要钱物,驾校教练缺师表,倒像"土匪"[EB/OL]. http://www. fzjxw. com/Newsdetail. asp? newsid = 8056

[68] 工作是人生最重要的事[EB/OL]. http://xueyuan. chinaedu. net/html/492faf5632ed1/1247. html

[69] 韩伟. 驾校薪酬管理体系优化与应用研究[D]. 南京:南京林业大学,2012.